प्रथम अंतरिक्ष यात्री
यूरी गागरिन

कुछ प्रमुख जीवनियाँ

ईश्वरचंद्र विद्यासागर
नेपोलियन बोनापार्ट
अमर क्रांतिवीर चंद्रशेखर आजाद
लाला हरदयाल
समाज सुधारक राजा राममोहन राय
आनंदमूर्ति श्रीश्री रवि शंकरजी
बेंजामिन फ्रैंकलिन की आत्मकथा
जगदीशचंद्र बसु
लोकमाता अहिल्याबाई
लोकमान्य बाल गंगाधर तिलक
लियोनार्दो द विंची
शिखर भारतीय महिलाएँ
मैडम भीखाजी कामा
प्रथम अंतरिक्ष यात्री यूरी गागरिन
लियो टॉलस्टॉय
आचार्य विनोबा भावे
स्वामी रामदेव
आर्यभट
अन्ना हजारे
नेल्सन मंडेला
महर्षि अरविंद घोष
कस्तूरबा गांधी
कर्नल जिम कॉर्बेट
मौलाना अबुल कलाम आजाद
होमी जहांगीर भाभा
नेताजी सुभाषचंद्र बोस
भगिनी निवेदिता
भारत कोकिला सरोजिनी नायडू
स्टीफन हॉकिंग
गोपाल कृष्ण गोखले
रवींद्रनाथ टैगोर
स्वामी दयानंद सरस्वती
बिपिनचंद्र पाल
निकोलस कॉपरनिकस
बिरसा मुंडा

प्रथम अंतरिक्ष यात्री
यूरी गागरिन

राकेश शर्मा

www.prabhatbooks.com

प्रकाशक

प्रभात पेपरबैक्स

4/19 आसफ अली रोड, नई दिल्ली–110002

फोन : 23289555 • 23289666 • 23289777 ❖ फैक्स : 23253233

इ–मेल : prabhatbooks@gmail.com ❖ वेब ठिकाना : www.prabhatbooks.com

संस्करण

प्रथम, 2013

मूल्य

एक सौ पच्चीस रुपए

अ.मा.पु.स. 978-93-5048-412-8

मुद्रक

भानु प्रिंटर्स, दिल्ली

★

Pratham Antriksh Yatri YURI GAGARIN

A biography by Rakesh Sharma

Rs. 125.00

Published by **Prabhat Paperbacks** (A Division of Prabhat Prakashan)
4/19 Asaf Ali Road, New Delhi-2

ISBN 978-93-5048-412-8

अनुक्रम

1

खेतिहर लड़का

यूरी एलेक्सेविच गागरिन को इतिहास में प्रथम अंतरिक्ष यात्री के रूप में जाना जाता है। सन् 1961 में अचानक सुर्खियों में आनेवाले इस व्यक्ति को अपनी महान् उपलब्धि हासिल करने में मात्र दो घंटे ही लगे, किंतु इसकी पृष्ठभूमि में वर्षों की बहादुरी और कटिबद्धता थी। मात्र 27 वर्ष की आयु में सफलता का कीर्तिमान स्थापित करनेवाले इस महानायक को 33 वर्ष की अल्पायु में संसार से विदा लेना पड़ा। इस छोटे से जीवनकाल में उन्होंने अपने देश और मित्रों की भलाई की दिशा में कई जोखिम भरे कदम उठाए। यहाँ तक कि उनका बचपन भी रोंगटे खड़े कर देनेवाले बहादुरी के कारनामों से भरा पड़ा है।

उनका जन्म 9 मार्च, 1934 को मॉस्को से 160 कि.मी. पश्चिम में स्थित स्मोलेंस्क क्षेत्र के क्लुशिनो नामक गाँव में हुआ था। उनके पिता एलेक्सेई इवानोविच एवं माँ अन्ना टिमोफेयेना एक स्थानीय संयुक्त कृषि फार्म में मजदूरी करते थे। यूरी का एक भाई वैलेंटिन उनसे दस साल बड़ा था, जबकि दूसरा भाई बोरिस उनसे दो साल छोटा था। गरीबी के हालात के बावजूद परिवार संतुष्ट एवं खुश था। स्टालिन द्वारा निजी संपत्तियों को राजकीय स्वामित्व में रखे जाने के प्रारंभिक दौर की कठिनाइयों के दौरान इस परिवार को कई बार अपने मित्रों और पड़ोसियों से दूर भी जाना पड़ा।

माँ अन्ना एक शिक्षित महिला थीं, उन्होंने परिवार को काफी अनुशासित एवं धार्मिक वातावरण में ढाल रखा था। पिता एलेक्सेई एक निष्ठावान पति एवं कठोर, किंतु बच्चों के प्रति स्नेह रखनेवाले पिता थे। स्टालिन के निजी उत्पादक साधनों

को राजकीय स्वामित्व में परिवर्तित किए जानेवाले कार्यक्रम के मजबूती से जड़ जमा लेने के पश्चात् एलेक्सेई को फार्म के भवनों एवं सुविधाओं के रखरखाव की जिम्मेदारी सौंपी गई।

सन् 1942 की ग्रीष्म में जर्मनी की सेना ने सोवियत यूनियन की रेड आर्मी के खिलाफ कूच कर दिया। यह कूच सोवियत यूनियन के 3,000 कि.मी. फ्रंट में बड़ी तेजी से किया गया। परिणामस्वरूप परिस्थितियाँ तेजी से बदलने लगीं। कुछ सप्ताहों तक कायम हैरान कर देनेवाली निष्क्रियता के पश्चात्, स्टालिन ने सोवियत सेना को हर जंग से पीछे हटने का आदेश जारी कर दिया। परिणामस्वरूप जर्मनी की सेना (इसके पूर्व हिटलर की तरह) सोवियत में बहुत अंदर तक प्रवेश कर गई। नाजियों की छोटी सी कामयाबी के बाद दोनों सेनाओं का संघर्ष जारी रहा और दोनों ओर के सैनिक बड़ी संख्या में मारे गए। स्मोलेंस्क क्षेत्र सीधे उस दिशा में पड़ता था, जहाँ से होकर नाजी सेना पीछे हट रही थी। परिणामतः गजाट्स्क (Gzhatsk) एवं क्लुशिनो समेत इसके सभी बाहरी गाँव भगदड़ के शिकार हो गए थे और उन पर कब्जा कर लिया गया था।

अक्तूबर 1942 के अंत में जर्मन आर्टिलरी यूनिट्स ने क्लुशिनो पर गोलाबारी शुरू कर दी। इन आक्रमणों से उत्पन्न परिस्थितियों का किशोरवय यूरी के मन पर गहरा प्रभाव पड़ा। एक हँसते-खेलते बालक की जगह अब वह गंभीर मनोवृत्ति में रूपांतरित हो चुका था। जर्मन सेना से भयाक्रांत आसपास के क्षेत्रों से भागकर वहाँ पहुँचे शरणार्थियों के लिए वह भोजन की व्यवस्था करके उन तक पहुँचाया करता। स्वभाव से खुशमिजाज यूरी के चेहरे पर अब कम मुसकराहट देखने को मिलती थी। एक पायलट एवं अंतरिक्ष यात्री के रूप में बाद में विकसित होनेवाली उनकी अनेक विशेषताओं के बीज इसी युद्धकाल के दौरान पड़ गए थे।

क्लुशिनो पर जर्मन सेना के कब्जा जमा लेने के साथ ही शुरू हुआ दरिंदगी का नंगा नाच। जर्मन सैनिक घरों के किवाड़ तोड़कर लोगों को खींचकर बाहर निकालते और गोली से उड़ा देते। कई बार कारतूस खर्च न करने के लिए लोगों को बंदूक के संगीनों से छेदकर व पीट-पीटकर मार डाला जाता। यह कत्लेआम का दौर शीतऋतु की शुरुआत तक बदस्तूर जारी रहा जिसकी क्रूरता के आगे उन्होंने स्वयं घुटने टेक दिए।

इसी दौरान यूरी और बोरिस भी अलबर्ट नामक एक जर्मन सैनिक का कोपभाजन बनते-बनते रह गए।

अलबर्ट को जर्मन वाहनों की डिस्चार्ज बैटरियों को संगृहीत करके उन्हें

अम्ल व शुद्ध पानी के प्रयोग से पुनः चार्ज करने का काम सौंपा गया था। इधर यूरी व बोरिस समेत गाँव के बहुत से लड़के काँच की बोतलों को तोड़कर उन सड़कों पर बिखेर देते थे, जहाँ से जर्मन के सैन्य आपूर्ति वाहन गुजरते थे। तत्पश्चात सड़क के किनारे लगी झाड़ियों में छिपकर वे टायरों के फटने से उन वाहनों के मजबूरन रुक जाने का नजारा देखा करते। अलबर्ट को यह विश्वास हो गया था कि बोरिस इन शैतान बच्चों में से एक था। एक दिन उसने बोरिस को यूरी के साथ खेलते हुआ देखा। बेंच पर बैठे हुए उसने बोरिस को कुछ चॉकलेट देने का लालच देकर बुलाया। उसने चॉकलेट जमीन पर रख दिया, ताकि बोरिस जब उन्हें उठाता तो वह उसके हाथ को पैरों तले कुचल सकता। ज्योंही बोरिस ने चॉकलेट उठाने की कोशिश की, अलबर्ट ने जूते के कठोर तलवे से उसकी कोमल हथेली को इतनी बुरी तरह से कुचला कि उसकी उँगलियों की चमड़ी ही निकल गई। इतना ही नहीं, उसने बोरिस को पकड़कर उसके स्कार्फ से फंदा बनाकर उसे नजदीक ही सेब के एक पेड़ पर फाँसी के फंदे पर लटकाने की तरह झुला दिया। उसी समय बोरिस की माँ अन्ना वहाँ दौड़ती हुई आई और उस जर्मन सैनिक (अलबर्ट) से झगड़ने लगी। अलवर्ट ने गुस्से में अन्ना पर गोली दागने के लिए रायफल उठा ली, तभी उसके किसी अधिकारी ने उसे आवाज देकर बुला लिया और खतरा टल गया। सौभाग्यवश उस ऊनी स्कार्फ से बने फंदे से बोरिस की गरदन पूरी तरह नहीं कस पाई थी। अलबर्ट के चले जाने के बाद अन्ना व एलेक्सेई ने बोरिस को पेड़ से नीचे उतारा।

चूँकि जर्मन सैनिकों ने गागरिन परिवार को उनके घर से खदेड़कर पहले ही बेघर कर रखा था, इसलिए वे जमीन में गड्ढा खोदकर कामचलाऊ आश्रय तैयार कर रहे थे। अन्ना और एलेक्सेई इसी आश्रय में अपने मरणासन्न बेटे बोरिस को लेकर आए और अथक प्रयासों से उसके जीवन की रक्षा की। इस घटना के बाद बोरिस इतना भयभीत हो गया था कि कई दिनों तक वह बाहर ही नहीं निकला।

इस घटना के बाद यूरी अलबर्ट पर लगातार नजर रखने लगा। जब कभी भी अलबर्ट कहीं जाता तो वह उसके द्वारा इकट्ठा की हुई टैंक की बैटरियों के ढेर पर चढ़कर उन्हें नष्ट करने के लिए उनमें मुट्ठी भर-भरकर मिट्टी डाल देता या उनके रसायनों को एक-दूसरे में मिला देता। अलबर्ट जब वापस लौटकर आता तो उसे बैटरियों में कहीं कोई खराबी नजर नहीं आती थी। सुबह गश्तीवाले टैंक ड्राइवर आकर उन बैटरियों को ले जाने के लिए आते और अलबर्ट से नाजी शैली में अभिवादन करके उन बैटरियों को ले जाते थे, लेकिन शाम होते-होते वे अलबर्ट

पर आगबबूला होकर वापस लौटते, क्योंकि वे बैटरियाँ बेकार होती थीं। अधिकतर टैंक कमांडर एस.एस. अफसर हुआ करते थे, इसलिए उनकी नाराजगी हर किसी पर भी, चाहें वो रूसी हो या जर्मन, बहुत भारी पड़ती थी। उन्हें शांत करना बहुत मुश्किल होता था। नतीजतन अलबर्ट को हमेशा उनके गुस्से का शिकार होना पड़ता था।

एस.एस. अफसरों की खिंचाई से तंग आकर अलबर्ट गाँव में यूरी की तलाश में बुरी तरह जुट गया। इस तलाश कार्य में उसे पैदल ही घूमना पड़ता था, क्योंकि यूरी ने उसकी (अलबर्ट) मिलिटरी कार के एक्जास्ट पाइप में आलू ठूँस-ठूँसकर भर दिए थे। अलबर्ट ने जमीन में खुदे हुए सभी आश्रयों में दबिश दी। उसने यह ऐलान कर रखा था कि वह उसे देखते ही गोली मार देगा, लेकिन अलबर्ट की यह इच्छा पूरी न हो सकी, क्योंकि अलबर्ट की निष्क्रिय बैटरियों से तंग आकर उच्चाधिकारियों द्वारा उसे हटा दिया गया था।

सन् 1943 की वसंत ऋतु के दौरान यूरी के बड़े भाई वैलेंटिन और बहन जोया का एस.एस. गार्डों द्वारा अपहरण कर जर्मनी ले जाए जाने के लिए उन्हें बच्चों की एक ट्रेन में डाल दिया गया। सबसे पहले उन्हें पोलैंड के ग्डान्स्क (Gdansk) शहर ले जाया गया, जहाँ उन्हें लेबर कैंप में काम पर लगा दिया गया। जोया बताती है कि उसे सप्ताह में सैकड़ों जर्मनवासियों के कपड़े धोने पड़ते थे। उन्हें गुलामों की तरह रहना पड़ता था। डर की वजह से उनकी स्थिति मृत्युदंड की सजा पाए कैदियों की भाँति हो गई थी। उन्हें खंडहर से मकानों में रखा गया था। जोया अपने इस कटु अनुभव को सुनाते हुए काँपने लगती है।

एक दिन वैलेंटिन और जोया लेबर कैंप से भाग निकले। रूसी सेना के आने के इंतजार में उन्होंने जंगल में रहकर दो सप्ताह बिताए। आखिरकार उनकी उम्मीद के मुताबिक रूसी सेना वहाँ पहुँच भी गई, लेकिन अभी भी उनकी घर पहुँचने की इच्छा पूरी नहीं हो सकी। उन्हें बतौर स्वयंसेवी सेना के साथ रहना पड़ा। जोया को सेना के घोड़ों की देखभाल में लगा दिया गया। वैलेंटिन को सहायक सैनिक के रूप में इस्तेमाल किया गया, जहाँ वह जल्द ही एंटी टैंक ग्रेनेड लांचर एवं अन्य भारी हथियार चलाने में दक्ष हो गया।

इस दौरान अन्ना एवं एलेक्सेई को यह यकीन हो गया था कि वैलेंटिन और जोया अब इस दुनिया में नहीं रहे। एलेक्सेई, जो पहले ही अस्वस्थ था, जर्मन सैनिकों द्वारा बुरी तरह पिटाई किए जाने के कारण लंबे समय तक अस्पताल में दाखिल रहा और स्वास्थ्य लाभ होते ही उसी अस्पताल में अर्दली के रूप में

कार्यरत हो गया। इस तरह उसने शेष युद्धकाल इसी अस्पताल में रहते हुए गुजारा। वहीं अन्ना के बाएँ पैर में गहरा जख्म था, जो कि ब्रूनो नामक एक जर्मन सार्जेंट द्वारा हँसिए से वार करने के कारण हुआ था। यूरी ने अपनी माँ को बचाने के लिए उस सार्जेंट की आँखों में धूल झोंक दी थी।

अंततः 9 मार्च, 1944 को रूसी सेना द्वारा जर्मन सैनिकों को क्लुशिनो से खदेड़ दिया गया। एलेक्जेई ने जर्मन सैनिकों द्वारा बिछाई गई लैंड माइंस की जानकारी देकर इस कार्य में रूसी सेना की अहम मदद की। सन् 1945 के अंत तक वैलेंटिन और जोया घर लौट सके और अपने बिछुड़े माता-पिता और भाइयों से मिल सके।

युद्ध के पश्चात् गागरिन परिवार गजाट्स्क (Gzhatsk) नामक स्थान पर एक मकान बनाकर रहने लगा। निस्संदेह युद्ध के बाद का जनजीवन काफी कठिनाई भरा था। ब्रेस्ट से लेकर मॉस्को तक सबकुछ नेस्तनाबूत हो चुका था। मकान खंडहर में तब्दील हो गए थे, सारे के सारे मवेशी कहीं और चले गए थे या मारे जा चुके थे। गाँव में ले-देकर दो मकान ही क्षतिग्रस्त होने से रह गए थे। गजाट्स्क के निवासियों ने वहाँ एक विद्यालय प्रारंभ कर दिया, जहाँ चेलेना एलेक्जेन्ड्रोवना नामक एक युवती ने स्वेच्छा से अध्यापन कार्य की जिम्मेदारी सँभाल ली। यूरी व बोरिस ने रूसी सेना के एक पुराने मैन्युअल से पढ़ना सीखा।

सन् 1946 में लेव मिखाइलोविच बेस्पावलोव नामक व्यक्ति ने गणित और भौतिकी विषयों के अध्यापक के रूप में इस विद्यालय में अपनी सेवा देनी शुरू की। इस अध्यापक का यूरी के जीवन व कैरियर में काफी महत्त्वपूर्ण योगदान रहा। सन् 1961 में यूरी ने मिखाइलोविच बेस्पावलोव की चर्चा एक ऑस्ट्रेलियाई पत्रकार से करते हुए उनके सहयोग एवं मार्गदर्शन की सराहना की थी। बेस्पावलोव पानी में पिनों को तैराकर व उनमें अपने बालों को जोड़कर बिजली पैदा करता था। यूरी खास तौर से इस अध्यापक द्वारा प्रायः पहनी जानेवाली धुँधले रंग की वायु चालक ट्यूनिक से प्रभावित होता। एक बार दो सोवियत 'याक' लड़ाकू विमान और दो जर्मन लड़ाकू विमानों की जंगी मुठभेड़ में क्षतिग्रस्त होकर एक रूसी 'याक' लड़ाकू विमान गाँव के बाहर लगभग आधा किलोमीटर दूर पर एक दलदली जमीन पर गिरा। इसका एक लैंडिंग लेग जमीन पर टकराने से मुड़ गया था और प्रॉपेलर बुरी तरह क्षतिग्रस्त हो गया था। पायलट की जान तो बच गई थी, लेकिन उसका एक पैर बुरी तरह से चोटग्रस्त हो गया था। देखते-ही-देखते ग्रामीणों की भीड़ वहाँ इकट्ठा हो गई। उन्होंने उसके घायल पैर में मरहम-पट्टी की और

उसके लिए दूध व भोजन की व्यवस्था की।

कुछ ही देर बाद एक दूसरा विमान पॉलिकार्पोव पीओ-2 जमीन पर सुरक्षित उतरा। इसका वायुचालक इस विमान के हलके प्लाइवुड निर्माण के कारण इसे 'कॉर्नप्लांटर' नाम से संबोधित करता था, जिसकी वजह से यह ऊबड़-खाबड़ मैदानों व खेतों में भी उतर सकता था। आज यह अपने दोहरे बचाव कार्य के मिशन पर था। पहला, इसके वायुचालक को क्षतिग्रस्त 'याक' विमान के पायलट के स्वास्थ्य की जानकारी लेनी थी। दूसरा, यह सुनिश्चित करना कि यह लड़ाकू विमान कहीं जर्मन सैनिकों के हाथ न लग जाए, जिसके लिए यदि आवश्यक हो तो इसे नष्ट भी किया जा सकता था।

उक्त घटनाओं को देख यूरी मंत्रमुग्ध रह गया। गाँव के कुछ लड़कों को उस स्थान पर भेजा गया, जहाँ पीओ-2 उतरा था। वे अपने साथ जितनी व्यवस्था हो सकी थी, उतना पेट्रोल भी लेकर आए थे, ताकि उस विमान को ईंधन दिया जा सके। पायलट के पास कुछ चॉकलेट बार थे, जो उसने यूरी को दे दिए। यूरी ने उन्हें अन्य लड़कों में बाँट दिया। वह हवाई जहाजों के विषय में सोचते हुए इतना खो गया था कि उसने स्वयं के लिए एक टुकड़ा भी नहीं रखा। इन वायुयानों के गाँव के निकट उतरने की घटना का यूरी के दिलोदिमाग पर बहुत गहरा असर पड़ा।

रात में दोनों पायलट पीओ-2 विमान के पास ही रहे, ताकि उस पर नजर रखी जा सके। अत्यधिक थकावट के कारण उन्हें नींद आ गई। जब उनकी आँखें खुलीं तो उन्होंने यूरी को वहीं खड़े होकर अपनी ओर एकटक निहारते हुए पाया। दिन के प्रकाश में चूँकि क्षतिग्रस्त 'याक' लड़ाकू विमान की निगरानी संभव नहीं थी, इसलिए उन पायलटों ने उसे जला दिया। तत्पश्चात दोनों पायलट पीओ-2 में सवार होकर आसमान में ओझल हो गए, जबकि यूरी वहीं खड़े रहकर उस जलते विमान से उठते काले धुएँ की ओर एकटक निहार रहा था।

विद्यालय की शिक्षिका येलेना को याद आता है कि यूरी एक प्रतिभाशाली छात्र था। अपनी उम्र के दूसरे बच्चों की तरह वह भी शरारत किया करता था, लेकिन पूछने पर वह अपनी गलती स्वीकार कर दुबारा वैसा न करने का वादा करता। वे कहती हैं कि यूरी को एक बार उन्होंने अपनी निगरानी में कुछ दिनों के लिए कक्षा में सबसे आगे की कतार में बैठाया था, किंतु उनकी इस चौकसी के बावजूद वह शरारत करने से नहीं चूका। उसने बेंच की सारी कीलें निकाल डाली थीं, ताकि जब कोई उस पर बैठे तो धराशायी हो जाए।

यूरी की रुचि संगीत में नहीं थी। शेष सभी इवेंट्स में वह शौकिया तौर पर

भाग लिया करता था। स्कूल में भौतिकी एवं गणित उसके पसंदीदा विषय थे। वह मॉडल हवाई जहाज बनानेवाले अन्य छात्रों के साथ खास तौर से संलग्न रहता था। कई बार इससे स्कूल के शिक्षक विशेष रूप से येलेना परेशानी में पड़ जाती थी। एक बार उन्होंने खिड़की से हवाई जहाज उड़ाया, जो कि वहाँ से गुजरते एक राहगीर पर जा गिरा। उसने आकर स्कूल के शिक्षकों से शिकायत कर दी। पूछने पर कक्षा में हर कोई स्तब्ध बैठा रहा। अंततः यूरी ने खड़े होकर अपनी गलती स्वीकारी और क्षमा याचना की। मॉडल हवाई जहाज बनाने का यह शौक यूरी के उड़ान के प्रति जुनून को प्रकट क़रता है।

16 वर्ष की आयु पूरी करने पर यूरी घर से बाहर जाकर आजीविका कमाने के प्रति चिंतित रहने लगा। अपने माता-पिता को आर्थिक परेशानियों से घिरा देखकर उसे लगता कि जल्द-से-जल्द उसे किसी काम-धंधे में लगकर उनकी मदद करनी चाहिए, लेकिन उसकी माँ चाहती थी कि वह अपनी पढ़ाई आगे भी जारी रखे। यूरी ने लेनिनग्राड के कॉलेज ऑफ फिजिकल कल्चर में प्रवेश हेतु अपनी इच्छा व्यक्त की, जहाँ वह जिमनास्ट या स्पोर्ट्सरमैन के रूप में प्रशिक्षण लेना चाहता था। उसके पिता उसके इस रुझान से खुश नहीं थे, लेकिन यूरी के भौतिक विषय के शिक्षक बेस्पावलोव ने उसके पिता को उसकी इस रुचि के लिए मनाने का प्रयास किया। एलेक्सेई को उम्मीद थी कि बड़े होकर उसके तीनों बेटे बतौर कारपेंटर उसके काम में हाथ बटाएँगे, लेकिन ऐसा नहीं होना था।

मॉस्को के ल्यूबर्ट्सी स्टील प्लांट में प्रशिक्षुओं के लिए एक संस्थान भी था। यूरी संस्थान में किसी ट्रेड में प्रशिक्षण ले सकता था। सन् 1950 में उसे प्रशिक्षु के रूप में प्रवेश मिल गया। वह मॉस्को चला गया, जहाँ उसके एक रिश्तेदार सेवली इवानोविच के यहाँ उसके लिए कुछ दिनों तक ठहरने-खाने की व्यवस्था कर दी गई।

ल्यूबर्ट्सी में प्रशिक्षण के दौरान यूरी को व्लादीमीर गोरीन्शटीन नामक फोरमैन के अधीन रहना होता था। वह कठोर, किंतु अनुशासनप्रिय व्यक्ति था। यूरी उसके व्यक्तित्व एवं निष्ठापूर्ण कार्यशैली से बहुत प्रभावित हुआ। सन् 1961 में दिए गए एक साक्षात्कार में उसने व्लादीमीर के बारे में कहा, "आग शक्तिशाली होती है, पानी आग से भी ज्यादा शक्तिशाली होता है, लेकिन इनसान तो सबसे ज्यादा शक्तिशाली है।"

सबसे पहला कार्य जो उसे करने के लिए सौंपा गया, वह था नए बनकर तैयार हुए धातु के फ्लास्क के कब्जों में कील ठोकना। यूरी को स्मरण आता है

कि एक बार जब वह कब्जों में कील ठोक रहा था, तभी उसके काम का अवलोकन करते हुए व्लादीमीर ने उस पर झल्लाते हुए कहा कि उसने यह कार्य बिलकुल गलत ढंग से किया था। अगले दिन से ही यूरी के काम में सुधार हो गया। प्रशिक्षण के दौरान एक ही बार में कोई काम सही-सही करने में यूरी को कठिनाई महसूस होती थी। शायद ऐसा, काम को एक ही बार में समझ न पाने की वजह से होता था, किंतु वह हार नहीं मानता था और बारंबार अभ्यास जारी रखते हुए अंततः सफल हो ही जाता था।

व्लादीमीर ने कई वर्षों बाद एक साक्षात्कार में बतलाया, ''शुरू-शुरू में यूरी मुझे काफी कमजोर व अक्षम महसूस हुआ। मेरे पास फाउंड्री ग्रुप में ही एक जगह खाली थी, जहाँ काम करने का मतलब था भयंकर धूल, धुआँ और गरमी का सामना करते हुए वजन उठाने का काम करना। मैंने सोचा कि यह काम यूरी के बूते का नहीं है, लेकिन मुझे याद नहीं है कि क्यों मैंने उसके प्रति इस नकारात्मक सोच को दरकिनार कर उसे इसी काम में लगा दिया। शायद मुझे उसकी संकल्प शक्ति का भान हो गया था, फिर मेहनती तो वह था ही।''

प्रशिक्षण वर्ष के अंत में यूरी की रिपोर्ट सराहनीय थी। और सारातोव में नवनिर्मित टेक्निकल स्कूल में प्रशिक्षण हेतु चयनित मात्र चार प्रशिक्षुओं में एक नाम उसका भी था। यहाँ उसे ट्रैक्टर के मैकेनिज्म पर प्रशिक्षण लेना था।

सन् 1951 की वसंत ऋतु के दौरान यूरी अन्य तीन चयनित प्रशिक्षुओं व एक नए शिक्षक टिमोफेई निकिफोरोव के साथ सारातोव पहुँचा। उनके वहाँ पहुँचने के कुछ ही घंटों के अंदर उसकी नजर एक सूचना पर गई जिसमें लिखा था, 'एरो क्लब'। उसने उत्सुकतावश अंदर जाकर सदस्यता के लिए अपना नाम दे दिया। कुछ दिनों में उसका नाम स्वीकृत कर लिया गया, किंतु ज्यादातर समय वह टेक्निकल स्कूल में जारी प्रशिक्षण में व्यस्त रहता था। इस वजह से वह कई सप्ताहों बाद ही सारातोव की सीमा पर बने एरो क्लब के एयरफील्ड पर पहुँच सका।

एरो क्लब के प्रमुख प्रशिक्षक थे दामित्री मार्त्यानोव जिन्हें युद्ध के दौरान वायुयान चालन का अच्छा-खासा अनुभव था। उन्होंने पहली बार यूरी को कैनवास से ढके एक प्रशिक्षण विमान याक-18 को एकटक घूरते हुए देखा। यूरी के नजदीक पहुँचकर उन्होंने विमान में उड़ने का प्रस्ताव रखा जिसे यूरी ने सहर्ष स्वीकार कर लिया। अगले ही क्षण वे 1,500 मीटर की ऊँचाई पर 100 कि.मी. प्रति घंटे की रफ्तार से उड़ान भर रहे थे। कुछ मिनटों की उड़ान के बाद वे जमीन पर लौट आए। यूरी कहते हैं, ''इस पहली उड़ान से मैं गर्व से फूला नहीं समा रहा था।

इस उड़ान ने ही मेरे जीवन को एक मकसद व दिशा दी।''

मार्त्यानोव ने यूरी की प्रशंसा करते हुए कहा, ''तुमने काफी अच्छा कर दिखाया। कोई भी यही सोचेगा कि तुमने पहले भी कभी विमान उड़ाया है।''

उत्तर में यूरी ने कहा, ''अब तक मैंने सारी जिंदगी उड़ान ही तो भरी है।''

मार्त्यानोव भली-भाँति उसका तात्पर्य समझते थे और उसी क्षण से दोनों में गहरी मित्रता हो गई।

सन् 1955 में 21 वर्षीय यूरी ने उत्कृष्ट ग्रेड लेकर सारातोव ट्रेनिंग स्कूल में अपना प्रशिक्षण पूरा किया। अब ट्रैक्टर के प्रति उनमें कोई रुचि नहीं रह गई थी। आखिर एरो क्लब में विमान चालन (याक-18) सीखते हुए उन्होंने पिछला यादगार समय जो बिताया था। जहाँ एक ओर उसे उड्डयन के सिद्धांत पर शाम को व्याख्यान में शामिल होना होता था, वहीं दिन के दौरान टेक्निकल स्कूल में प्रशिक्षण पाठ्यक्रम हेतु जागते रहना पड़ता था। असफल न होने के निश्चय के साथ वह अतिरिक्त कार्यभार सँभालने में जुटा रहता था। उसने एक विमान के विंग से पैराशूट की मदद से छलाँग लगाने का रोंगटे खड़े कर देनेवाला कारनामा कर दिखाया जिसके लिए उन्हें क्लब द्वारा सम्मानित किया गया था। मार्त्यानोव द्वारा यूरी को यूरल नदी के तट पर स्थित पायलट्स स्कूल के लिए भी अनुशंसित किया गया, जहाँ प्रवेश लेने के लिए उसे बतौर मिलिटरी कैडेट आवेदन करना पड़ता। यह कोई छोटा-मोटा शौकियाना क्लब न होकर सैन्य उड़ाकों को तैयार करनेवाला एक ट्रेनिंग सेंटर था। हालाँकि एरो क्लब भी केवल शौकिया तौर पर चलाया जा रहा केंद्र नहीं था।

यूरी ने सातारोव में बहुत से स्पोर्टिंग क्लबों में सदस्यता ले रखी थी जिससे उसकी शारीरिक संरचना पर्याप्त व्यायाम व भोजन शैली से मजबूत हो गई थी। फुटबॉल, वॉलीबॉल खेलने के अलावा वे वोल्गा में एक पैर से वाटर स्काई भी किया करते थे। परिणामस्वरूप औसत से भी कुछ कम कद-काठी के साथ, वे खूबसूरत नवयुवक दिखते थे। अच्छे चालचलन व मृदुभाषी स्वभाव के कारण उनके बहुत से मित्र बन गए थे।

ओरेनबर्ग के प्रशिक्षक सक्रिय ड्यूटी पर लगे हुए सैनिक थे जिन्हें आसानी से खुश नहीं रखा जा सकता था। आगामी वर्षों में यूरी को उनके कठोर अनुशासन के प्रति स्वयं को कटिबद्ध रखना था। प्रशिक्षण समाप्त होने के उपरांत उसे युद्ध पर लड़ने व शहीद हो जाने के लिए भेजा जा सकता था। उनके माता-पिता मिलिटरी सेवा में शामिल होने देने के पक्ष में नहीं थे। उड़ान के प्रति उसके जुनून

को वे काफी गैर जिम्मेदारना मानते थे, किंतु यूरी में भविष्य के मिलिटरी पायलट बनने हेतु आवश्यक कठोर अनुशासन की झलक पहले ही नजर आने लगी थी।

ओरेनबर्ग प्रशिक्षण केंद्र में उच्च अंक प्राप्त करना आसान नहीं था। यूरी के एक वरिष्ठ प्रशिक्षक ने सन् 1961 में कहा था, ''यह कल्पना मत करो कि यूरी बचपन से ही अति-प्रतिभाशाली था। ऐसा कुछ भी नहीं। वह एक उत्साही, ऊर्जावान युवक था और अन्य लोगों की तरह सामान्य गलतियाँ उससे भी होती थीं। लैंडिंग में वह बड़ी गंभीर गलतियाँ किया करता था। खड़े चढ़ावयुक्त मोड़ों पर उसका कार्य संपादन सही नहीं हुआ करता था, लेकिन उसके लंबवत डाइव चढ़ाव को देख मैं दाँतों तले उँगली दबा लेता था। इसके बाद जमीन पर उतरना (टचडाउन) भी बिलकुल त्रुटिहीन रहता था।'' जब उसके वरिष्ठ प्रशिक्षक ने पूछा, ''तुम इसी तरह हमेशा लैंडिंग क्यों नहीं करते?'' तो उसने कहा, ''अब मुझे हल मिल चुका है।'' वह अपनी सीट के नीचे एक गद्‍दी रखता था, ताकि रनवे में उसकी दृष्टि बेहतर जमी रहे। वस्तुत: यह गद्‍दी व कुछ अन्य बातें लैंडिंग की समस्या के हल खोजने की दिशा में उसके संकल्पित प्रयास का हिस्सा थीं। इसके बाद बात आती है लक्ष्य अभ्यास की। एक मिलिटरी पायलट के लिए अपने विमान से गोलीबारी करने में प्रवीण होना अति आवश्यक है। शुरू-शुरू में वह लक्ष्यों पर गोलियाँ चलाने में बड़ी चूकें किया करता था, जबकि उसके अन्य साथी लक्ष्यों पर बिलकुल सटीक निशाना साध लेते थे। यूरी इससे संबंधित सैद्धांतिक कक्षाओं में पुन: शामिल हुआ, उड़ान के दौरान लक्ष्य पर निशाना दागने की बार-बार कोशिश की और अंतत: उसने सही तरीके से लक्ष्यों को उड़ाने में महारथ हासिल कर ली।

इसी दौरान ओरेनबर्ग में ही यूरी की मुलाकात वैलेंटिना (वाल्या) गोरियाचेवा से हुई।

भूरी आँखोंवाली यह युवती वाल्या काफी खूबसूरत थी। वह यूरी से उम्र में एक साल छोटी थी। वह ओरेनबर्ग बेस में कार्यरत थी। यहीं से दोनों की मुलाकातों का दौर शुरू हुआ। वाल्या के माता-पिता, इवान गोरियाचोव और वारवरा सोम्योनोवा ओरेनबर्ग के चिचेरिन स्ट्रीट में रहते थे। वे भी यूरी को पसंद करते थे। उनका घर यूरी के लिए एक और ठिकाना बन चुका था। फरवरी 1956 में यूरी ने ओरेनबर्ग ट्रेनिंग सेंटर से सार्जेंट का दरजा हासिल कर अपना प्रशिक्षण पूरा किया। और 26 मार्च, 1957 को उसने मिग-15 जेट में अपनी प्रथम सोलो उड़ान भरी।

4 अक्तूबर, 1957 को सोवियत ने दुनिया का प्रथम कृत्रिम उपग्रह लॉन्च किया। इस खबर से ओरेनबर्ग में प्रशिक्षण लेनेवाले व प्रशिक्षण ले चुके कैडेटों में

काफी उत्साह व रोमांच भर गया। यूरी का सबसे खास मित्र यूरी देरगुनोव हवाई पट्टी पर तेजी से दौड़ते हुए यूरी के पास पूरी ताकत से स्पुतनिक चिल्लाता हुआ पहुँचा। यूरी भी काफी रोमांचित था, लेकिन तब उसका रुझान पायलट स्कूल में होनेवाली अंतिम परीक्षाओं व कुछ हद तक वाल्या के साथ बढ़ते प्रेम के प्रति ज्यादा था। उनकी शादी की तारीख (27 अक्तूबर) पहले ही तय हो चुकी थी। इस विषय में स्मरण करते हुए उसने बताया था कि अंतरिक्ष में उड़ने के विचार के बदले शादी के इंतजाम का बोझ उस पर ज्यादा पड़ रहा था। उसने कभी यह कल्पना भी नहीं कि थी कि साढ़े तीन साल की अवधि में ही वह अंतरिक्ष की कक्षा में भ्रमण कर रहा होगा।

वाल्या को भी यह भान नहीं था कि उसने भविष्य में अंतरिक्ष का हीरो कहलानेवाले व्यक्ति से शादी की थी। उसे इस ऐतिहासिक कार्य के साथ जुड़े जोखिमों का भी अहसास था। उसे यूरी के साथ एक स्थान से दूसरे स्थान आना-जाना भी पड़ता था, क्योंकि यूरी को अलग-अलग स्टेशनों में जाने की आवश्यकता होती थी। जहाँ एक ओर उसे इस बात की खुशी होती थी कि सेना विभाग द्वारा उसके आवास, स्वास्थ्य सुविधा, बच्चों की शिक्षा व पेंशन की व्यवस्था की जाएगी, वहीं दूसरी ओर जेट प्लेन में उड़ान के दौरान अपने पति को खो देने का अज्ञात भय भी मन में घर बनाता रहता था। अन्य सैनिक पत्नियों के साथ भी चर्चा के दौरान यह बात उभरकर सामने आ ही जाया करती थी, लेकिन इस बात की तो उसने कल्पना भी नहीं की थी कि दुनिया के सबसे प्रसिद्ध इनसान की पत्नी बनने का गौरव हासिल होगा।

ओरेनबर्ग से 6 नवंबर, 1957 को उत्कृष्ट ग्रेड लेकर उत्तीर्ण होने के बाद शीघ्र यूरी का लेफ्टिनेंट में कमीशन हो गया। तत्पश्चात् उसे आर्कटिक सर्किल से 300 कि.मी. उत्तर में उत्तरी छोर बिंदु पर स्थित निकेल एयरबेस में सैन्य निरीक्षण हेतु मिग-15 जेट की उड़ान हेतु भेज दिया गया। वाल्या भी उसके साथ गई, जहाँ उसे शून्य से भी कम डिग्री सेंटीग्रेड तापमान की स्थिति का सामना करना पड़ा। यहीं 10 अप्रैल, 1959 को उसने अपनी पहली संतान, सुपुत्री लीना को जन्म दिया। यहाँ शीत ऋतु के महीनों के दौर में यूरी को मिग के नियंत्रण में बाधाएँ उत्पन्न होती थीं। स्नो बलाइंडनेस से यहाँ लगातार खतरा बना रहता था। साथ ही आकाश और जमीन सफेद चादर के रूप में इस तरह मिले हुए नजर आते थे कि क्षितिज स्पष्ट रूप से दृष्टि गोचर ही नहीं होता था। उन दिनों उड़ान के दौरान इलेक्ट्रॉनिक एप्रोच व लैंडिंग सिस्टम विशेष तौर पर संवेदनशील नहीं हुआ करते थे। स्नो-

ब्लाइंडेड पायलटों को अपेक्षाकृत बड़े जमीनी नियंत्रण राडार पर भरोसा करना होता था। साफ मौसम के दौरान भी खतरा मँडराता रहता था। एक दिन यूरी ने अपना विमान काली बर्फ से ढकी लैंडिंग स्ट्रिप (पट्टी) पर उतारा, जो कि खुली आँखों से पारदर्शी नजर आती थी, किंतु उसमें तेल जैसी फिसलन थी। ओरेनबर्ग में प्रशिक्षण के दौरान उसने इस तरह की दशाओं में अभ्यास नहीं किया था। उसका विमान तेजी से बेकाबू होकर एक ओर फिसल गया और लैंडिंग गियर का टायर अचानक ब्रेक लगने के दबाव के चलते फट गया।

ओरेनबर्ग पायलट्स स्कूल में यूरी के एक अच्छे मित्र यूरी डेरगुनाव की मौत ऐसी ही एक स्थिति में उसकी भरती के एक माह के भीतर ही निकेल के निकट हो गई थी। इस घटना के कई बार सप्ताह तक यूरी मानसिक रूप से परेशान रहा था। □

2

कॉस्मोनॉट का परीक्षण-प्रशिक्षण

सन् 1959 के अक्तूबर महीने में सोवियत यूनियन के प्रमुख एयर स्टेशनों में बड़े रहस्यमय तरीके से भरती अभियान शुरू हुआ। इससे निकेल भी अछूता न रहा। किसी को स्पष्ट रूप से इन भरती दलों के विषय में जानकारी नहीं थी; उनका मकसद क्या है? वे किस संगठन से आते हैं? इत्यादि। न ही इन दलों के द्वारा किसी को इस संबंध में बताया जाता था। बहुत से पायलटों का चयन करके उन्हें एक कार्यालय में बुलाया जाता था, जहाँ कुछ डॉक्टरों के साथ उनकी औपचारिक बातचीत हुआ करती थी। भरती के अगले चरणों में इन चयनित पायलटों की संख्या घटती चली जाती। अंततः प्रत्येक एयरबेस से शार्ट लिस्ट किए गए लगभग दर्जन भर उम्मीदवारों में से भरतीकर्ताओं द्वारा किसी एक से साक्षात्कार लिया जाता। ऐसे ही चुनिंदा अभ्यर्थियों को मॉस्को के बोर्डेंको मिलिटरी हॉस्पिटल में कुछ कठोर स्वास्थ्य परीक्षण के लिए भेजा जाता था। अंततः इन प्रक्रियाओं से चयनित होकर आए दस में से नौ अभ्यर्थी बाहर कर दिए जाते। जिसका निर्णय बड़े ही रहस्यमय ढंग से बंद कमरों में लिया जाता था।

स्वयं यूरी ने एक प्रकाशित साक्षात्कार में बोर्डेंको हॉस्पिटल में स्वयं पर हुए अलग-अलग आँखों के सात परीक्षणों, मनोवैज्ञानिकों के साथ अनेक साक्षात्कारों और एक कठिन गणितीय जाँच से गुजरने की चर्चा की है। डॉक्टरों द्वारा जाँच के दौरान मुख्यतः हृदय जाँच पर ध्यान केंद्रित किया जाता था जिसके माध्यम से वे अन्य अभ्यर्थियों की लाइफ हिस्टरी की जानकारी प्राप्त कर लिया करते थे। इसके अलावा सिर से लेकर पैर तक चिकित्सीय जाँच की जाती थी, जिसके लिए जटिल

यंत्रों को भी प्रयोग में लाया जाता था। ये यंत्र स्वास्थ्य संबंधी छोटी-से-छोटी खामियों का पता लगाने में सक्षम थे।

यूरी और उसके चयनकर्ताओं के मध्य हुई बातचीत का सही रिकॉर्ड उपलब्ध नहीं है, किंतु निकेल एयरबेस में उसके एक सहपाठी पायलट जॉर्जी शोनिन (जिसे यूरी के बाद शीघ्र ही कॉस्मोनॉट प्रशिक्षण हेतु चयनित किया गया था।) की चयन प्रक्रिया का अनुभव उपलब्ध है, जो कि लगभग यूरी की ही तरह रहा होगा।

"प्रारंभ में हम वही उबाऊ विषयों के संबंध में बात करते रहे, जैसे—मुझे एयरफोर्स कैसा लगता था? अपने खाली समय में मैं क्या करता था? मुझे क्या पढ़ना पसंद था? क्या उड़ान भरने में मेरी रुचि थी? इत्यादि। कुछ दिनों के बाद दूसरे दौर की बातचीत शुरू हुई जिसमें हममें से पहले की अपेक्षा कम लोगों को बुलाया गया था। इस बार की बातचीत ज्यादा तथ्यपरक व विशिष्ट थी।"

इसके पश्चात् शोनिन को मॉस्को जाना पड़ा, किंतु उसे अपने उद्देश्य की जानकारी नहीं थी। वापस निकेल आने पर वह काफी हारा-थका सा लगा, किंतु डॉक्टरों ने उसे किसी भी नए काम के लिए उपयुक्त घोषित कर दिया था। चयनकर्ताओं ने अंतिम बार उससे बातचीत के दौरान पूछा था, "यदि तुम्हें किसी अपेक्षाकृत अधिक आधुनिक विमान में उड़ने का मौका दिया जाए तो तुम्हें कैसा महसूस होगा?" उन्होंने फिर उससे पूछा, "यदि किसी बिलकुल नए विमान में उड़ने की बात की जाए तो आपकी क्या राय है?" इस बात से वह एकदम उत्साहहीन हो गया, क्योंकि उस समय एयर रेजिमेंट नए उच्च कार्यक्षमतावाले लड़ाकू विमान की तरफ अपना रुझान बनाए हुए थे। उसे निकेल स्क्वाड्रल में भी इसी बात की उम्मीद थी। जब चयनकर्ताओं में से एक ने रॉकेट में बैठकर पृथ्वी के चारों ओर उसकी कक्षा में उड़ान भरने की बात कही तो शोनिन का चेहरा सफेद पड़ गया, किंतु उसने इस काम के लिए हामी भर दी। यूरी का चयन शोनिन से हफ्तों पहले हो चुका था। निश्चत ही इस चयन से यूरी और वाल्या खुश हुए होंगे, क्योंकि उन्हें सम्मानपूर्वक मर्मांस्क से छुटकारा पाने का अवसर जो मिल गया था। यूरी ने वाल्या को बताया कि उसे एक नए तरह के वायुयान में बतौर टेस्ट पायलट चयनित कर लिया गया था, जिसके लिए उसे मॉस्को से बाहर रखा जाएगा। 8 मार्च, 1960 को वे खुशी-खुशी निकेल छोड़कर चले गए।

अपने इस नए कार्य की शुरुआत करने पर 26 वर्षीय यूरी को मालूम हुआ कि वह उन 20 सदस्यों के समूह में एक है जिनका चयन विविध प्रक्रियाओं से संपूर्ण सोवियत यूनियन से पहुँचे 2,200 अभ्यर्थियों में से किया गया था।

अन्य कॉस्मोनॉटस यूरी को काफी सहज व मिलनसार पाते थे, वहीं एक अन्य कॉस्मोनॉट घर्मन टिटोव अघोषित तौर पर यूरी को अपना प्रतिद्वंद्वी समझता था और स्वभाव से काफी घमंडी और स्वयं को दूसरों से अलग-थलग रखता था। वह आत्मकेंद्रित चरित्र का व्यक्ति था। उसने वोलगोग्रेड एयर स्टेशन से दो वर्षों का प्रशिक्षण विशिष्ट योग्यता के साथ ले रखा था। सन् 1959 में यूरी की तरह उसका भी साक्षात्कार लिया गया था। वह स्वभाव से धृष्ट, तुनकमिजाज और मुँहफट था। उसने मिग विमान से अपनी मातृभूमि की रक्षा करने में अपनी पहचान बना ली थी।

बतौर कॉस्मोनॉट यूरी के नए जीवन में दूसरा अहम् नाम था, अलेक्सेई आरखीपोविच लिओनोव। मई 1934 में जनमे लिओनोव लगभग यूरी का हमउम्र था। युवावस्था में आर्टिस्ट बनने का सपना सँजोए हुए, उसने एकेडेमी ऑफ आर्ट रीगा में प्रवेश भी ले लिया था, लेकिन अचानक मनोदशा में आए बदलाव के चलते उसने चुगुयेव के एयरफोर्स स्कूल में प्रवेश ले लिया, जहाँ वह एक अच्छा पैराशूटिस्ट व प्रशिक्षक बना। सन् 1959 में अंतरिक्ष चयनकर्ताओं की टीम द्वारा एक नए पद हेतु उसका चयन कर लिया गया। अपने दूसरे कॉस्मोनॉट साथियों के बीच उसकी छवि काफी मिलनसार, खुशमिजाज व्यक्ति के रूप में थी। इसके साथ ही अपने इस नए कार्य में कामयाबी पाने के लिए उसमें कटिबद्धता नजर आती थी। अभी भी उसमें कला के प्रति रुझान बना हुआ था। जहाँ कहीं भी उसे जाना होता, वह अपनी स्कैचबुक ले जाना न भूलता, चाहे वह अंतरिक्ष यात्रा का दौर ही क्यों न हो। कला के प्रति अपने इस समर्पण के कारण सोवियत स्पेस चित्रकारों में उसका नाम अग्रणी रहा। प्रशिक्षण के प्रारंभिक दिनों से ही वह यूरी का अच्छा मित्र बन गया।

आज लिनोव कहता है, "मैंने स्वयं इस इनसान के स्वभाव की सहृदयता महसूस कर ली। यूरी अपने मित्रों को काफी पसंद करता था और उनका खयाल रखता था। जहाँ पुराने मित्रों से उसका संपर्क कायम रहता, वहीं बड़ी आसानी से उसके नए मित्र बन जाते थे। हमारे संबंध खास तौर पर मधुर थे, क्योंकि हम एक-दूसरे को लंबे समय से जानते थे। शोहरत हासिल करने के बावजूद, वह बदला नहीं था। वह सदा ही एक अच्छा मित्र बनकर रहा।"

11 जनवरी, 1960 को चिकित्सीय वैज्ञानिक येवजेनी कारपोव के निर्देशन में एक विशेष कॉस्मोनॉट प्रशिक्षण केंद्र का शुभारंभ हुआ। कॉस्मोनॉट की भरती प्रशिक्षण व सैद्धांतिक विश्वसनीयता हेतु प्रत्यक्ष दायित्व निर्वहन करनेवाले 'सेकंड-

इन–कमांड' जनरल निकोलेई कामानिन थे। वे अनुशासन प्रिय, कठोर व अत्यधिक महत्त्वाकांक्षी अनुभवी लड़ाकू विमान पायलट थे। अंतरिक्ष इतिहासकार जेम्स ओबर्ग ने उन्हें 'बुजुर्ग होते युद्ध नायक' कहकर संबोधित किया। प्रारंभिक सोवियत अंतरिक्ष कार्यक्रम से नजदीकी तौर से जुड़े यारोस्लेव गोलोवनोव उसे एक दहशत पैदा करनेवाले इनसान के रूप में याद करते हैं। समयांतराल में बहुत से छात्र उससे घृणा करने लगे थे, किंतु उसके कठोर सैन्य अनुशासन, संबंधित विवरणों के प्रति उसकी कठोर एकाग्रता एवं अपने छात्रों से सर्वोच्च मानकों के अलावा अन्य सभी बातों को स्वीकार न करने की उसकी फितरत के कारण वह उन्हें अंतरिक्ष में आने वाली कठोर परिस्थितियों के लिए सफलतापूर्वक तैयार कर देता था।

जब यूरी एवं अन्य उन्नीस सहकर्मी यहाँ प्रशिक्षण के लिए पहुँचे, तो उन्हें अंतरिक्ष के लिए तैयार करने हेतु उपयुक्त सुविधाएँ काफी कम थीं। कारपोव और कामानिन को मॉस्को से 40 कि.मी. उत्तर–पूर्व में चीड़ व ताड़ के जंगली इलाके में एक बड़ा हिस्सा आवंटित किया गया था। मार्च 1960 में उन्होंने ज्वाइओज्डनी गोरोडोक (Zvyozdny Gorodok) या 'स्टार सिटी' का निर्माण शुरू कर दिया। उस स्थल के मध्य भाग में एक विशाल चौकोर भाग काटकर साफ किया गया और जंगल के आसपास की सड़कों से पूरी तरह से उसकी स्क्रीनिंग की गई। वहाँ एक सामान्य सा हॉस्टल निर्माण किया गया जिसमें कुछ सैनिक छावनियाँ और प्रशिक्षण सुविधाओं को रखे जाने हेतु कुछ भवन सम्मिलित थे, जिसमें से कुछ इस तरह से डिजाइन किए गए थे, जिससे प्रशिक्षुओं में तनाव, मानसिक कष्ट, अकेलापन व थकावट पैदा की जा सके। स्टार सिटी का आकार एक छोटे कस्बे जैसा तय किया गया था, जिसमें इसकी स्वयं की बार, होटलों, स्पोर्ट्स क्लबों एवं प्रशासनिक केंद्रों को प्रस्तावित किया गया था। दक्षिण में थोड़ी दूरी पर चकालोवस्की में एक विशाल फैलाव में जेट प्रशिक्षणकर्ताओं हेतु सुविधाजनक लैंडिंग स्ट्रिप प्रदान की गई थी। इसके अलावा कॉस्मोनॉट्स के छोटे परिवारों हेतु आवास तैयार किए गए थे।

स्टार सिटी निर्माण क्षेत्र के आकार के बावजूद, बहुत कम बाहरी लोगों को इस संबंध में जानकारी थी। चकालोवस्की से गुजरनेवाली सड़क से यह कॉम्प्लेक्स बड़ी आसानी से घने ताड़ के जंगली हिस्से से छिप जाता था। दाहिने हाथ की तरफ निर्मित एक छोटे से गार्डपोस्ट से इसे सुरक्षित किया गया था।

जब यूरी और उसके सहकर्मी यहाँ प्रशिक्षण हेतु पहुँचे, तब स्टार सिटी की सुविधाएँ प्रारंभ नहीं हुई थीं। कॉस्मोनॉट के प्रारंभिक प्रशिक्षण में मॉस्को की विविध वैज्ञानिक और चिकित्सीय संस्थानों (विशेषकर झुकोवस्की एकेडमी ऑफ

एरोनॉटिकल साइंसेज ऑन लेनिनग्राडस्की प्रोस्पेक्ट्स) में शैक्षणिक एवं शारीरिक प्रशिक्षण ही शामिल थे। पेट्रोवस्की पार्क में इंस्टीट्यूट फॉर मेडिकल एंड बायोलॉजिकल प्रॉब्लम्स इन्हें चिकित्सीय, शारीरिक और मनोवैज्ञानिक जाँचों से गुजरना पड़ता था। यहाँ इन्हें आइसोलेशन चेंबर की प्रक्रिया से गुजरना पड़ता था जिसके तहत इन्हें एक बड़े टैंक के भीतर अगल-थलग रहना पड़ता था। डॉक्टरों द्वारा प्रशिक्षुओं को अंदर बंद करके अपनी वैज्ञानिक सूझबूझ के आधार पर टैंक के अंदर का वायुदाब घटाया व बढ़ाया जाता था। इसके साथ ही इस दौरान उन्हें बहुत से कष्टप्रद कार्य जैसे गणितीय सवाल, बौद्धिक परीक्षण, शारीरिक व्यायाम इत्यादि कार्य सौंपे जाते थे। वहाँ उन्हें किसी प्रकार भी आमोद-प्रमोद, मन बहलाव के द्वारा समय बिताने की छूट नहीं मिलती थी। वे न तो आपस में कोई बात कर सकते थे, न पुस्तक व पत्रिकाएँ पढ़ सकते थे। यहाँ तक कि बाहरी दुनिया से कोई संपर्क स्थापित नहीं कर सकते थे। ज्यादा-से-ज्यादा इस आइसोलेशन चेंबर पर नजर रखनेवाले टेक्नीशियन से ही वे अपनी कोई बात कर सकते थे। एक सत्र एक से दस दिनों का होता था, किंतु इसमें रखे जानेवालों को निर्धारित अवधि के विषय में पहले से कभी नहीं बताया जाता था। प्रशिक्षण की इस कठोर प्रक्रिया का उद्‌देश्य यह सुनिश्चित करना होता था कि व्यक्ति अंतरिक्ष यात्रा के दौरान अकेलेपन व उबाऊपन के हालात में रह सकते हैं। क्योंकि पृथ्वी के ऊपर उन्हें कक्षा में कई दिनों तक घूमते रहना पड़ सकता था। एक कॉस्मोनॉट को इस प्रशिक्षण को हँसते हुए स्वीकार करना पड़ता था, वरना उन्हें अंतरिक्ष में उड़ने की अनुमति नहीं मिलती थी।

यूरी ने इसके कई सत्र सफलतापूर्वक पूरे किए और बाद में उसने इस अनुभव को काफी कष्टप्रद बतलाया। मनोवैज्ञानिकों द्वारा उसे अपने विचार या भाव चेंबर के भीतर लगी घड़ी में निर्धारित अंतराल में बतलाने के लिए कहा जाता था। जब वह अपनी कोई बात कहता तो उसकी बात सुननेवाले प्रायः कोई जवाब नहीं देते थे। वह यह तय नहीं कर पाता था कि वे उसे जानबूझकर अनसुना कर रहे थे या वे किसी और काम से कहीं चले गए थे। चेंबर के भीतर लगी घड़ी से उसे बाहर के समय (पहर) सुबह-शाम इत्यादि का सटीक आभास भी नहीं हो पाता था। इसके अलावा चेंबर में खिड़कियाँ भी नहीं हुआ करती थीं। चेंबर के भीतर बिजली का प्रकाश किसी भी अप्रत्याशित समय आता-जाता रहता था। जैसे जब वह किसी विशेष काम में व्यस्त होता तो बत्ती गुल हो जाती और कभी सोने के वक्त ही अचानक बत्ती जल उठती। समय का तात्पर्य ही खो चुका था। बाद में उसने

इस विषय में कहा था, "इस तरह अलग-थलग पड़े रहने के दौरान आपका मन भूतकाल की बातों में आसानी से एकाग्र हो जाता है, लेकिन मैं तो भविष्य में ही मन को एकाग्र किए रहता था। आँखें बंद करके मैं स्वयं को वोस्टक में उड़ान भरते हुए यह महसूस करता कि नीचे सभी महासागर व महाद्वीप पीछे छूटते जा रहे हैं।

लीडिया ऑबुखोवा नामक एक महिला पत्रकार को ऐसे ही एक प्रशिक्षण को प्रत्यक्ष रूप से देखने व महसूस करने की इजाजत इस शर्त पर मिली थी कि वह इसे अंततः यूरी की अंतरिक्ष उड़ान की तिथि (अप्रैल 1961) के कुछ महीनों बाद तक प्रकाशित नहीं करेगी।

चेंबर के भीतर यूरी अपने आपसे ही मसखरी करता। वह माइक्रोफोन पर बाहर खड़े किसी भी व्यक्ति से बात करने में नहीं चूकता, चाहे उसकी बात का उत्तर उसे मिले या न मिले। इस तरह कुछ दिन बीत गए। चेंबर के बाहर हर कोई यह जानता था कि इस तरह अलग-थलग रहने की उसकी यह अग्निपरीक्षा का वह अंतिम दिन था, लेकिन यूरी को इस बात का कतई अंदाजा नहीं था। उसने चेंबर के भीतर कुछ वस्तुओं को लेकर ही गाना गाना शुरू कर दिया। 'मेरे बिजली के तार...एक तार पीले रंग का...दूसरा लाल रंग।' डॉक्टरों ने बताया, "चेंबर में उसका ध्यान अपनी ओर खींचनेवाली बातें कुछ रह ही नहीं गई हैं, इसलिए वह कुछ नया खोज रहा है। बिलकुल उसी तरह जैसे रेगिस्तान में भ्रमण करते हुए यायावर को रेत के अलावा जो कुछ भी नजर आता है, वह उसी पर गीत गाने लगता है।"

मनोवैज्ञानिकों द्वारा दी जानेवाली मानसिक यातनाओं के बावजूद यूरी ने अंतरिक्ष में उड़ान भरने के अपने सपने को सदा आँखों के सामने रखा। उसने सभी परीक्षणों को हँसकर, स्वानुशासन और बहादुरी के साथ झेला और उनमें कामयाबी हासिल की।

जब टिटोव की चेंबर में जाने की बारी आई, तो उसने इस अग्निपरीक्षा के विषय में गहन विचार किया। यह मात्र विभिन्न वायुमंडलीय दाबों में शरीर की परख मात्र नहीं था, न ही केवल उबाऊपन सहने की बात थी। उसे यकीन था कि उसे बहुत सी सूक्ष्म जाँचों के दौर से गुजरना पड़ेगा।

"आपको बताया जाता है कि चेंबर के भीतर कोई शोर-शराबा नहीं होता, लेकिन यह सब बकवास है। एयर कंडीशनिंग सिस्टम, वेंटिलेटर तो काम कर ही रहे होते हैं, जिनसे आवाजें आती रहती हैं, किंतु आप जल्द ही इनके अभ्यस्त हो जाते हैं। सबसे अहम बात है अलग-थलग रहना। क्या आप दस दिन स्वयं अकेले

व सबसे कटे रहते हुए बिता सकते हैं? आपके की-होल से कोई नहीं झाँक रहा होता है, लेकिन आप जानते हैं कि आप पर नजर रखी जा रही है।''

भोजन के डिब्बे और छोटा सा कुकिंग स्टोव भी अग्निपरीक्षा का हिस्सा थे। चेंबर में मात्र पीने के लिए ही पानी था। उसे और किसी काम में खर्च नहीं किया जा सकता था। कुछ कॉस्मोनॉट्स ने सत्र के प्रथम दिन फटाफट भोजन के डिब्बे खोल लिये, ताकि जलपान करके अपनी थकावट मिटा लें। उन्होंने एक सॉसपेन में डिब्बे के भोजन को खाली कर स्टोव पर गरम करने के बाद, भोजन तो कर लिया, लेकिन बाद में उन्हें अहसास हुआ कि इसके बाद सॉसपेन की सफाई करने का कोई तरीका नहीं है, जबकि आगे उन्हें कई बार भोजन करना था, सो अलग। टिटोव कहता है, ''मैंने सोचा कि मैं अपनी युक्ति से काम चला लूँगा। मैंने सॉसपेन में पानी भरकर भोजन के डिब्बे उसमें रख दिए और स्टोव पर रखकर उन्हें गरम कर लिया। इसके बाद आप डिब्बा खोलिए, भोजन करके डिब्बे को फेंक दीजिए। ऐसा करने से आपको बाद में कुछ धोना नहीं पड़ेगा।'' टिटोव की तरह सॉसपेन को बिना धोए दुबारा भोजन गरम किया जा सकता था। उसके पास पानी बचा रहा, उसका सॉसपेन साफ-सुथरा रहा और उसके मनोवैज्ञानिक परीक्षक उससे खुश थे। या कम-से-कम उससे नाखुश नहीं थे, जिसकी उम्मीद एक कॉस्मोनॉट को चेंबर में समय बिताने के बाद हुआ करती है।

डॉक्टरों द्वारा टिटोव को चेंबर में पढ़ने की अनुमति प्रदान नहीं की गई, लेकिन वह उन पर बीस साबित हुआ। उसने उनसे येवगेनि ओनेजिन की एक प्रति अंदर ले जाने की इजाजत माँगी। उत्तर था नहीं, बिलकुल नहीं। इस तरह के मनोरंजन की अनुमति नहीं थी। टिटोव ने उन्हें बताया कि चूँकि वह इस पुस्तक को शुभ मानता था, इसलिए वह महज शकुन के लिए इसे साथ ले जाना चाहता था। ''मैंने उनसे कह दिया कि यह पुस्तक तो मुझे पहले ही कंठस्थ है। मैंने उन्हें मना लिया और वे इसके लिए तैयार हो गए, जबकि मैं इसके विषय में कुछ भी नहीं जानता था।'' इस तरह चेंबर के भीतर टिटोव ने आराम से यह पुस्तक पढ़ते हुए अपना समय गुजारा।

चेंबर में टिटोव के कुछ अन्य सत्रों की फिल्म फुटेज अभी भी विद्यमान है जिसमें वह बड़े मजे से पुस्किन की कविताओं को स्मरण करके सुना रहा है, जबकि डॉक्टरों द्वारा एक मोटे काँचवाली खिड़की से उसका अवलोकन किया जा रहा है। वह अपनी याददाश्त व साहित्य के ज्ञान पर गौरवान्वित होता महसूस होता है, किंतु उसका स्वयं के विषय में औसत दरजे से अधिक शिक्षित होने को

लाभकारी मानने का यहाँ कोई खास औचित्य नहीं था। समय आने पर टिटोव को यह जानकर निराशा हुई कि यह उसकी गलतफहमी से बढ़कर कुछ और नहीं था।

भँवर उत्पन्न करनेवाले अपकर्षण यंत्र (सेंट्रीफ्यूज), जिसे गति बढ़ाने व घटाने में होनेवाले जी लोड के विकल्प के रूप में प्रयोग किया गया था, उसमें इतना आत्मविश्वासी नहीं था। टिटोव जैसे स्वयं पर गर्व करनेवाले पायलट के लिए, दूसरों के रहम पर इतना ज्यादा आश्रित रहना काफी निराशाजनक था। किसी एयर क्राफ्ट में आप उच्च जी-लूप में उड़ सकते हैं। इससे बाहर आने पर आप नियंत्रण कर सकते हैं, लेकिन अपकर्षण यंत्र (सेट्रीफ्यूज) बड़ा बाध्यकारी था। इससे उत्पन्न जी-फोर्स का आप पर दबाव-पर-दबाव बढ़ता ही जाता है, और आपका इस पर कोई नियंत्रण नहीं रहता। आप असहाय से बैठे रहने के अलावा कुछ नहीं कर सकते।

यूरी को भी यह पसंद नहीं आया, जबकि जी-फोर्सेस का सामना करने में वह अग्रणी तौर पर प्रतिभाशाली था। एयर फोर्स सेंट्रीफ्यूज में उसकी पूर्व की योग्यता लगभग 7 जी के शिखर पर है। उसके मिग लड़ाकू विमान में यह 9 और उच्च गति में आनेवाले मोड़ के दौरान लगभग 10 थी, फिर अंतरिक्ष प्रशिक्षण सेंट्रीफ्यूज में तो वह 12 तक पहुँच गया। ''मेरी आँखें बंद ही नहीं होती थीं। साँस लेने में काफी मशक्कत करनी पड़ती थी, मेरे चेहरे की मांसपेशियाँ ऐंठ रही थीं, मेरे दिल की धड़कन की गति बढ़ गई थी और मेरी रगों में खून पारे की तरह वजनदार महसूस होता था।''

ऑक्सीजन के अभाव में रखने (Oxygen Starvation) का प्रयोग शायद प्रशिक्षण की सर्वाधिक अप्रिय प्रक्रिया थी। कॉस्मोनॉट्स को आइसोलेशन चेंबर में बंद कर अंदर की वायु आपूर्ति को धीरे-धीरे, किंतु निर्दयतापूर्वक बाहर निकाल दिया जाता था। अंतरिक्ष मिशन हेतु चयनित किए जाने के लिए उपयुक्त घोषित होने हेतु यूरी को इस परीक्षण को बिना किसी शिकायत के स्वीकार करना था। डॉक्टरों द्वारा उसे बंद कर दिया गया। तत्पश्चात टेलीविजन मॉनिटर में उसे देखा जा रहा था। वह बार-बार एक पेपर पैड पर अपना नाम लिख रहा था। पत्रकार लीडिया ओबुखोवा ने इस प्रक्रिया को प्रत्यक्ष अपनी आँखों से देखा था। टेक्नीशियनों द्वारा लिया गया टी.वी. फुटेज आज भी मौजूद है।

चेंबर में ऑक्सीजन की मात्रा का स्तर घटाते ही, यूरी के लिखने में गलतियाँ होने लगीं और अंततः वह अनाप-शनाप लिखने लगा। वायु का स्तर और कम होता गया। अब तो यूरी के हाथ से पेंसिल व पैड गिर गए। वह हवा में घूरने लगा

और उसका चेहरा काला पड़ने लगा। उसकी चेतना का स्तर, इस परीक्षण में सफल होने के लिए यकीनन पर्याप्त ऊँचा रहा होगा, वरना कॉस्मोनॉट्स के दल में उसका स्थान तय नहीं होता। इस बात से इनकार नहीं किया जा सकता कि इस परीक्षण से गुजर चुके अन्य कॉस्मोनॉट्स की तरह उसने भी इस प्रक्रिया के प्रति अपनी नापसंदगी जताई होगी, क्योंकि इसके कारण वे डॉक्टरों को एकदम मूर्खवत् नजर आ रहे थे। वरिष्ठ अंतरिक्ष इंजीनियरों ने भी इस परीक्षण के प्रति अपनी आपत्ति जताते और हैरानी व्यक्त करते हुए कहा कि आखिर डॉक्टर प्रशिक्षुओं को इस दमघोटू प्रक्रिया से गुजारकर क्या जानना चाहते थे? अंतरिक्ष में किसी कॉस्मोनॉट को वायु आपूर्ति की स्थिति का सामना मात्र तभी करना पड़ सकता था, जब उसके ऑक्सीजन कैप्सूल में रिसाव पैदा हो जाए। ऐसी स्थिति में भी वह अपने अंतरिक्ष हेलमेट के मुखौटे को बंद करके एक अलग से दी हुई आपातकालीन वायु आपूर्ति चालू कर सकता था। केबिन और स्पेस सूट (अंतरिक्ष पोशाक) दोनों ऑक्सीजन आपूर्ति में रिसाव शुरू हो जाने की स्थिति में कॉस्मोनॉट के मरने के अलावा और कोई दूसरा विकल्प नहीं बचा रहता। और इस दोहरी खराबी के आसार बिलकुल नगण्य थे। अंतरिक्ष में आपको दो ही स्थितियों का सामना करना पड़ सकता है—या तो आपके पास साँस लेने के लिए वायु है या फिर उसका पूर्णतः अभाव है। आपूर्ति खत्म होने पर ऑक्सीजन की कम उपलब्धता का तो प्रश्न ही नहीं उठता था। इसीलिए वरिष्ठ रॉकेट इंजीनियरों का मानना था कि ऑक्सीजन की कमी रखकर जाँच की प्रक्रिया का कोई औचित्य ही नहीं था।

प्रशिक्षण की इन कठोर और यातनादायी प्रक्रियाओं के बाद पैराशूटिंग अभ्यासों के दौरान उन्हें कुछ राहत महसूस होती थी। इस अभ्यास में वे डॉक्टरों पर चुटकी ले सकते थे, क्योंकि उनमें से अधिकतर ऐसे थे जिनमें पायलटों की तरह एयर क्राफ्ट के दरवाजे से बाहर आने का साहस ही नहीं होता था। पैराशूटिंग अभ्यास का प्रशिक्षक एक अनुभवी पैराशूटिस्ट निकोलेई कोंसटेंटोविच था, जिसने पंद्रह किलोमीटर की ऊँचाई से कूदने का कीर्तिमान अपने नाम कर रखा था। भविष्य में अंतरिक्ष यान के कर्मियों को इसी तरह की ऊँचाई से पैराशूट लेकर कूदने की आवश्यकता पड़ सकती थी और प्रशिक्षक निकोलेई का कार्य उन्हें ऊपर होने वाली गड़बड़ियों के विषय और उनसे बाहर निकलने के लिए प्रदर्शन करके बतलाना था। उदाहरण के लिए, 'कॉर्कस्क्रू' की होनेवाली समस्या, जिसमें पायलट अपनी सीट से छिटककर घूमने की स्थिति में आ जाता है। इस स्थिति में वह सुरक्षित तरीके से अपना पैराशूट नहीं खींच सकता, क्योंकि इसकी लाइनें एक-

दूसरे के ऊपर रस्सी के बल की तरह ऐंठती हैं। इस कारण इसका रेशमी छत्र नहीं खुल पाता है। निकोलेई अपने प्रशिक्षुओं को सिखाता था कि वे विमान से कूदने के बाद धरती पर पहुँचने के कुछ समय पहले, नियंत्रण स्थापित करें। यूरी ने स्मरण करते हुए बताया, ''यह बहुत ही परेशानी भरी स्थिति होती है। आपका शरीर भारी गति से घूमने लगता है। आपका सिर शीशे की तरह भारी हो जाता है और आँखों में भयंकर दर्द होता है। शरीर बिलकुल बलहीन हो जाता है और आपमें दिशा का बिलकुल भान ही नहीं रह जाता।''

कम-से-कम पैराशूटिंग ही समुचित अंतरिक्ष प्रशिक्षण महसूस होता था। जब यूरी और उसके साथी विमान में सवार हो जाते थे, तो उन्हें कुछ बेहतर महसूस होता था। 'टेस्टर्स' कहलानेवाले दूसरे समूह के सदस्यों के लिए, डॉक्टरों की सुइयों, गैस टैंकों और आइसोलेशन चैंबरों से बचने का ऐसा कोई उपाय नहीं होता था। उन्हें तो चिकित्सीय प्रक्रियाओं के इससे भी बदतर दौर से गुजरना पड़ता था। इन युवाओं को उड्डयन अकादमी के कुछ निचले स्तर से चयनित किया गया था। वे जरूरी तौर पर लड़ाकू पालयट नहीं थे। उनकी भरती के समय उनसे स्पष्ट रूप से यह नहीं पूछा गया था कि वे अंतरिक्ष यान में उड़ना चाहेंगे या नहीं।

इन 'टेस्टर्स' का कार्य कॉस्मोनॉट्स के उलट व्यावसायिक रूप से मान्यता प्राप्त करना नहीं था तथा उन्हें उनके पूर्व सैनिक कार्यों जैसे—सैनिक, टेक्नीशियन या मैकेनिक के आधार पर वेतन प्रदान किया जाता था। हालाँकि उनके चयनकर्ताओं द्वारा उन्हें उनके ओहदे की विशिष्टता के प्रति बढ़ा-चढ़ाकर बताया जाता था, किंतु हकीकत में उन्हें प्रयोगशाला के प्रयोग के बाद फेंक दिए जानेवाले चूहों से ज्यादा कुछ नहीं समझा जाता था। उनके घायल होने पर (और घायल तो वे होते ही थे) उन्हें या उनके परिवार को क्षतिपूर्ति करने का कोई प्रावधान नहीं होता था, क्योंकि आधिकारिक तौर पर उनके कार्यों को सार्वजनिक रूप से स्वीकार नहीं किया जाता था। आज ग्लासनोस्त के इतने लंबे अरसे के बावजूद रूसी अंतरिक्ष अधिकारीगण प्रारंभिक अंतरिक्ष प्रयास में 'टेस्टर्स' के योगदान की चर्चा करना पसंद नहीं करते, कुल मिलाकर तीन दशकों के दौरान विभिन्न अंतरिक्ष कार्यक्रमों में लगभग 1,200 'टेस्टर्स' शामिल थे।

ये सभी टेस्टर्स सैन्य स्वयंसेवी व अच्छे सैनिक थे, जो विपरीत परिस्थितियों में अपने साथियों के आगे हार नहीं मानते थे। कॉस्मोनॉट्स के अंतरिक्ष में सबसे पहले उड़ने के सँजोए ख्वाबों की तरह उनके भी ख्वाबों की ऊँचाइयाँ होती थीं, जहाँ वे पहुँचना चाहते थे। जैसे सबसे ज्यादा व सबसे कम वायुदाब कौन सह

सकता है? कैटापुलट की सर्वाधिक तीव्रतम गति वृद्धि में कौन बचा रह सकता है? हड्डियाँ झकझोर देनेवाले क्रेश स्टाप को कौन झेल सकता है? विमान चालन में सेंट्रीफ्यूज के दौरान सबसे ज्यादा समय किसने बिताया और उन्हें कितने 'जी' मिल सकते थे? उनमें से कौन सर्वाधिक मजबूत, ताकतवर, बहादुर था?

सरजेई नेफ्योडोव नामक एक अनुभवी सैनिक जिसने बतौर टेस्टर प्रशिक्षण लेकर उन दिनों कार्य किया, चेहरे पर कुटिल मुसकान के साथ अपना अनुभव कुछ इस तरह बतलाते हैं—'शुरू में हमें मालूम ही नहीं था कि किस बात के लिए हमारा परीक्षण किया जा रहा था, लेकिन जल्द ही यह बात बड़े गंभीर रूप से साफ हो गई।' उन्होंने कहा कि वे हमें हलके (सॉफ्ट) लैंडिंग अभ्यासों में इस्तेमाल करेंगे। यह सुनकर हमें हँसी आ गई। 'टेस्टर्स' को एक बहुत ज्यादा तो नहीं, किंतु पर्याप्त ऊँचाई पर स्वयं को सीट से एकदम अलग होना होता था। परिणामस्वरूप मानसिक तनाव की स्थिति निर्मित हो जाती थी। सर्वाधिक गंभीर स्थिति तब निर्मित हो जाती, जब कुछ टूट-फूट जाता या सिस्टम सही काम नहीं करता था। इस परीक्षण के बाद कुछ लड़के फिर से विमान पर सवार नहीं हो सके।

आज भी नेफ्योडोव इस बात का दंभ भरता है कि टेस्टर्स बारी-बारी से सेंट्रीफ्यूज के ऐसे परीक्षण से गुजरते थे जिसमें मासूम कॉस्मोनॉट्स का अस्तित्व ही दाँव लग जाता। कॉस्मोनॉट्स को सेवन 'जी' में मात्र दो या तीन मिनट और ट्वेल्व जी में मात्र बीस सेकंड की अवधि झेलनी होती थी, जबकि मैंने टेन 'जी' में सात मिनट हासिल किए। मेरे एक सहकर्मी विक्टर कोस्टिन कैटापुलट स्लेड से तीव्र झटके सहने के बाद अल्पकाल में सत्ताईस 'जी' हासिल करता था। ये काफी संक्षिप्त होते थे, जिन्हें माइक्रोसेकंड में मापा जाता था। एक बार वह सेकंड के एक भाग में ही फोर्टी 'जी' तक चला गया। मैं यहाँ स्पष्ट कर देना चाहता हूँ कि हम इस तरह कोई कीर्तिमान स्थापित नहीं करना चाहते थे। हम यह महसूस करना चाहते थे कि आखिर व्यक्ति कितना झेल सकता है। हमने कभी कीर्तिमान (रिकॉर्ड) शब्द का प्रयोग नहीं किया, क्योंकि हम किसी खेलकूद से जुड़ी उपलब्धियों के दावे नहीं कर सकते थे। इसमें उन्हें कुंठा के दौर से भी गुजरना पड़ता था। टेस्टर्स किसी से अपने कार्य की कठिनाई की चर्चा नहीं कर सकते थे, क्योंकि उनके कार्यों को काफी गोपनीय रखा जाना होता था। उन्हें अच्छी तरह मालूम रहता था कि कॉस्मोनॉट्स की तुलना में उन्हें ज्यादा कठिन दौर का सामना करना पड़ता था। कभी-कभी उनके डॉक्टर भी जब अपने डायल व मॉनिटरिंग यंत्र से उनकी जाँच करते तो वे स्वयं हतप्रभ रह जाते थे। नेफ्योडोव बताता है, "जहाँ

एक ओर वे (डॉक्टर) दया, करुणा का प्रतिनिधित्व करनेवाले पेशे से ताल्लुक रखते थे, वहीं दूसरी ओर 'जी' फोर्सस आ जाती और टेक्नीशियन पूछा करते, क्या अब उनका परीक्षण रोक दिया जाए?'' लगता है कि प्रशिक्षु अब ज्यादा नहीं झेल सकता, वह लाल पड़ता जा रहा है, उसका दिल तेजी से धड़क रहा है, पसीना बह रहा है, लेकिन डॉक्टर परीक्षण रोकते ही नहीं थे…टेस्टर्स के लिए ऐसा करना घातक था। परीक्षण कार्यक्रम के एक वरिष्ठ एकेडमिक प्रशिक्षक का इस विषय में कहना था, ''हमने तो कुत्तों पर प्रयोग किए हैं और वे जीवित बच गए थे। फिर इनसान तो कुत्तों से ज्यादा ताकतवर होता है।'' हमारे परीक्षण के परिणामों के विषय में कुछ भी नहीं कहा जा सकता था। ये परीक्षण इतने कठोर व निर्दयतापूर्वक किए जाते थे कि इनके बाद जिंदा बचे रहने के बावजूद, बाद के जीवन में व्यक्ति असक्त हो सकता था। उसे फेफड़े, हृदय व अन्य आंतरिक अंगों के गड़बड़ होने की स्थिति का सामना करना पड़ सकता था। यद्यपि हम किसी परिक्षण से गुजरने के लिए स्वेच्छा से मना कर सकते थे, किंतु अलिखित नियम के तहत हम ऐसा नहीं कर पाते थे। यदि आपने किसी परीक्षण के लिए असहमति जताई तो आपको टीम से ही बाहर कर दिया जाता।

नेफ्योडोव कहता है कि जिन टेस्टर्स के साथ उसने सन् 1960 के दशक में काम किया था, उनमें से आधे भी सन् 1990 के दशक तक जीवित नहीं रह सके। इसके बावजूद उसमें अपने कैरियर के प्रति कोई दुःख, निराशा या शिकायत का भाव नहीं है। उसे अंतरिक्ष कार्यक्रम में स्वयं के द्वारा किए गए योगदान पर काफी फख्र महसूस होता है। 'इसका एकमात्र दुखद पहलू यह है कि बतौर पेशा हमारा कार्य कभी भी अस्तित्व में नहीं रहा। इसे बिलकुल गोपनीय रखा गया, इसलिए शासन की ओर से न तो हमें कोई सामाजिक सुरक्षा मिली, न ही हमारे दीर्घकालीन स्वास्थ्य की सुरक्षा को कोई तवज्जो दी गई। आज हमारे पुराने मित्र व सहकर्मी मौत के मुँह में समाने लगे हैं।'

एयरक्राफ्ट के वायु शोधन सिस्टम के खराब हो जाने की दशा निर्मित करने से संबंधित एक खतरनाक परीक्षण का स्मरण करते हुए वह कहता है, ''टेस्ट चेंबर में एक सहकर्मी के साथ (इंस्टीट्यूट फॉर मेडिकल एंड बायोलॉजिकल प्रॉब्लम में) मुझे साढ़े तीन, चार, पाँच प्रतिशत के स्तर से गुजरना पड़ा। ईमानदारी से आपको बता रहा हूँ कि ऐसी स्थिति में आपकी साँस रुक जाएगी, आपका चेहरे का रंग विचित्र सा नजर आने लगेगा, होंठों का रंग नीला पड़ जाएगा, दिमाग काम करना बंद कर देगा, बुरी तरह सिर दुखने लगेगा और आपकी सारी शक्ति जवाब देने लग

जाएगी। मेरे सहकर्मी की और मेरी नाक से खून बहने लगा था, लेकिन हम निर्धारित समय सीमा तक काम करते ही रहे। मुझे उसका यह कहना कभी नहीं भूलता, 'मात्र आधा घंटे और'। मैं भी उसे किसी तरह उत्साहित करता जा रहा था।''

येवजेनी किर्यूशिन नाम के एक टेस्टर को इस परीक्षण के दौरान अपनी चेतना के रूपांतरण की दशा का अनुभव होने लगा था। 'अँधेरे की स्थिति के बाद अचानक पहले पीले रंग का प्रकाश आँखों के सामने तैरने लगा, फिर बैगनी रंग का। अचानक आपमें सारी संवेदना खो सी जाती है, आपको ऐसा महसूस होगा कि आपमें दिमाग है, हाथ हैं और आँखें हैं। आप बिलकुल भारहीन महसूस करेंगे मानो स्वयं को अपने ऊपर से देख रहे हों। यही रूपांतरण का क्षण है। उन कुछ ही क्षणों में आपकी सभी वास्तविक उपलब्धियाँ घटित होने लगती हैं, लेकिन बिना किसी अपवाद के यह प्रयोग भयंकर होता है।'

नेफ्योडोव की यूरी से मुलाकात पहली बार 2 जनवरी, 1968 को तब हुई, जब वह मेडिकल प्रयोग की सुविधा का निरीक्षण करने और टेस्टर्स के साथ नए साल की खुशियाँ बाँटने आया था। उस समय मैंने एक्सप्लोजिव डिकंप्रेसन पर काम करना शुरू ही किया था। इसमें मेरी रुचि बहुत ज्यादा थी। वह मुझे पूछता रहता था, 'यह कैसा है? तुम्हें डर नहीं लगता? क्या तुमने 50 कि.मी. दबाव के वायुमंडलीय गिराव को महसूस कर लिया है?' इन सब विषयों पर उससे बातें करना बहुत अच्छा लगता था, तभी यकायक उसने मुझसे मेरे उदास नजर आने की वजह जाननी चाही। मेरी नीरवता की प्रकृति को उसने मेरी उदासी समझ लिया था। उसने मुझे गले लगाते हुए कहा था, 'सरजेई, सबकुछ तुम्हारे हाथ में है। तुममें अदम्य इच्छाशक्ति होनी चाहिए।'

एक अदम्य इच्छाशक्ति! यही तो कॉस्मोनॉट्स में पाई जाती है और जिसकी तारीफ सारी दुनिया करती है। टेस्टर्स में भी यह इच्छाशक्ति थी, लेकिन वे इसके विषय में यूरी के अलावा और किसी से नहीं कह सकते थे। टेस्टर्स से मुलाकात के दौरान उनमें से एक को उसने एक्सप्लोजिव डिकंप्रेशन में किसी पागल की तरह दौड़कर अपनी सेवा देते हुए देखा। कुछ क्षणों के लिए मुँह से कुछ कहे बिना एकदम हतप्रभ सा उसे देखते हुए वह यह समझने का प्रयास करने लगा कि वह (टेस्टर) ऐसा क्यों कर रहा था।

वस्तुत: ऐसे एक से बढ़कर एक खतरनाक कामों के लिए अपनी सेवा देने वालों की कोई कमी न थी। व्लादीमीर याजदोवस्की नाम के एक वरिष्ठ प्रबंधक, जो प्रारंभिक सोवियत अंतरिक्ष मिशन के सभी पहलुओं से जुड़े थे, अपने संस्मरण

में कहते हैं, ''दूसरे स्पुतनिक में लैका (कुत्ते) की उड़ान के बाद एकेडमी ऑफ साइंस में 3,500 आवेदन पत्र पहुँच गए, जो कि जेल के कैदियों, विदेश में रहनेवालों व अनेक संगठनों से आए थे। उन सभी की इच्छा अंतरिक्ष में जाने की थी। निस्संदेह हम सभी को जवाब नहीं दे सके। इसके अलावा जब तक हम भेजे हुए लोगों की वापसी सुनिश्चित न कर पाते, तब तक हम किसी को भी नहीं भेज सकते।''

□

3

सोवियत अंतरिक्ष कार्यक्रम में तेजी

यूरी के अब तक के जीवन में, एक शख्स का खास तौर पर असर रहा; शुरू-शुरू में छिपे तौर पर और बाद में एक समर्थ संरक्षक के रूप में। यद्यपि काफी पहले अपने यौवनकाल में उसने विमान उड़ाना सीख रखा था, किंतु वह घोषित तौर पर कॉस्मोनॉट नहीं था। अंतरिक्ष प्रबंधन में सर्वोच्च श्रेणी के लोगों में उसकी गिनती होती थी। सोवियत एयरोस्पेस इंडस्ट्री से जुड़े ज्यादातर लोग उसे 'दि किंग' या 'बॉस ऑफ बॉसेज' या प्यार से उसके नाम के दो प्रारंभिक अक्षर, 'एस.पी.' कहकर पुकारते थे। चूँकि उसकी पहचान को आधिकारिक तौर पर गोपनीय रखा गया था, इसलिए उसका पूरा नाम कभी भी नहीं जाना जा सका। वर्षों तक सोवियत रॉकेट उपलब्धियों से जुड़े रेडियो प्रसारण व प्रेस रिपोर्टों में उसे चीफ डिजाइनर के रूप में संदर्भित किया जाता रहा।

इस शख्स का नाम था, सरजेई पावलोविच कोरोलेव। मॉस्को में शिक्षा प्राप्त करने के बाद कोरोलेव ने अपने कैरियर की शुरुआत बतौर एयरक्राफ्ट डिजाइनर की। इसके बाद उसका रुझान रॉकेट की तरफ बढ़ता गया। पहले तो उसे अपने एयरक्राफ्ट के लिए रॉकेट एक उपयोगी ऊर्जा स्रोत लगा, लेकिन सन् 1930 के उत्तरार्द्ध में उसने रॉकेट को बतौर शक्तिशाली हवाई वाहन के रूप में मान्यता दी।

युद्ध से पूर्व के सैन्य विन्यासकों ने रॉकेट के प्रारंभिक प्रणेताओं द्वारा किए गए काम में गहरी रुचि दिखलाई। मार्शल मिखाइल तुखाचेवस्की ने गैस डायनेमिक्स लेबोरेटरी नाम से सैट पिट्सबर्ग में पेट्रोपावलोवस्कया फोर्ट्रेस की भारी दीवारों से छिपाकर एक नया अनुसंधान केंद्र स्थापित किया। जबकि एक अन्य रिएक्शन

प्रॉपुलजन लेबोरेटरी, ऐसी ही समस्या पर काम करने के लिए मध्य मॉस्को में प्रारंभ की। इन समानांतर प्रयासों से कोरलेव के प्रतिद्वंद्वी, वैलेंटिन ग्लूशको रॉकेट थ्रष्ट चेंबर व फ्यूल पंपों के सबसे होनहार डिजाइनर के रूप में उभरे, जबकि स्वयं कोरोलेव विस्तृत मायनों में फ्यूल टैंक से इंजन जोड़ने गाइडेंस इक्विपमेंट व पेलोड के विषय में सोचते थे, ताकि ऐसे रॉकेट निर्मित किए जाएँ जो बमों को डिलीवर करने, ऊपरी वायुमंडल में मौसम माप बनाने और अंतरिक्ष की खोज जैसे उपयोगी कार्य किए जा सकें।

मार्शल टुखाचेवस्की प्रारंभिक रूप में रेड आर्मी के लिए विंग्ड रॉकेट बम एवं अन्य उपयोगी आयुधास्त्र में रुचि रखते थे। सन् 1933 में उन्होंने विविध रॉकेट कार्यक्रमों का एक विशाल एकीकरण प्रारंभ किया। दुर्भाग्यवश स्टालिन बुद्धिमान सैनिकों से भयभीत था और सन् 1938 तक उसने सोवियत समाज के सभी स्तरों पर, आतंक के सामान्य साम्राज्य स्थापना के हिस्से के रूप में अधिकारी वर्ग को सेवा से हटाना शुरू कर दिया था। टुखाचेवस्की को 11 जून को गिरफ्तार कर उसी रात गोली मारकर खत्म कर दिया गया। शीघ्र ही सभी रॉकेट इंजीनियरों (जिन्हें उसने नियुक्त कर रखा था।) को स्टालिन विरोधी भावनाएँ रखने के संदेह में गिरफ्तार कर लिया गया। कोरोलेव को 27 जून को गिरफ्तार कर दस वर्ष की कठोर सजा (सामान्यतया सजा-ए-मौत) देकर साइबेरिया भेज दिया गया।

जून 1941 में नाजी आक्रमणकारियों ने तैयारी रहित रेड आर्मी पर भारी विजय हासिल कर ली। स्टालिन को अपने अधिकारी वर्ग को हटाए जाने के प्रति काफी अफसोस हुआ। उसके बचे-खुचे कमांडरों के प्रतिभाहीन होने के अलावा, उनमें युद्धकला या सैन्य विन्यास का अनुभव नहीं था। इसके पश्चात् सरजेई कोरोलेव व अन्य सिद्धस्त इंजीनियरों को जेल से रिहा कर दिया गया, ताकि वे एयरक्राफ्ट एवं आयुध फैक्टरियों में (निगरानी शुदा तौर पर) काम कर सकें। युद्ध के अंत तक कोरोलेव को पूरी तरह स्वतंत्र कर दिया गया। उसकी पूर्व प्रतिष्ठा भी कुछ हद तक उसे लौटा दी गई थी। सितंबर 1945 में उसे वर्नहर वॉन ब्राउन द्वारा निर्मित वी-2 रॉकेट प्रोग्राम के किसी अवशेष की खोज में जर्मन हार्टलैंड जाने की अनुमति दी गई। इसके बाद सन् 1950 के दशक के दौरान कोरोलेव ने अपने निश्चय के बल पर रॉकेटों और मिसाइलों की नवीनतम श्रेणी विकसित की, जबकि ग्लूशको ने कुछ ऐसे प्रॉपुलजन इंजन निर्मित किए जिन्हें इससे पहले कभी देखा भी नहीं गया था।

जो इनसान साइबेरिया के लेबर कैंप में जूझकर अपना अस्तित्व बरकरार रखने

में कामयाब रहा हो, उसे अपने प्रतिद्वंद्वियों और क्रेमलिन के असहयोगी अधिकारियों से टक्कर लेना कोई बड़ी बात नहीं रही होगी, खासकर स्टालिन साम्राज्य के बाद के सन् 1950 के उत्तरार्द्ध व 1960 के दशक के प्रारंभिक वर्षों में निकिता ख्रुश्चेव के कम दमनकारी शासन में। कोरोलेव ने अपने प्रतिद्वंद्वियों के समर्थन से बढ़कर एयरोस्पेस सेक्टर में जटिल व सूक्ष्म प्रभाव के नेटवर्क तैयार किए।

सन् 1956 तक वह अपने स्वयं के औद्योगिक साम्राज्य का मालिक बन चुका था, जिसका प्रमुख भाग मॉस्को के उत्तर-पूर्व में कालिनिंग्रेड में रहस्यमय कारखाना सुविधा था, जिसे स्पेशल डिजाइन ब्यूरो (OKB-1) के रूप में जाना जाता था। कोरोलेव यहाँ का पूर्व शासक था यद्यपि वह क्रेमलिन स्तर पर मार्शल यूस्तिनोव के अधीन सुरक्षा मंत्रालय एवं जनरल मशीन बिल्डिंग मिनिस्ट्री के प्रति उत्तरदायी था। (यहाँ 'जनरल' का अर्थ रॉकेट व 'उपग्रह' का छद्म शब्द था।)

सन् 1961 में, मॉस्को के एक पत्रकार ओलगा अपेन्चेको ने ओकेबी-1 के लोगों पर कोरोलेव के प्रभाव का वर्णन किया है। हालाँकि उसने उसके व उसकी फैक्टरी के नाम का उल्लेख न करने की पूरी सावधानी बरती है। नियमानुसार उसने हर जगह उसे 'चीफ डिजाइनर' कहकर संबोधित किया है—

> भारी-भरकम शारीरिक संरचना, साँवले रंग और स्वभाव से कठोर नजर आनेवाला स्पेसशिप का चीफ डिजाइनर जैसा नजर आता था, वह उससे कहीं बढ़कर था। जब कभी वह किसी कमरे या कार्यस्थल पर उपस्थित होता, तो अपने इर्दगिर्द व्यस्तता दरशाने वाली हलचल सुनाई देती थी। वह अपनी धीमी आवाज में जो कुछ कहता, उसे समझ पाना बड़ा कठिन था। उसकी बात में भय, सम्मान व इन दोनों का मिला-जुला रूप था। किसी वर्कशॉप में उसके प्रवेश करते ही वहाँ का माहौल बदल सा जाता था। टेक्नीशियनों के क्रियाकलाप कहीं ज्यादा सघन व सूक्ष्म हो जाया करते थे और ऐसा लगता था मानो मशीनों की हलचल भी ज्यादा लययुक्त एवं तीव्र हो जाती थी। इस आदमी की ऊर्जा से शॅफ्ट्स व कॉग्स की गति बढ़ जाती थी।

गाइडेंस ट्रैजेक्टरीज पर कार्यरत कोरोलेव के एक वरिष्ठ विशेषज्ञ का कहना है कि वह एक महान् इनसान व एक असामान्य व्यक्ति था। आप उससे किसी भी सामान्य व जटिल मुद्दे पर बात कर सकते थे। आप यही सोचते कि कारावास में रहने के कारण वह टूट गया होगा व उसका जोश मंद पड़ गया होगा, लेकिन

नहीं, जब वी-2 पर अन्वेषण के दौरान मेरी जर्मनी में उससे मुलाकात हुई तो वह मुझे तीव्र इच्छाशक्तिवाला और अपने मकसद में पक्का इनसान नजर आया। वैसे तो वह बहुत कठोर, आपसे कार्य-कुशलता की अपेक्षा रखने व भड़क जानेवाला व्यक्ति था, लेकिन वह कभी भी आपका अपमान नहीं करता था। वह हमेशा आपकी बात सुनने को तत्पर रहता। सच तो यह था कि सभी उसे पसंद करते थे।

वैलेंटिन ग्लूशको जैसा उतना ही जोशो-खरोशवाला व्यक्ति और लगभग सभी लोग उसके अपने स्पेशलिस्ट डिजाइन ब्यूरो में ही कार्य करते थे।

कोरोलेव के रॉकेटों में ग्लूशको के इंजनों के लगाए जाने तक दोनों व्यक्ति किसी भी आपसी मतभेद व टकराव को टालते रहे, लेकिन सोवियत रॉकेट कार्यक्रम के इन दो महान् दिग्गजों की पटरी कभी नहीं बैठी। दोनों के बीच तनाव सन् 1938 की ग्रीष्म के दौरान तभी शुरू हो गया था, जब किसी कारणवश ग्लूशको को आठ महीने घर में ही नजरबंद रखने व कोरोलेव को एक कारावास कैंप में भेजने की सजा सुनाई गई थी। माना जाता है कि ग्लूशको ने अपने अधिकतर सहकर्मियों को धोखा दिया, जबकि कोरोलेव ने चुप्पी साध रखी थी। उसका एक अन्य प्रतिद्वंद्वी था मिखाइल यांजेल, जो मात्र सैन्य प्रयोग के लिए यूक्रेन में डनेप्रोपेट्रोवस्क नामक स्थान में बने अपने ब्यूरो में मिसाइलें तैयार करता था। सोवियत रॉकेट विकास कार्यक्रम की चौथी बड़ी हस्ती थी व्लादीमीर चेलोमेई। उसने निकिता ख्रुश्चेव के बेटे सरजेई को बतौर इंजीनियर सेवा में रखा था।

कोरोलेव की स्वायत्तता को सबसे बड़ी चुनौती क्रेमलिन व इसके आसपास के उच्च वर्गीय सैन्य अधिकारियों व रक्षा मंत्रालय से मिली। उनका मानना था कि उसकी अंतरिक्ष परियोजनाओं से आवश्यक आयुध सिस्टम के विकास में बाधा पड़ रही थी। उसने एक दोहरे उद्देश्य को पूरा करनेवाला एक मिसाइल स्पेस लॉन्चर तैयार कर उन्हें करारा जवाब दे दिया। तत्पश्चात यह सिद्ध कर दिया कि उसके मेंड स्पेसशिप की डिजाइन को अनमेंड स्पाई सेटेलाइट के रूप में प्रयोग में लाया जा सकता था। इस तरह अहम् सैन्य लक्ष्यों की पूर्ति कर उसने यांजेल व चेलोमेई दोनों की बोलती बंद कर दी और मृत्युपर्यंत (सन् 1966) सभी महत्त्वपूर्ण सोवियत अंतरिक्ष कार्यक्रमों में अपना दबदबा कायम रखा। उसके तीक्ष्ण बुद्धि-कौशल जिसके आगे नासा के इंजीनियर भी नहीं ठहरते थे, का प्रयोग उसके बहुत से प्रमुख अंतरिक्ष यान के घटकों के प्रमाणीकरण हेतु होना था, ताकि उसी हार्डवेयर से मेंड और अनमेंड वाहनों की शृंखला तैयार हो सके।

अमेरिकी अंतरिक्ष विश्लेषक एंडी एल्ड्रिन (अपोलो-2 एस्ट्रोनॉट बज एल्ड्रिन

का पुत्र) कोरोलेव की चालाकी के विषय में कहता है, "सैन्य मिसाइल कार्यक्रमों को चला रहे लोग युद्ध के समय से ही उसके साथ थे। एक बड़ी हद तक वे अपने कैरियर के लिए उसके ऋणी थे, इसलिए वे सीधे तौर पर उससे टकराना नहीं चाहते थे। फिर सेना को उसकी तकनीक की समझ भी नहीं थी और वे दबे तौर पर उसका यकीन करते थे। यही वजह थी कि जब कोरोलेव ने कहा, 'जासूसी उपग्रह अभी कारगर नहीं होंगे। हमें पहले मानवचालित कैप्सूल तैयार करना है' तो उसकी बात मानने के अलावा उनके पास कोई विकल्प ही नहीं था। वह कूटनीतिक तंत्र से निबटना अच्छी तरह जानता था।"

चीफ डिजाइनर के सर्वाधिक दबंग सहयोगियों में एक था मटिस्लेव केल्डिश, जो उसके नए अंतरिक्ष मिशनों एवं कक्ष में वैज्ञानिक प्रयोगों का बराबर समर्थन करता था। वह मिसाइल के गणित व रॉकेट ट्रैजेक्टरीज का विशेषज्ञ था। उसने मॉस्को में अपने विशाल कस्टम द्वारा निर्मित कम्प्यूटिंग फेसिलिटी में पावर बेस तैयार कर रखा था। कोरोलेव की तरह वह भी कुशल व कूटनीतिक कौशल रखता था। जहाँ कोरोलेव रॉकेट निर्मित करने का काम करता, वहीं केल्डिश उनके उड़ान के रास्ते तय करने में जुटा रहता।

कोरोलेव को सबसे ज्यादा कुंठा इस बात से होती थी कि उसे रेड आर्मी के अविवेकपूर्ण सहयोग पर भरोसा करना पड़ता था। उसकी वजह यह थी कि रॉकेट और मिसाइलों पर उसके काम सैन्य क्षेत्र से काफी जुड़े हुए थे, फिर भी वह चाहता था कि उससे वैमनस्य रखनेवाले सेना के जनरल अपने वजूद में कायम रहें, किंतु यदि उनमें से एक भी उसके रास्ते पर अड़ंगा डालता तो वह उस आदमी को उसकी औकात का आभास कराने में जरा भी नहीं झिझकता। कोरोलेव के ब्यूरो के एक वरिष्ठ इंजीनियर ओलेग इवानोवस्की ने अपने संस्मरण में कहा है, "एक बार एक अति उच्च रैंकधारी कमांडर ने एक अंतरिक्ष उड़ान के दौरान किसी अहम् रेडियो संचारवहन का लिंक जोड़ने से मना कर दिया, तब कोरोलेव ने भड़ककर ओपन फोन लाइन में उससे कहा, 'तुम्हें तो अपना काम करना भी नहीं आता। मुझे लिंक दो, नहीं तो मैं तुम्हें कमांडर से सर्जेंट बनवाकर ही दम लूँगा।' अपने उच्च अधिकारी के प्रति उसकी धृष्टता देखकर हम दंग रह गए थे।"

उसकी प्रथम सचिव, निकिता खुश्चेव और पोलित ब्यूरो में उसके सहकर्मियों का कोरोलेव के प्रति काफी सहयोगात्मक रवैया रहता था, हालाँकि उन्हें स्पेस हार्डवेयर की सूक्ष्मताओं का ज्ञान नहीं था। वे रॉकेट तकनीक में इसकी चकाचौंध व इससे जुड़े राजनैतिक प्रभाव की ओर अपना रुझान रखते थे। उन्हें इसके जटिल

इंजीनियरिंग तथ्यों से ज्यादा कुछ लेना-देना नहीं था। सन् 1955 में जब कोरोलेव की प्रारंभिक मिसाइल और रॉकेट विकास का कार्यक्रम प्रारंभ हुआ, तो उसने पोलित ब्यूरो के अपने वरिष्ठ सदस्यों से उसके काम का निरीक्षण करने को कहा था। इस संबंध में ख्रुश्चेव का संस्मरण इस तरह है—

> ''कोरोलेव अपने काम की रिपोर्ट पेश करने के लिए पोलित ब्यूरो की एक मीटिंग में पहुँचा। ज्यादा अतिशयोक्ति का प्रयोग न करते हुए मैं कहूँगा कि उसने हमें इतना नौसीखिया समझकर अपनी बातें पेश की मानो हम भेड़ के एक ऐसे झुंड थे, जो पहली बार कोई नया द्वार देख रहे थे। वह हमें लॉन्चिंग पैड पर ले गया और रॉकेट की क़ार्यप्रणाली समझाने की कोशिश करने का प्रयास किया। यह उड़ सकता था, इस बात का हमें यकीन ही नहीं हुआ। हम बाजार में घूमते साधारण भोले-भाले किसानों की तरह रॉकेट के चारों ओर उसे छूते हुए, थपथपाते हुए, चल-फिर रहे थे।''

कोरोलेव का एक सहकर्मी सरजेई बेलोट्सरकोवस्की (जो कॉस्मोनॉट्स के शैक्षणिक अध्ययनों के लिए उत्तरदायी था।) ने पोलित ब्यूरो के दृष्टिकोण को इस तरह प्रस्तुत किया है, ''कोरोलेव के प्रति शीर्षस्थ लोगों का रवैया बिलकुल ग्राहकों की तरह था। जब तक उसकी सेवा अपरिहार्य थी, जब तक देश के लिए मिसाइलें तैयार करने हेतु उन्हें उसकी जरूरत थी, तब तक जो भी जरूरी होता, उसे करने की अनुमति थी, किंतु मानवचालित अंतरिक्ष अनुसंधान को सैन्य कार्य का अनुसरण करना पड़ता था। मुद्दे की बात यह है कि कोरोलेव अपने कॉस्मोनॉट्स को उन्हीं मिसाइलों पर ही लॉन्च करता था।'' दोहरे उद्देश्यवाला आर-7 मिसाइल स्पेस लॉन्चर, जिसे इसके निर्माणकर्ता और उड़ान भरनेवाले लगाववश 'सेम्योर्का' (लिटिल सेवन) भी कहते थे; दुनिया का प्रथम कार्यशील अंतरराष्ट्रीय बैलिस्टिक मिसाइल (आई.सी.बी.एम.) था। इस यान के प्रत्येक चरण या ब्लॉक में ग्लूशको द्वारा निर्मित फोर चेंबर इंजन लगा हुआ था। यहाँ यह बताना प्रासंगिक है कि ग्लूशको द्वारा निर्मित मिसाइल लॉञ्चर बेहतरीन थे। वस्तुत: आज भी उन्हें सुधरे आर-7 रॉकेटों पर प्रयोग किया जाता है, जो आधुनिक सोयुज कैप्सूल्स को पृथ्वी की कक्षा में चक्कर लगाते हुए मीर स्पेस स्टेशन ले जाता है। ग्लूशको के नवप्रवर्तन से एक ही समय चार दाहक (कम्बशन) चेंबरों की सर्विस करने के लिए मजबूत ईंधन पंपों और पाइपवर्क को डिजाइन किया जाना था। आर-7 में बीस अलग-अलग इंजनों

की ऊपरी प्रेरक ऊर्जा वस्तुतः पाँच से दी जाती है।

आर-7 के पहले दो प्रक्षेपण असफल हो गए, लेकिन 3 अगस्त, 1957 को आई.सी.बी.एम. ट्रैजेक्टरी के अनुरूपण में इसने सफलतापूर्वक उड़ान भरी। इसके पश्चात् इसका प्रयोग अंतरिक्ष प्रक्षेपण के रूप में शुरू हुआ। 4 अक्तूबर को इससे दुनिया का प्रथम कृत्रिम उपग्रह 'स्पुतनिक' प्रक्षेपित किया गया।

जिस गति से कोरोलेव ने अंतरिक्ष विजय की जादूगरी दिखाई, एंडी एल्ड्रिन उसकी प्रशंसा करते नहीं अघाते, "स्पुतनिक के प्रक्षेपण के पश्चात् वे और उनके खुशमिजाज रॉकेट इंजीनियरों का समूह अवकाश पर जाने का प्रयास करने लगे, किंतु जब कोरोलेव को ख्रुश्चेव का फोन मिला तो वे दो दिन के लिए रुक गए। फोन पर कहा गया, 'मित्र, यहाँ क्रेमलिन में हमें आपकी जरूरत है।' निस्संदेह वह वहाँ गया और सोवियत नेताओं के साथ उसकी बैठक हुई, जिन्होंने कहा, 'एक महीने में हम गौरवशाली सोवियत समाजवादी क्रांति की चालीसवीं वर्षगाँठ मनाएँगे। हम चाहते हैं कि आप एक अन्य उपग्रह तैयार करें, जो कुछ अहम् कार्य कर सके।' उन्होंने एक ऐसा उपग्रह प्रस्तावित किया जो अंतरिक्ष से 'कम्युनिस्ट इंटरनेशनल' का प्रसारण कर सके, लेकिन कोरोलेव के दिमाग में एक दूसरी ही युक्ति थी। वह उपग्रह में एक जिंदा जानवर रखकर भेजना चाहता था, ताकि वह अंतिम मानवचालित मिशन की रूपरेखा तैयार कर सके। और देखते-ही-देखते महीने भर के अंदर उसने अपने साथियों के साथ मिलकर ऐसे अंतरिक्ष यान का निर्माण कार्य संपन्न कर उसे प्रक्षेपित कर दिया।"

स्पुतनिक-2 को 3 नवंबर को लैका (Laika) कुत्ते के साथ अंतरिक्ष में भेजा गया। यह सोवियत अंतरिक्ष कार्यक्रम के तेजी से आगे बढ़ने की स्पष्ट चेतावनी थी। अमेरिकी तो पहले स्पुतनिक और फिर लैका के कारण स्तंभित रह गए। दुनिया के दूसरी ओर अँधेरे में पड़ा यह रहस्यमय और पिछड़ा समझा जाने वाला देश उनसे आगे निकल गया था। अंततः एक छोटा सा अमेरिकी रॉकेट 31 जनवरी, 1958 को उनके प्रथम उपग्रह 'एक्सप्लोटर-1' को पृथ्वी की कक्षा में ले गया। यह 'स्पुतनिक' 80 कि.ग्रा., 'स्पुतनिक-2' 500 कि.ग्रा. के जवाब में वह मात्र 14 कि.ग्रा. का था, जिसके कारण ख्रुश्चेव ने इसे 'अंगूर फल' कहकर इसकी अवमानना की थी। किंतु इसके बाद शीघ्र ही जब डॉक्टर वान एलेन के सामान्य यंत्रों ने पृथ्वी के चारों ओर विकिरण वलय का पता लगाया तो यह एक्सप्लोटर-1 की एक अहम खोज साबित हुई।

सन् 1959 की शरद ऋतु के दौरान जब मानव चालित अंतरिक्ष कार्यक्रम हेतु

अभ्यर्थियों के चयन की बात आई तो कोरोलेव ने सभी सर्वाधिक होनहार व्यक्तिगत फाइलों का अध्ययन किया और 18 जून, 1960 तक उसने लेलिनग्राड के ओ.के.बी.-1 में वास्तविक अंतरिक्ष यान देखने के लिए बीस सफल अभ्यर्थियों को बुलावा भेजा, (उस समय तक हार्डवेयर अपनी पूर्णता पर नहीं पहुँचा था।) एलेक्सेई लिओनोव को याद है कि किस तरह चीफ डिजाइनर ने एक संक्षिप्त भाषण में कॉस्मोनॉट्स को व्यग्र न होने के लिए आश्वस्त किया था। उसने कहा था, "हम जो कर रहे हैं, यकीनन वह दुनिया का सबसे सरल काम है। हम कोई आविष्कार करते हैं, उसे सही तरीके से बनाने के लिए उपयुक्त व्यक्तियों को रखते हैं और देशभर की सर्वोत्तम और सर्वाधिक अनुभवी कंपनियों को इसके घटकों के लिए बहुत से ऑर्डर देते हैं। जब वे हमारे ऑर्डर की डिलीवरी कर देते हैं, तो हमें उन सभी विभिन्न हिस्सों को जोड़ना होता है। यह बहुत जटिल काम नहीं है।" निस्संदेह हम जानते थे कि अंतरिक्ष यान को तैयार करने में इससे कहीं ज्यादा मशक्कत होती है।

लेकिन कोरोलेव के मित्रवत व उत्साही व्यवहार से सभी कॉस्मोनॉट्स द्रवित रह गए। वह उन्हें 'माई लिटिल ईगल्स' कहकर संबोधित करता था।

लिओनोव के मुताबिक यूरी गागरिन ने उस दिन कोरोलेव के कार्यालय में सभी बातों को एकाग्रता से सुनते हुए व अंतरिक्ष व रॉकेट के विषय में संबंधित प्रश्न पूछते हुए अपनी अच्छी छवि प्रस्तुत की। किसी औपचारिक अर्द्ध सैन्य प्रकरण में जब नए-नए भरती हुए लोग पहली बार किसी वरिष्ठ से परिचित हो रहे हों—यूरी की उत्सुकता को लेकर धृष्ट होने की गलतफहमी हो सकती थी, लेकिन चीफ डिजाइनर इस बात से काफी प्रभावित था कि कम-से-कम किसी कॉस्मोनॉट ने उससे सीधे तौर पर प्रश्न तो किया। लिओनोव अपने संस्मरण में बतलाता है, "उसने (चीफ डिजाइनर ने) यूरी को खड़े होने के लिए कहा और फिर कहा, 'माई लिटिल ईगल, मुझे अपने जीवन और परिवार के विषय में बतलाओ।' दस-बीस मिनटों तक तो कोरोलेव मानो शेष सभी को भूल सा गया था, और मेरा मानना है कि यूरी उसे तुरंत पसंद आ गया था।"

घर्मन टिटोव नाम का कुछ घमंडी सा लगनेवाला एक कॉस्मोनॉट चीफ डिजाइनर की प्रतिष्ठा और उसके आधिकारिक रवैये से दबनेवाला नहीं था। पछतावे के भाव से वह स्वीकार करता है, "मैंने जो कुछ भी जाना, वह यह था कि एक युवा लेफ्टिनेंट जिसकी आँखों से साहस झलकता था। इसके अलावा एक भी विचार मेरे दिमाग में नहीं आया। आगामी वर्षों में कोरोलेव के साथ उसके संबंध

सही अर्थों में कभी भी मधुर न रह सके। शायद इसलिए कि दो शेर एक ही पिंजड़े में साथ नहीं रह सकते। मैं यह नहीं कहना चाहता कि मुझमें कोरोलेव जैसा ही दमखम था, लेकिन हमारे संबंध तो कठोर थे ही।''

यूरी गागरिन और एलेक्सेई लिओनोव ही चीफ डिजाइनर की विंग के पसंदीदा कॉस्मोनॉट्स के रूप में सामने आए। हालाँकि वह उन सभी कॉस्मोनॉट्स के प्रति बहुत ही वफादार, सुरक्षात्मक रहा करता था, जो उसके आदेश पर उड़ान भरते थे और उसके रॉकेटों व कैप्सूलों पर अपना यकीन जाहिर करते थे।

इस प्रथम परिचय के बाद कोरोलेव इन कॉस्मोनॉट्स को ओ.के.बी.-1 के अंदर ले गया। उन्होंने प्रमुख निर्माण क्षेत्र में प्रवेश किया। तभी कोरोलेव व उसके एक वरिष्ठ स्पेसक्राफ्ट डिजाइनर ओलेग इवानोवस्की ने उन्हें सभी चीजों (जो वे देख रहे थे) के विषय में बताना शुरू कर दिया, किंतु उन बातों को ग्रहण करना आसान नहीं था। वहाँ दर्जनों अंतरिक्ष यान एक कतार में लगे हुए थे। उनकी वरीयता की स्थिति उनके निर्माण के चरण पर आधारित थी। प्रत्येक यान में तारों और नलियों की शंक्वाकार रचना थी जिसके ऊपरी हिस्से पर रुपहले रंग की परत चढ़ी हुई थी। दूसरी शंक्वाकार रचना इसके ठीक उलट (नीचे) थी। इस पर नालीदार धातुई परत चढ़ाई गई थी। इसका दोहरा शंक्वाकार भाग अलग कर देने वाले यंत्र का मॉड्यूल था और निचले शंक्वाकार भाग पर लगी नालीदार धातुई परत विकिरकण का कार्य करती थी। इसमें लगे बड़े स्फियर इसके कार्मिक स्टाफ के केबिन थे। इन यंत्रों में न तो एयरोडायनेमिक्स थे, न कंट्रोल सरफेस थे, न जाहिर तौर पर कोई प्रॉपुलजन थे, न लैंडिंग गियर ही था। वे फर्श पर सही ढंग से खड़े भी नहीं हो पाते थे। उन्हें सीधा खड़ा करने के लिए इसके आंतरिक धातुई ढाँचे से सहारा देना पड़ता था। टिटोव कहता है, ''यह कुछ ऐसा था जो हमारी समझ में ही नहीं आया। यह किसी पायलट की समझ से परे की बात थी। बेशक बतौर पायलट हमें पहले ऐसी कोई चीज मिली ही न थी जिससे हम इसकी तुलना कर सकते।''

ये 'वोस्टोक' अंतरिक्ष कैप्सूलें थीं। ये फैक्टरी में विविध टेस्ट बक्सों और नलियों से होकर गुजरनेवाले बिजली के तारों के बंडल थे जिन्हें छत से प्रवेश कराकर दीवारों से निकाला गया था और ये फर्श पर सर्पाकार आकारों में बिखरे हुए थे। उन सभी के अंतिम भाग में एक-एक प्लग लगा हुआ था, जिनका उपयोग स्पेस मशीनों को जाँचने, ऊर्जा देने, उन्हें बंद करने के लिए किया जाता था।

इस यान के घटकों के विषय में ओलेग इवानोवस्की ने कॉस्मोनॉट्स के

दिमाग सुन्न कर देनेवाले व्याख्यान दिए, जिसके दौरान हर समय वह बीस भावी कॉस्मोनॉट्स के चेहरों के हाव-भाव देखता रहा। इस समय तक कोरोलेव उन सभी को जान चुका था, लेकिन इवानोवस्की इस क्षण से पहले उनमें से किसी एक से भी नहीं मिला था। ''वे सबके सब बड़ी उत्सुकता से इन यानों को ओर टकटकी लगाकर देखा करते, क्योंकि पहले-पहल ही उन्होंने कोई अंतरिक्ष तकनीक देखी थी। मैं जानता था कि वे सभी विमान चालक थे, जो उड्डयन से परिचित थे, लेकिन उनमें से एक-एक को ईमानदारी से इन नए यंत्रों में अभ्यस्त होने के विषय में बताना था।''

कोरोलेव ने इवानोवस्की को व्याख्यान के बीच में ही रोक दिया और वोस्टोक की उड़ान की विशेषताएँ मिग प्रशिक्षित विमान चालकों को इतने सहज तरीके से बताईं कि वे आसानी से समझ गए। उसने अपने श्रोताओं को सूचना दी, ''अभी आप लोगों को बहुत कुछ सीखना है। हम आपको सबकुछ एक ही दिन में नहीं बता सकते। हम विशेष कक्षाओं की तैयारी करेंगे, ताकि आप पूरी तरह से इस प्रणाली को समझ सकें। आप पहले कक्षाओं में व्याख्यान सुनेंगे, तदुपरांत हम आपके लिए कक्षाएँ आयोजित करेंगे।''

उनमें से एक खूबसूरत सा नवयुवक कोरोलेव से स्वयं को एक प्रश्न पूछने से न रोक सका, ''सरजेई पावलोविच क्या आप पर नजर रख रहे होंगे?''

''हाँ, और हम आपको बाहर भी कर देंगे।'' कोरोलेव गरजा, ''और मुसकराना बंद करो। आखिर किस बात पर तुम मुसकरा रहे हो यूरी।''

उसकी प्रतिक्रिया जानने के लिए कोरोलेव ने उसकी ओर देखा। शायद जानबूझकर ही कोरोलेव ने उसके उस मिजाज को भंग करने के लिए ऐसा किया था, जो उसने कार्यालय में पहले निर्मित किया था। यूरी के चेहरे का भाव एकदम से गंभीर तो हो गया, लेकिन वह भयभीत बिलकुल नहीं था। वह पूरी तरह शांत रहा और शायद कोरोलेव को उससे इसी प्रत्युत्तर की उम्मीद थी। इवानोवस्की का इस संबंध में अपना एक निजी अनुभव था। कुछ ही हफ्ते पहले कोरोलेव ने एकदम से भड़ककर तत्काल उसे सेवा से हटा दिया था। वह इसी तरह अपना गुस्सा निकाला करता था। इस मौके पर वह असेंबली में गरजा, ''अब तुम मेरे लिए आगे काम नहीं करोगे। मैं तुम्हारे रिकॉर्ड को खराब कर रहा हूँ।'' इवानोवस्की ने भी मुड़कर जवाब दिया, ''आप ऐसा नहीं कर सकते, क्योंकि आपने मुझे डाँट जो लिया है। अब मैं आपके लिए काम नहीं करूँगा।'' कोरोलेव ने फिर उसे डाँट पिलाई, लेकिन कुछ ही देर में जो कुछ हुआ उसे भुला दिया गया। चीफ डिजाइनर

ने ऐसे स्पष्टवादी लोगों की प्रशंसा की जिन्होंने भले ही उसे जवाब दे दिया था, लेकिन अपनी नौकरी बचाने के लिए, अहम् बातों को दबाकर नहीं रखा। इसके बाद इवानोवस्की के साथ उसके संबंध काफी भरोसेमंद रहे। अब ऐसा ही कुछ स्मोलेंस्क क्षेत्र से आए यूरी के साथ भी हुआ।

अचानक ही कोरोलेव ने एक उस वोस्टोक का गहन परीक्षण करने के लिए कॉस्मोनॉट्स को बुलाया जिसे जमीनी परीक्षणों के लिए प्रयोग किया जाना था। एलेक्सेई लिओनोव को याद है, जब कोरोलेव ने यान की सफाई बनाए रखने हेतु उन्हें जूते बाहर उतारने के लिए और एक सीढ़ी चढ़कर यान के अंदर जाने के लिए कहा।

एक अन्य कॉस्मोनॉट वैलरी बाइकोवस्की इस बात पर जोर देते हुए कहता है कि वस्तुतः यूरी को जूते न उतारने के लिए कहा गया था। आखिर किसी पायलट से जूते उतारकर नए मिग में बैठने की उम्मीद नहीं की जा सकती थी। 'ऐसा तो रूसी गाँवों में घरों में प्रवेश करने से पहले सम्मान स्वरूप किया जाता है।' बाइकोवस्की ने सोचा। उसे यकीन था। कि यूरी उसी क्षण से चयनित हो गया था।

यूरी अपने दूसरे साथियों से बेखबर था। वे सभी उसके पीछे अपने जूते उतारने में लगे हुए थे।

वह उस अंतरिक्ष यान का केबिन देखकर ही खिंचा चला जा रहा था। यह पूरी तरह से एक धुँधले रबर फोम से ढका हुआ था। इस आवरण से उसके पाइपवर्क व विद्युतीय वितरण प्रणाली ढके हुए थे। कुछ ही हफ्तों के बाद उनमें से किसी एक कॉस्मोनॉट को इसके गुप्त रहस्यों के विषय में विस्तार से बताया जाना था। अभी तो त्वरित अवलोकन से मोटे तौर पर थोड़ी-बहुत जानकारी ही यूरी के दिमाग में चढ़ पाई थी। उसने अपने मिग के कॉकपिट की अपेक्षा इसके आंतरिक भाग को बहुत कम जटिल महसूस किया होगा। निश्चित तौर पर इसमें अपेक्षाकृत कम डायलस व उपकरण थे। इसकी इजेक्शन सीट ने ही बहुत ज्यादा स्थान घेर रखा था। इसमें सीधे बैठने की अपेक्षा लेटना पड़ता था। इसके ऊपर की दीवार पर उसके चेहरे के ठीक सामने एक साधारण पैनल था जिसमें कुछ स्विच, कुछ स्थिति को बतानेवाले प्रकाश संकेतक, एक क्रॉनोमीटर और पृथ्वी का प्रतिनिधित्व करनेवाला एक छोटा सा ग्लोब लगे हुए थे। आम-तौर पर किसी भी व्यक्ति को देखने में यह किसी बच्चे का शैक्षणिक खिलौना जैसा महसूस होता, लेकिन आगामी महीनों में यूरी और उसके सहकर्मियों को इसकी सभी गूढ़ बातों की जानकारी होने वाली थी। पैनल पर लगे दूसरे संकेतकों से यान के आंतरिक तापमान, दाब, कार्बन डाईऑक्साइड, ऑक्सीजन आपूर्ति व विकिरण स्तरों की

रीडिंग्स को दरशाया जाता था। इन दरशाने वाले यंत्रों से बीच-बीच में डायलों को स्केन करके रेडियो लिंक से धरती पर जानकारी प्रेषित करनी थी। उन रीडिंग्स के तात्पर्य को समझने और यान में अगला कदम उठाने हेतु आदेश देने का काम दूसरों का था।

बाईं ओर एक और छोटा सा पैनल था जिसमें स्विच की चार कतारें थीं। लिओनोव कहता है कि उसने उनमें से कुछ को छूकर यह समझने की कोशिश की कि वह इन बाईं ओर के कंट्रोल तक दाएँ हाथ से पहुँच सकता था या नहीं। इस यान में कॉकपिट में स्वाभाविक तौर पर प्रयोग की जानेवाली आर्मचेयर-स्टाइल इस्तेमाल नहीं की गई थी। दाहिनी ओर कुछ और ऊँचाई पर एक रेडियो रिसीवर था। एस्ट्रोनॉट की पहुँचवाला एकमात्र और यंत्र फूड लॉकर था। इस तक किसी हाथ का प्रयोग कर पहुँचा जा सकता था।

नीचे व उसके पंजों के कुछ आगे एक गोल पार्टहोल था जिस पर निर्देशाँक अंकित थे। वजॉर एक ऑप्टिकल युक्ति थी जिसमें आईनें व लेंस लगे हुए थे, जिससे पृथ्वी का क्षितिज अपने आकार से कहीं बढ़ा महसूस होता। जब वोस्टोस पृथ्वी के सापेक्षिक एक खास कोण की सीध में होता तो वजॉर के बाहरी छोर पर क्षितिज का जोरदार वृत्त नजर आता। इससे यह संकेत मिलता कि यान रिएंट्री हेतु सही स्थिति में है।

इस वोस्टोक टेस्ट केबिन का ले-आउट वास्तविक यान की तरह नहीं था। समयांतराल में यूरी को और भी साधनों की जानकारी होनी थी। जैसे एक टेलीविजन कैमरा जिसकी दिशा ठीक उसके चेहरे पर ही होती और एक चमकता हुआ लैंप जो सीधे उसकी आँखों में ही पड़ता, ताकि उसके हरेक भाव को डॉक्टरों द्वारा रिकॉर्ड किया जा सकता। बाएँ हाथ के स्विच पैनल पर एक संख्यात्मक की-पैड—तीन अंकों की दो पंक्तियाँ, कुल मिलाकर 6 संख्याएँ, जिसकी उपयोगिता उसे या उसके बाद आनेवाले कॉस्मोनॉट्स को नहीं था।

उन्होंने कुछ मिनटों के बाद यूरी को बाहर बुला लिया और बारी-बारी से केबिन के अंदर गए, जबकि कोरोलेव और इवानोवस्की उन्हें इसकी नियंत्रण प्रणाली समझा रहे थे।

इसके बाद जब वे निर्माण हॉल से बाहर आ रहे थे, उस समय सभी कॉस्मोनॉट्स बड़ी उत्सुकता से वोस्टोक व उस सर्वप्रथम लेकर उड़नेवाले भावी कॉस्मोनॉट के विषय में बात कर रहे थे। सभी को यूरी के नाम पर ही यकीन था।

इस बीच वाल्या को किसी कॉस्मोनॉट की पत्नी होने की खामियाँ नजर आने

लगी थीं। उसने सन् 1978 में पत्रकार यारोस्लेव को एक साक्षात्कार में कहा था, ''यूरी प्रायः देर से घर लौटता था और अपने काम से बाहर चला जाता था। वह जो कुछ भी करता था, उस विषय पर वह बहुत ज्यादा बातचीत नहीं करता था। यदि मैं कभी जानने की उत्सुकता दिखाती भी तो हँसी-मजाक में टाल देता था। मुझे मालूम था कि उसे इन विषयों की चर्चा अपने परिवार में भी करने की अनुमति नहीं थी। मुझे महसूस होने लगा था कि स्टार सिटी में चलनेवाला उसका कार्य उसे मुझसे दूर ही ले जा रहा था। प्रायः मैं इस अहसास को स्वयं से दूर रखने की कोशिश करती, लेकिन समय-समय पर मैं एक अजीब सी चिंता में डूब जाती थी।''

एक दिन संभवतः 1960 के उत्तरार्द्ध में यूरी अपने कॉस्मोनॉट्स मित्रों को घर लेकर आया। वाल्या तब स्टार सिटी क्लिनिक से ड्यूटी करके लौटी थी। उसने उनके बीच जारी कानाफूसी में सुना, 'अब समय आ ही गया है। या तो यूरी या घर्मन।'

□

4

उड़ान की तैयारी

जब कोरोलेव और उसके सहकर्मी जर्मन ने वी–2 विमानों को लाकर उन्हें जलाना शुरू किया, तभी उन्होंने कैपुस्टिन यार नामक एक छोटे कस्बे के नजदीक स्थित वोलगोग्रेड (तब स्टैलिनग्रेड) से 180 कि.मी. पूर्व में एक छोटा सा टेल्टिंग स्टेशन निर्मित किया। जनवरी 1957 में आर्कटिक सर्किल पर प्लेसेटस्क में अपेक्षाकृत अधिक बृहत् और स्थायी स्तर पर कार्य शुरू हो गया। इसका कारण यह था कि ट्रांस–पोलर ट्रैजेक्टरीज से उत्तरी अमेरिकी महाद्वीप का रास्ता निकटतम था। प्लेसेटस्क सोवियत इंटरनेशनल परमाणु मिसाइलों का प्रमुख केंद्र बन गया। यद्यपि जिस 'मिसाइल गैप' के विषय में जॉन एफ. कैनेडी ने सन् 1960 के चुनाव में बढ़–चढ़ कर बोला था, वह तो मात्र एक कपोलकल्पित धारणा थी। कैनेडी ने बड़ी मिसाइलों की बड़ी तादाद को यू.एस. की ओर लक्षित किए जाने की चर्चा की थी। इसीलिए उन्होंने यू.एस. व रूस के बीच तथाकथित मिसाइल क्षमता के गैप (अंतर) को कम करने के लिए प्रतिमारक क्षमता बढ़ाने पर बल दिया था। वस्तुतः उस समय प्लेसेटस्क एक समय में मात्र चार से अधिक आर–7 रॉकेट का रखरखाव नहीं कर सकता था और उनके एक ही समय पर प्रक्षेपित किए जाने की संभावना भी नहीं थी। मिसाइल गैप एक तरह से अमेरिका के लिए ही फायदेमंद था।

सोवियतवासियों के प्रक्षेपण केंद्र का निर्माण भूमध्य रेखा के जितना करीब संभव था, किया गया था, ताकि पृथ्वी के पश्चिम–पूर्व घूर्णन गति के कारण गतिमान रॉकेट में अतिरिक्त ऊर्जा जुड़ सके। 31 मई, 1955 को निरीक्षणकारी अभियंता व्लादीमीर बारमिन और उसके सहयोगियों ने पृथ्वी के सर्वाधिक निर्जनतम

स्थानों में से एक कजाखिस्तान के दक्षिण रिपब्लिक के मध्य में विशाल समतल, बंजर स्टेपी में निर्माण कार्य प्रारंभ किया। न्यूराटेम नामक एक पुरानी बस्ती के आसपास नया कॉम्प्लेक्स निर्मित किया गया। न्यूराटेम नाम कजाख नामक बंजारों द्वारा दिया गया था जिसे गेंघिस खान के प्रिय बेटे त्यूरा के श्मशान हेतु प्रयोग किया गया था। यद्यपि इसका दूसरा अनुवाद 'एरो ब्यूरियल प्लेस' था जिसे रॉकेट प्रक्षेपण केंद्र हेतु उपयुक्त नहीं समझा गया था। सोवियत के लोगों ने पुराने नाम को दरकिनार कर इस स्थान के लिए बैकोनुर शब्द इस्तेमाल किया। वस्तुतः बैकोनुर 370 कि.मी. उत्तर-पूर्व में स्थित एक छोटा सा कस्बा था। ऐसा वेस्टर्न इंटेलीजेंस एजेंसियों को केंद्र के स्थान के विषय में उलझन में डालने के लिए किया गया था। हालाँकि 3 अगस्त, 1957 को जब पहले आर-7 आई.सी.बी.एम. को बैकोनुर से सफलतापूर्वक प्रक्षेपित कर टर्की के केंद्रों से राडार के माध्यम से उसकी मॉनिटरिंग की गई तो उन्हें इस बात की जानकारी हो गई थी। रॉकेट केंद्र के नजदीक सोवियत वासियों ने 1,00,000 रूसी तकनीशियनों व उनकी सुरक्षा के लिए 30,000 सैनिकों को बसाने के लिए लेनिंस्क नामक एक नए शहर की स्थापना की।

अक्तूबर से मार्च के दौरान स्टेपी के मैदान कई मीटर मोटी बर्फीली परतों से ढके रहते हैं, वह बर्फीले तूफान बार-बार आते रहते हैं। अप्रैल में ही यह स्थान कुछ सामान्य होता है, क्योंकि तब यहाँ बर्फ पिघलने लगती है और स्टेपी दो या तीन सप्ताह के लिए खिल उठता है। ज्योंही फूल मुरझा जाते हैं और बचा रह गया पिघला पानी वाष्पित होने के बाद केवल यत्र-तत्र गड्ढों में ही बचा रहता है, तो उनमें मच्छर पनपने लगते हैं। तत्पश्चात् ग्रीष्म की लंबी अवधि के दौरान धरती ईंट की तरह कठोर हो जाती है, भयंकर गरमी पड़ने लगती है व रेतीले तूफान मनुष्य व मशीनों दोनों के लिए खतरा उत्पन्न कर देते हैं।

शुरुआत में सन् 1955 में बैकोनुर कॉम्पलेक्स में काम करनेवाले इंजीनियरों को गलतफहमी के कारण राजनीतिक बंदी समझ लिया जाता था। वे बारी-बारी से खून जमा देनेवाली सरदी व झुलसा देनेवाली गरमी सहते हुए खेमों में रहते थे। उनके साज-सामान इतने अपर्याप्त रहते थे कि उन्हें फावड़ा व बेलचों का प्रयोग करते हुए अपना काम शुरू करना पड़ता था। उनका सबसे पहला काम मॉस्को से त्रिकोणीय यात्रा करना होता था। नासा का प्रक्षेपण केंद्र फ्लोरिडा में था। जहाँ पहुँचने के लिए कार्गो यान, नौका, हेलीकॉप्टर और चिकने राजमार्ग पर चलनेवाले 16-पहियोंवाले ट्रकों जैसे वाहनों का प्रयोग करना होता था। स्टेपी के आंतरिक भागों में रेलमार्ग निर्माण के पूरा होने के बाद ही निर्माण के उपयुक्त यंत्र बैकोनुर पहुँच सके।

दो वर्षों के भीतर ही निर्माणकर्ताओं द्वारा एक एयरपोर्ट, रॉकेटों को एकत्र करने का विशाल हैंगर खाड़ी नियंत्रण ब्लॉक हाउसेस, सपोर्ट प्लेटफॉर्म व प्रथम प्रक्षेपण टॉवर के आधार हेतु फ्लेम ट्रेंच का निर्माण कार्य पूरा कर लिया गया। ठोस कंकरीट स्तंभों पर टिका 250 मीटर लंबा चबूतरा एक पुराने खनन कार्यस्थल से बाहर निकला हुआ ऐसा नजर आता था मानो किसी पहाड़ी की ढाल पर बालकनी हो।

रॉकेटों को उनके इंजन के साथ प्लेटफॉर्म में बने हुए बड़े चौकोर छिद्र से लटकाकर रखा जाता था, ताकि उन्हें प्रक्षेपित करने के शुरुआती क्षणों में इंजन से बाहर आनेवाला धुआँ इत्यादि उस छिद्र से नीचे ढाल में चला जाए और लॉन्चिंग पैड को कोई नुकसान न पहुँचे।

इसके बाद कई लॉन्चिंग पैड बनते गए। इस तरह आगामी दशक तक बैकोनुर की विभिन्न सुविधाएँ स्टेपी के सैकड़ों वर्ग किलोमीटर क्षेत्र में विकसित की गईं। सन् 1973 तक किसी भी अमेरिकी शख्स को इस स्थान की जानकारी नहीं थी। हाँ, काफी जोखिम उठाकर टर्की से बाहर उड़ान भरते हुए एक जासूसी यान से काफी ऊँचाई से धुँधली चौकोर फोटो जरूर ली गई थी। 1 मई, 1960 को एक अमेरिकी यू-2 वायुयान को इसकी जासूसी गतिविधियों के चलते यूराल पर्वतों पर रॉकेट लॉन्चर से धराशायी कर दिया गया था। यह बैकोनुर के ऊपर उड़ान भरते हुए लॉन्चिंग पैड की तसवीरें खींचने की फिराक में था। गैरी पावर्स नाम के विमान चालक को गिरफ्तार कर उस पर मॉस्को में मुकदमा चलाया गया। अमेरिका के तत्कालीन राष्ट्रपति ड्वाइट डी. आइसेनहोवर ने इसका विरोध करते हुए कहा था, ''यह कोई जासूसी यान नहीं था, बल्कि अमेरिकी मौसम अनुसंधान यान था, जो टर्की से उड़ान भर रहा था और यह उनके उड़ान मार्ग से काफी दूर था।'' इसके बाद शीघ्र आइसेनहोवर ने सोवियत वायुसेना के यू-2 की उड़ानों पर रोक लगा दी थी।

इस घटना के बाद शीघ्र ही एक अत्यधिक खर्चीले, रहस्यमय व तकनीकी दृष्टि से नवीनतम अंतरिक्ष प्रयासों की शुरुआत हुई। यह था यू.एस. जासूसी-उपग्रह (स्पाई सेटेलाइट) कार्यक्रम, जिसे सी.आई.ए. व रक्षा विभाग द्वारा चलाया जाता था। उनका यह प्रोजेक्ट 'ब्लैक' नाम से प्रकाश में आया, क्योंकि इसके विषय में किसी को ज्यादा कुछ जानकारी नहीं हो सकी। इसका बजट नासा के अंतरिक्ष अनुसंधानों के बजट के लगभग बराबर या बढ़कर था।

प्रथम आर-7 लॉन्च पैड, जो अब रहस्य नहीं रहा, आज भी कार्यशील है। धातु के चौखटों पर बने सितारे प्रक्षेपणों की संख्या की जानकारी देते हैं; एक सितारा पचास प्रक्षेपणों का प्रतिनिधित्व करता है। धातु निर्मित एक चौखटे पर छह

सितारे सजे होते हैं। यहीं से दुनिया का प्रथम मानवचालित अंतरिक्ष कार्यक्रम लॉन्च किया गया था। आज यहाँ से पृथ्वी के चारों ओर कक्षा में चक्कर लगा रहे रूसी अंतरिक्ष केंद्र मीर में सोयुज क्रू-फेरीज प्रेक्षित किए जाते हैं।

बैकोनुर का आधुनिक प्रक्षेपण रिकॉर्ड अच्छा है, किंतु इस कॉम्प्लेक्स के प्रारंभिक वर्ष असफलताओं से भरे हुए हैं। खास तौर से वोस्टोक के प्रथम मानवचालित प्रक्षेपण के पहले 6 महीने अत्यधिक हतोत्साहित करनेवाले थे। 10 अक्तूबर, 1960 कोरोलेव का रोबोट प्रोब मार्स-1 आकाश में 120 कि.मी. की ऊँचाई पर जाकर निष्फल वापस धरती पर आ गिरा। आर-7 बूस्टर के बेस ब्लॉकों को योजनानुसार फायर किया गया था, लेकिन काफी जल्दबाजी में तैयार किया गया इंटरप्लेनेटरी स्टेज प्रोब को पृथ्वी के गुरुत्वाकर्षण से बाहर नहीं धकेल सकी। दूसरा प्रोब भी इसी तरह वापस जमीन पर गिर गया। उस समय निकिता खुश्चेव न्यूयॉर्क में संयुक्त राष्ट्र की सभा में थे। उन्हें मार्स प्रोजेक्ट की प्रतीक्षा थी, किंतु मॉस्को से गुप्त संकेतवाले एक आवश्यक टेलीग्राम के कारण उसने अपना निर्णय बदल दिया। वह काफी गुस्से में था।

अक्तूबर के मध्य में एक नए रॉकेट आर-16 को बैकोनुर से प्रक्षेपण के लिए तैयार किया गया। यह मिसाइल यान जेल के सैन्य यंत्रों में एक था जिसे कोरोलेव के आर-7 के बदले डिजाइन किया गया था। सोवियत रूस को आई.सी.बी.एम. की विश्वसनीय शक्ति को तैनात करने के लिए एक सक्षम रॉकेट का प्रयोग करना जरूरी था। आर-7 इस दृष्टि से उपयुक्त रहा, लेकिन इसे ईंधन देने व तैयार करने में तकरीबन पाँच घंटे लगे। इसकी वजह थी इसमें द्रवित ऑक्सीजन का प्रयोग, जो इंजन के अंदर जलते समय एक बहुत उम्दा रसायन होता है, लेकिन लॉन्च के पूर्व बहुत समय तक नहीं चल सकता। ऐसा निश्चित रूप से इसके गरम होने व द्रव से गैस बनने के बाद होता है। टैंकों में दबाव विस्फोट बिंदु तक पहुँच जाता था और उसमें एकत्र गैस को बाहर निकाला जाना होता था। तत्पश्चात इसके स्थान पर ताजा ठंडा पानी भरना होता था। जितनी ज्यादा देर तक आर-7 पैड पर खड़ा रहता, उसे उतना पुनः धारित करने की आवश्यकता होती थी।

आर-16 को इस तरह तैयार किया गया था कि इसमें लॉन्च से पहले अपेक्षाकृत कम तैयारी करनी पड़े। ऐसा सेना की द्रुत प्रत्युत्तरवाली मिसाइल की जरूरत को ध्यान में रखकर किया गया था। इसे इसकी आवश्यकता के कई दिनों या सप्ताह पहले से ही ईंधन दिया जा सकता था और इसमें ऑक्सीडाइजर का नुकसान भी नहीं होता था, क्योंकि यांजेल ने सुपर कोल्ड द्रवित ऑक्सीजन और घासलेट के

स्थान पर नाइट्रिक एसिड व हाइड्राजाइन को प्राथमिकता दी थी। इन रसायनों को रॉकेट के अंदर सामान्य दाब व ताप पर संगृहीत करके रखा जा सकता है। आर-16 विमान को किसी गुप्त और स्थायी साइडों में खड़ा करके रखा जा सकता है, जिसे क्षणभर की सूचना में ही अमेरिकियों पर दागा जा सकता था। एकमात्र परेशानी यही थी कि इसमें ईंधन को संगृहीत नहीं किया जा सकता था। ये अत्यधिक छीजनेवाले होते थे और उसमें रिसाव पैदा हो जाता था, जो बिलकुल होना ही नहीं चाहिए।

अक्तूबर में मार्स प्रोब की असफलता से सबक लेकर निकिता ख्रुश्चेव यूनाइटेड नेशंस कॉन्फ्रेंस में साहसपूर्ण रुख अख्तयार करते हुए सोवियत सैन्य श्रेष्ठता पर अपनी बात केंद्रित करना चाहता था। हम धड़ल्ले से अपनी मिसाइलें तैयार कर रहे हैं। उसने जोर देकर कहा। मॉस्को से लौटने पर उसने मिसाइल तैनाती के प्रमुख मार्शल मिट्रोफेन नेडलिन से शक्ति प्रदर्शन की तैयारी में जुटने के लिए कहा। ख्रुश्चेव इस बार कोई नाकामी नहीं चाहता था।

23 अक्तूबर को होनेवाले यांजेल के आर-16 के शुरुआती प्रक्षेपण का निरीक्षण करने के लिए नेडलिन ने बैकोनुर के लिए उड़ान भरी।

ज्योंही शून्य काल (जीरो ऑवर) शुरू हुआ, मिसाइल के निचले हिस्से से नाइट्रिक एसिड रिसने लगा। जब ईंधन से लबालब भरे रॉकेट से रिसाव फूट पड़े तो किसी कॉस्मोड्रोम कमांडर की क्या भूमिका होती है? वह सावधानीपूर्वक इसका ईंधन निकालकर बाहर करता है। तत्पश्चात टैंक से अज्वलनशील नाइट्रोजन इसके अंदर भरता है, ताकि वातावरण में बची रह गई वाष्प से छुटकारा पाया जा सके। अगली सुबह रॉकेट को सुरक्षित करने के लिए वह कुछ अच्छे टेक्नीशियनों को भेज सकता था, ताकि इसे नीचे लाकर जाँचा जा सके। नेडलिन ने सीधे दर्जन ग्राउंड स्टाफ को लॉन्चिंग पैड पर यह जाँचने के लिए भेज दिया कि क्या वे कहीं कुछ वॉल्व को कसने व रिसावों को रोक सकने के बाद आर-16 की उड़ान सुनिश्चित कर सकते हैं। उसके निर्देश इतने ऊल-जुलूल जान पड़ते थे कि क्रू-मेंबरों की समझ में ही नहीं आ रहा था कि काम की शुरुआत आखिर करें कैसे? फायरिंग ब्लॉक हाउस में सभी इलेक्ट्रॉनिक सेक्वेंसं को पुनः लगाने की जरूरत थी। नेडलिन ने फायरिंग क्रमों को दुहराने व विलंबित करने का आदेश दे दिया, किंतु इन्हें रद्द नहीं किया जाना था। कुछ ऐसा हुआ कि आर-16 के ऊपरी भाग में कुछ गलत कमांड ट्रांसमिट हो गई। इसके इंजन में आग लग गई और फिर निचले हिस्से में भी विस्फोट हो गया, जिससे गैंट्री में उपस्थित सभी लोग मारे गए। चूँकि ऊपर स्टेज को कोई भी आधार नहीं था, इसलिए यह विस्फोट के बाद

जमीन पर धराशायी हो गया और उससे ईंधन व आग की लपटें निकलने लगीं। गैंट्री के आस-पास की टारमैक के एप्रॉन व रोडवेज गरमी में पिघलने लग गईं और उनमें आग लग गई। अपनी जान बचाकर भागते हुए ग्राउंड स्टाफ के सदस्य जलते हुए तारकोल में फँसकर रह गए। यह तांडव हजारों मीटर के क्षेत्र में फैला हुआ था। आग की लपटें इसके रास्ते में आनेवाली हरेक वस्तु व जीव को भस्म करती जा रही थीं।

कुल मिलाकर इसमें मारे गए लोगों की संख्या 190 से भी अधिक थी। मारे जानेवालों में स्वयं नेडलिन भी था, जो गैंट्री के पास जलते हुए रसायनों की लपटों में पड़कर बुरी तरह झुलस चुका था।

लगभग तीस सालों तक पश्चिमी देशों को इसकी बिलकुल जानकारी नहीं थी। हालाँकि बहुत से इंटेलिजेंस की रिपोर्टों से कुछ संदेह जरूर हो गया था। खासकर एक अमेरिकी टोही जासूसी उपग्रह ने एक दिन पहले ही बैकोनुर की तसवीर ले ली थी और सी.आई.ए. द्वारा उस नए मिसाइल के ढेर हो जाने की बात को काफी दिलचस्पी के साथ लिया गया था। 24 अक्तूबर को टोही ने एक बार फिर उड़ान क्षेत्र की सीमा लाँघकर उस स्थान के ऊपर उड़ान भरी और पाया कि वहाँ न तो कोई रॉकेट था, न गैंट्री थी। एक विशाल काला धब्बा था जिसने वहाँ सारे भू-भाग को आच्छादित कर रखा था। रॉकेट विस्फोट का शिकार हो चुका था, लेकिन इससे क्या लेना-देना। अमेरिकी रॉकेट भी कई बार विस्फोट के शिकार हो जाते हैं। कभी-कभार दुर्घटनाएँ तो होती ही रहती हैं। इस विनाशलीला का तत्कालीन आकलन तो नहीं किया जा सका, जिसकी वजह से इससे जुड़े सभी समाचारों को उजागर नहीं होने दिया गया। सारा-का-सारा सोवियत रूस मार्शल नैडलिन और बहुत से अन्य वरिष्ठ मिसाइल अफसरों के एयर क्राफ्ट दुर्घटना में मारे जाने की खबर से सकते में आ गया। इसके साथ ही बहुत से चिरपरिचित चेहरों की अनुपस्थिति बैकोनुर के अलावा हजारों दूसरे अंतरिक्ष कार्यकर्ताओं पर भी जाहिर हो गई, किंतु इतने दुखद और कठिन मुद्दे पर केवल निजी स्तर पर ही चर्चा हो सकती थी। यांजेल के दल से दर्जनों नौजवान सैन्य टेक्नीशियनों के अचानक लापता हो जाने की जानकारी उनकी माताओं के अलावा दूसरे किसी को नहीं थी।

यूरी और उसके सहकर्मी कॉस्मोनॉट्स को यह बताया गया कि एक प्रोटोटाइप मोबाइल जो कि सरजेई पावलोविच के 'लिटिल सेवन' में से नहीं था, का विस्फोट हो गया था, जिसमें बहुत से टेक्नीशियन घायल हो गए थे। बेशक उन्हें बेहतर

जानकारी थी, लेकिन कुछ समय तक वे स्टार सिटी के प्रशिक्षण केंद्र में इस भयंकर दुर्घटना को भुलाकर रहे। वस्तुतः इस विस्फोट से वोस्टोक की तैयारियों में बहुत ज्यादा विलंब नहीं हुआ। बैकोनुर के जीवित बचे टीम के सदस्यों ने अपना कार्य लगातार जारी रखा। मानवचालित मिशन को दिए गए पैड, ईंधन भरने के पाइप व ब्लैकहाउस क्षतिग्रस्त नहीं हुए थे। इसके साथ ही आर-16 में जुड़े कोरोलेव के कुछ टेक्नीशियन ने सक्रिय तौर पर अपना काम जारी रखा था।

पहली मानवचालित उड़ान के करीब तीन हफ्ते पूर्व, उनमें से एक कॉस्मोनॉट मारा गया। चौबीस वर्षीय वैलेंटिन बोंडारेंको इस दल का चुलबुला सदस्य था। आइसोलेशन चेंबर में जाने की जब उसकी बारी आई तो उसने इस काम को बखूबी निभाया। उसका सत्र 15 दिनों का था। 23 मार्च को उसके चेंबर से बाहर आने की तैयारी की। उस समय काफी ऊँचाई में रहने का अभ्यास जारी था और चेंबर को बहुत धीरे-धीरे सामान्य दबाव तक की स्थिति में लाया जाना था, वरना बोंडारेंको को शरीर के मुड़ने व जकड़न की स्थिति का सामना करना पड़ सकता था। इससे पहले कि टेक्नीशियन चेंबर के दबाव को बराबर कर चेंबर की सिटकिनी खोल पाते, अभी आधा घंटे का समय गुजरना बाकी था। बोंडारेंको ने अपने शरीर पर पड़े ऊनी कपड़ों को खींचतान कर हटा दिया था व धड़ से लगे मेडिकल सेंसर पैड से भी छुटकारा पा लिया था, ताकि उसे राहत महसूस हो। त्वचा पर हो रही खुजलाहट से राहत पाने के लिए अल्कोहल से भीगी रूई से शरीर को पोंछा। शायद उसने कुछ लापरवाही से पैडों को एक ओर उछाल दिया था। उनमें से एक पैड छोर से रसोई स्टोव के हॉटप्लेट पर पड़ गया और जल उठा। चैंबर के बंद व ऑक्सीजन से परिपूर्ण वातावरण में आग काफी तेजी से फैल गई।

उसे खींचकर निकाला गया। वह काफी जल चुका था और दर्द से बुरी तरह कराह रहा था। वह कहता जा रहा था, ''गलती मेरी है, मुझे खेद है।'' डॉक्टरों द्वारा उसकी जान बचाने के लिए आठ घंटे प्रयास किया गया, लेकिन उसके घाव बड़े खतरनाक थे। उसकी मौत की परिस्थितियों को सन् 1986 तक सार्वजनिक नहीं किया गया था।

अंतरिक्ष की उड़ान का एक पहलू, जिसके लिए स्टार सिटी के कॉस्मोनॉट्स के पास स्वयं को पहले से ही अच्छी तरह तैयार करने के लिए व्यावहारिक साधनों का अभाव था, वह था—भारहीनता की स्थिति का सामना करना। कोरोलेव व उसके सलाहकार अपने प्रथम मानवचालित विमान को कक्षा में एक चक्कर लगाने से अधिक समय की अनुमति देने के पक्ष में नहीं थे। क्योंकि किसी को यकीन

नहीं था कि इसका यात्री गुरुत्वाकर्षण के सामान्य संवेदन के बिना सारा दिन रह सकता था।

सोवियत अंतरिक्ष कार्यक्रम के शुरुआती दौर में भारहीनता के मुद्दे ने बड़ी मनोवैज्ञानिक अड़चन उपस्थित कर दी थी। इस संवेदन को धरती पर महसूस करने का एकमात्र जरिया था मॉस्को स्टेट यूनिवर्सिटी की 28 मंजिला इमारत जो कि शहर की सबसे ऊँची इमारतों में से एक थी। एक विशेष पिंजरे सी रचना थी, जो शॉफ्ट से होते हुए सीधे नीचे गिरती और नीचे तली पर कांप्रेस्ड एयर-बफर्स पर धड़ाम से जा गिरती। इस तरह दो या तीन सेकंडों तक कॉस्मोनॉट्स स्वतंत्र रूप से पिंजरे के तल पर खड़े होकर हवा में तैरते रह सकते थे। कोरोलेव के गाइडेंस स्पेशलिस्ट यूरी माझोरिन इस पर प्रकाश डालते हुए कहते हैं, ''यह अनिश्चितता के सागर में हमारी पहली छलाँग थी। हम हरेक चीज से भयभीत थे। इसीलिए सरजेई पावलोविच धीमी गति के दृष्टिकोण का पक्षधर था। प्रथम मानवीय अंतरिक्ष मिशन के लिए एक चक्कर, अगली उड़ान चौबीस घंटे की। इससे अगली उड़ान व्यक्ति के जीवित बचे रहने की दशा को जानने के लिए तीन दिनों की।''

नासा में अमेरिकी एस्ट्रोनॉट लंबे परवलयाकार चापों (आर्क्सन) को बोइंग-707 जेट यानों से उड़ते थे। ये यान मुख्यतः सामान (कार्गो) ढोनेवाले एयरलाइनर थे, किंतु इनके अंदर बैठने की सीटों व सामान रखने के क्रेटरों को निकालकर बाहर कर दिया जाता है, ताकि केबिन का आंतरिक भाग पूरी तरह से खाली रह सके। एस्ट्रोनॉट्स इसमें एक समय में लगभग दो मिनट तक दीवार रहित स्थिति में हवा में तैर सकते थे। इतना समय उनकी भारहीनता की स्थिति समाप्त करने के लिए पर्याप्त था। वहीं रूस ने अपने कार्गो यानों के ऐसे प्रयोग पर कभी भी विचार नहीं किया, कम-से-कम सन् 1960 के प्रारंभिक दशक में तो नहीं। प्रशिक्षु कॉस्मोनॉट्स ने लगभग तीस सेकंड तक मिग-15 लड़ाकू विमान की पिछली सीट पर पैराबोलिक आर्क उड़ाते हुए इधर-उधर टकराते हुए भारहीनता की सी स्थिति महसूस की। मॉस्को यूनिवर्सिटी की बिल्डिंग से लिफ्ट शॉफ्ट को नीचे लाने की अपेक्षा कहीं ज्यादा उपयोगी था। टिटोव को याद है कि मिग का अनुभव काफी असहज व असंतोषजनक था और इतना कम था कि सामान्य लड़ाकू प्रशिक्षण मिशन में जितने समय का वह अभ्यस्त था, उससे बहुत ज्यादा नहीं था। 'जब आप कोई बड़ी कलाबाजी कर रहे हैं और इसे अच्छी तरह नहीं कर पा रहे हैं तो कॉकपिट की सारी गर्द और धूल उड़कर आपके चेहरे पर पड़ सकती है। यह काफी अहम् तब हो जाता है, जब लंबे समय तक आपको भारहीन वातावरण में

रहना पड़ता है।' इसके अलावा मिग के कॉकपिट इतने सकरे या तंग रहते थे कि उसमें सही तरीके से हवा में तैरने का मौका ही नहीं होता था।

सोवियत कॉस्मोनॉट्स का भारहीनता के प्रति भय अभी तक बरकरार रहा। वोस्टोक के ब्रेकिंग रॉकेटों को इसके ठीक कक्षा में लाने के लिए उन्हें प्रक्षेपित करने का अनुमान लगाया गया, ताकि भारहीनता की अवधि को न्यूनतम रखा जा सके। इस बात की भी संभावना काफी ज्यादा थी कि यान कक्षा में बहुत से दूसरे सर्किटों में फँसकर न रह जाए, जो कि रिट्रो रॉकेटों के फेल होने के कारण होता था। दुनिया के प्रथम अंतरिक्ष यात्री के सामने आए जोखिम को एंडी एल्ड्रिन ने बड़े स्पष्ट तरीके से व्यक्त किया है, ''किसी कक्षीय ट्रैजेक्टरी में होता यह है कि आप पृथ्वी से ऊपर जाकर इसके चारों ओर चक्कर लगाने लगते हैं। तदुपरांत जिस रॉकेट से आप वहाँ पहुँचे हैं, उसे धीरे-धीरे धरती पर नीचे लाने के लिए आपको पुनः काम करना होता है। यदि ऐसा नहीं होता है, तो आप सदा उसी कक्षा में मरते दम तक घूमते रहेंगे···पहले मानवचालित प्रयास हेतु कोरोलेव के डिजाइनरों ने उप-कक्षीय ट्रैजेक्टरी को अपेक्षाकृत ज्यादा सुरक्षित बनाने के लिए अपने सुझाव दिए। उसने यह साफ कर दिया कि केवल इतने से ही वह अमेरिकियों को मात नहीं देना चाहता था। वह उन्हें बड़ी मात देना चाहता था।''

वोस्टोक की हवा आपूर्ति अधिकतम दस दिनों तक टिक सकती थी। यान कक्षा को जानबूझकर पृथ्वी की सबसे बाहरी परत में उड़ते रहने के लिए तैयार किया गया था, ताकि किसी गंभीर स्थिति में प्राकृतिक वातावरण से घर्षण के कारण यान की गति धीमी हो जाए और वह स्वतः कुछ दिनों में नीचे आ जाए। यह एक जुआ जैसा ही था, क्योंकि ऐसा कुछ तय नहीं था कि ऐसी घटना कॉस्मोनॉट के हवा, पानी और भोजन समाप्त होने से पहले ही हो।

शिक्षाशास्त्री केल्डिश और उसके कंप्यूटरों की मदद से माझोरिन ने अनुमान लगाया कि वोस्टोक की रिएंट्री बॉल प्रथम कक्षा की समाप्ति के बाद सुरक्षित रूप से रिकवर की जा सकती थी, किंतु इन रॉकेटों के अच्छी हालत में होने के बावजूद इनके ब्रेक के संचालन को विलंबित करना पड़ सकता था। सैद्धांतिक रूप से इसके रिट्रोसिस्टम को किसी भी समय फायर किया जा सकता था, लेकिन यह सुनिश्चित नहीं था कि इससे कैप्सूल सोवियत सीमा में ही कहीं नीचे गिर जाता।

वोस्टोक की कक्षा 65 डिग्री भूमध्यसागर पर ही झुकी हुई थी। पूर्व से पश्चिम प्रत्येक कक्षा में नब्बे मिनट का समय लगता था। इस दौरान यान के नीचे पृथ्वी अपनी स्थिर गति से घूर्णन करती रहती थी (प्रत्येक 24 घंटे में एक बार)।

इसके परिणामस्वरूप हर बार यान उसी पथ पर जमीन के ऊपर नहीं उड़ता था। इस स्थिति का गणित बहुत स्पष्ट था। यान के धरती पर लौटने के सर्वोत्तम अवसर प्रथम कक्षा में एक घंटे में, या फिर पूरे एक दिन बाद, कक्षा के बीच से 18 घंटे में। किसी दूसरी कक्षा के दौरान रिट्रो-रॉकेटों को छोड़ने से यान के समुद्र या किसी और देश में गिर जाने का जोखिम था। ऐसी स्थिति में निराशा ही हाथ लगती। तकनीक का रहस्य इससे प्रकट हो सकता था, किंतु पूँजीवादी इस बात का श्रेय लेने का दावा कर सकते थे कि उन्होंने अपने देश की सीमा के अंदर एक कॉस्मोनॉट के जीवन की रक्षा की।

अंततः प्रचार होने की इन सशक्त समस्याओं के समाधानों को तीन लिफाफों के भीतर रखकर मॉस्को की प्राधिकृत न्यूज एजेंसी तास के पते पर सील कर दिया गया। माझोरिन ने विविध प्रलेख तैयार किए। उड़ान के अंत में कैप्सूल कहाँ और कैसे गिरेगा, इस बात की उसे इतनी विस्तृत समझ थी कि उसके द्वारा किसी अन्य देश में गिरने को लेकर अनुमान लगाना और आवश्यक कदम उठाना उचित जान पड़ता था। यदि ऐसी कोई स्थिति बनती तो तास को लिफाफे के भीतर रखी उससे जुड़ी सूचना को प्रसारित करने का निर्देश दिया जाता। माझोरिन को बुरे-से-बुरे हालात के दृश्य को तैयार करने के लिए कहा गया था। यदि कैप्सूल अंतरिक्ष में ही विस्फोट का शिकार हो जाता या बॉल में रिसाव हो जाता तो प्रेस ज्ञापन को उसी के अनुरूप निर्धारित किए जाने की जरूरत होती। सभी संभावनाओं को दृष्टिगत रखना और पहले से ही विविध घोषणाओं की तैयारी करना उचित ही जान पड़ता था। माझोरिन के मुताबिक, ''हमने विभिन्न अलग-अलग घोषणाओं के साथ तास के लिए तीन लिफाफे तैयार किए। पूर्ण सफलता की स्थिति हेतु लिफाफा नंबर एक। लिफाफा नंबर दो—किसी विदेशी जमीन पर लैंडिंग करने की स्थिति हेतु, लिफाफा नंबर तीन—किसी विपत्ति की स्थिति से संबंधित। टेलीविजन और रेडियो स्टेशनों में लोग इंतजार कर रहे थे। जब हमने देखा कि कॉस्मोनॉट कक्ष में प्रवेश कर चुका था और हमारे पास ऊँचाई, रुझान और कक्षीय अवधि के आँकड़े आ जाते तो क्रेमलिन द्वारा तास को लिफाफा नंबर एक खोलने की इजाजत दी जा सकती थी।''

इस कामयाबी वाले लिफाफे को संकलित करने का काम भी आसान नहीं था। ''जब कैप्सूल पैराशूट पर लटककर 7,000 मीटर पहुँच जाता, तभी कॉस्मोनॉट को बाहर आकर उसके अपने पैराशूट के नीचे आ जाना था। इस बात को सम्मिलित करने के प्रति हम निश्चित नहीं थे।''

समस्या साधारण थी। अच्छी उड़ान की स्थिति में अंतरराष्ट्रीय सहमति से स्थापित नियमों के मुताबिक सोवियत विश्व उड्डयन ऊँचाई के कीर्तिमान का दावा कर सकता था। कोरोलेव ने इन नियमों को सावधानी से पढ़ा और यह देखकर आश्चर्यचकित रह गया कि ऐसे कीर्तिमान का दावा करनेवाले किसी भी पायलट को टचडाउन तक अपने यान के अंदर ही रहना पड़ता। यदि यान उतरने से पहले ही पायलट बाहर आ जाता तो नियमानुसार यही माना जाता कि फ्लाइट में कोई खराबी आ गई होगी। ऐसी स्थिति में कोई कीर्तिमान नहीं बनता। इसका विकल्प यह था कि वोस्टोक के क्रू-मैन को बाहर न निकाला जाए, किंतु कोरो को लगता था कि सिंट्री बॉल के बेतुकी लैंडिंग से चोट लगे बिना रह पाना मुमकिन नहीं था। आर-7 के त्रुटिपूर्ण प्रक्षेपण के भयंकर विस्फोट से पूर्व कॉस्मोनॉट के बाहर आने के लिए सोवियत रूस के लड़ाकू विमान के पायलट उपकरण के अग्रणी डिजाइनर ने पहले ही केबिन के लिए एक आपातकालिक इंजेक्शन सीट डिजाइन कर रखी थी। यदि उसकी उड़ान के अंत में उसी प्रणाली का उपयोग उसे हटाने के लिए किया जाता तो बॉल के जमीन पर काफी तेजी से नीचे टकराने में कोई चिंता नहीं होती। भविष्य के रि-एंट्री मोड्यूल्स में अंतिम ठोकर को कम करने के लिए नीचे की ओर अपेक्षाकृत बड़े पैराशूटों और कुछ रॉकेटों को जोड़ा जाता। बाद के वर्षों में बॉल के हलके उतरनेवाले रॉकेट इसका विकल्प नहीं थे। अतः इसके कॉस्मोनॉट के लिए बाहर आने के अलावा दूसरा विकल्प नहीं था।

निकोलेई कामनिन ने क्रीड़ा अधिकारी इवान बोरीसेंको को ऊँचाई कीर्तिमान नियमन पर अपेक्षाकृत अधिक गहन शोध करने का निर्देश दिया। फरवरी 1961 तक भी इस समस्या का समाधान नहीं हो पाया था। इस वक्त भी दिन में काफी देर वोस्टोक के पुनः डिजाइन की अपेक्षा व्यूहरचनात्मक झूठ कहीं ज्यादा आकर्षक लगा। तास के लिए माझोरिन के सफल लैंडिंगवाले पहले लिफाफे में कॉस्मोनॉट के यान में ही रहकर उतरने का आशय ही त्रुटिपूर्ण था। उसके अनुसार, ''लंबे समय तक सभी प्राधिकृत प्रलेखों में इसी तथ्य की चर्चा थी। इस बात की हकीकत का राज ग्लास्नोस्त युग में ही हमारे लोगों और दुनिया को मालूम हुआ।'' दूसरे लिफाफे में एक दूसरी कहानी ही बताई गई होगी। उदाहरण के लिए, यदि वोस्टोक किसी विदेशी जमीन पर लैंडिंग करता तो इंजेक्शन सीट का उपयोग खुले तौर पर विदेशियों को ज्ञात हो जाता। मोझोरिन ने उन लिफाफों में जिन शब्दों का प्रयोग किया था, वे उसे बिलकुल याद नहीं हैं। बाद में वे लिफाफे नष्ट कर दिए गए थे जिसका उसे काफी अफसोस है। वह कहता है, ''बड़े दुःख की बात है, जो

हमने उन्हें नष्ट कर डाला। आज उनका ऐतिहासिक मूल्य होता।''

तास के प्रलेखोंवाले सामान्य-से-सामान्य विवरणों ने भी चुनौती सामने रखी थी। प्रथम मानवचालित विमान की प्रमुख विज्ञप्ति में कैप्सूल को वोस्टोक-1 दरशाना स्वाभाविक था। ऐसा इसी प्रत्याशा में किया गया था कि इसके बाद दूसरे इसका अनुसरण करेंगे, किंतु कैप्सूल के प्रमुख डिजाइनर ओलेग इवानोवस्की को स्मरण आता है, ''यदि हमने इसकी कोई संख्या निर्दिष्ट कर दी होती तो इससे यही जान पड़ा होता कि कोई शृंखला प्रारंभ हो रही थी। हम चाहते ही नहीं थे कि कोई यह जाने कि हम और दूसरी उड़ानों की तैयारी कर रहे थे। इसीलिए वोस्टोक को कोई नंबर नहीं दिया गया था।''

चौथा और बहुत अलग तरह का प्रलेख स्वयं वोस्टोक कैप्सूल में स्टोवेज हेतु तैयार किया गया था। कॉस्मोनॉट्स को इसकी जानकारी की जरूरत नहीं थी। किंतु प्रथम मानवचालित यान की उड़ान के कुछ हफ्ते पहले तक इस बात पर बहस चल रही थी कि एक अंतरिक्ष विमान चालक को किस सीमा तक कमांड और नियंत्रण की अनुमति होनी चाहिए। सबकुछ वोस्टोक के बाईं ओर के नियंत्रण पैनल के छह अंकों के रहस्यमय की-पैड के आसपास केंद्रित था।

अब तक सभी अंतरिक्ष यानों को ऑन-बोर्ड इलेक्ट्रॉनिक सिस्टम से चलाया गया था, जो जमीन पर स्टेशनों को कंट्रोल करने के लिए रेडियो लिंक से जुड़े हुए थे; और स्वयं में कठिन चुनौती का प्रतिनिधित्व करते थे। एक मानव पायलट के यान में शामिल किए जाने से कौन सी नई समस्या उत्पन्न हो सकती थी—डॉक्टर इस बात को लेकर चिंतित थे कि धरती के अपने साथियों से आध्यात्मिक व मनोवैज्ञानिक अलगाव के कारण अकेला कॉस्मोनॉट विक्षिप्त सा हो जाएगा। वहीं सुरक्षा एजेंसियों को यह चिंता थी कि अपनी उड़ान के अंत में वह विदेशी जमीन पर लैंडिंग कर सकता था। सन् 1960 की शीत ऋतु तक कंट्रोल के मुद्दे को लेकर की जा रही चर्चा ने नया मोड़ ले लिया था। इस चर्चा का लक्ष्य यह था कि पायलट को उसके यान के विषय में कोई प्रतिष्ठित प्राधिकार न दिए जाएँ, बल्कि उससे ये वापस ले लिये जाएँ। वोस्टोक का मार्गदर्शन पूर्णतः स्वचालित था; बिल्कुल उसी तरह जैसा सभी मानवरहित विमानों में होता है। किसी आपातस्थिति के दौरान ही पायलट को कुछ देर तक कंट्रोल संचालित करने की अनुमति दी जा सकती थी। इसके लिए भी उसे पहले अपनी सही मानसिक स्थिति को सिद्ध करना होता।

इंजीनियरों ने एक छह अंकोंवाली की-पैड की युक्ति तैयार की जिससे

कंप्यूटरों से नेविगेशन प्रणाली खुल जाती और पायलट हाथ से कंट्रोल करने की स्थिति में यान को चलाता रह सकता था। की-पैड समन्वय की जानकारी उसे तभी दी जा सकती थी, जब जमीन पर से मिशन डायरेक्टर उसकी सही मानसिक स्थिति का आकलन कर लेते। सरजेई कोरोलेव ने अपने चिरपरिचित अंदाज में इस योजना को खत्म करके इसकी आधारभूत अवधारणाओं पर प्रश्न किया। पायलट को विमान का नियंत्रण भला क्यों सौंपा जाएगा? शायद इसलिए कि स्वचालित प्रणाली फेल हो जाने की स्थिति में उसे संचालित करने की जरूरत पड़ सकती थी, किंतु यदि जहाज लड़खड़ाकर अनियंत्रित होने लगता तो पृथ्वी से जुड़ी रेडियो लाइन में लगभग उसी समय अड़ंगा आ जाता, जब पायलट को उस सीक्रेट कोड को सुनने की जरूरत रहती, जिससे मैनुअल कंट्रोल आरंभ हो जाता। की-पैड की प्रणाली अपेक्षाकृत ज्यादा कठिन प्रतीत होती थी।

तभी डॉक्टरों ने एक बीच का हल निकाला जिससे रेडियो के खराब हो जाने की स्थिति में भी पायलट स्वयं उस कोड का पता लगा सकता था। इस विषय में वोस्टोक समन्वयक ओलेग इवानोवस्की ने बताया—"उन्होंने निश्चय किया, यदि केबिन के भीतर रखे लिफाफे तक वह पहुँचकर लिफाफा फाड़ने के बाद पेपर निकालकर उस पर मुद्रित नंबर पढ़ता और की-पैड को सावधानीपूर्वक दबाता तो इन क्रियाकलापों के क्रम से यह सिद्ध हो जाता कि उसने अपना मानसिक संतुलन नहीं खोया और अपने कार्य के प्रति अब भी जवाबदेह था। यह एक खतरनाक हास्य व उन दिनों की हमारी गोपनीयता का अंग भी था।"

सारी प्रक्रिया स्वयं को पराजित करनेवाली थी। जाहिर तौर पर उस लिफाफे को केबिन के अंदर पायलट की पहुँच में ही रखा जाना था, ताकि आवश्यकता पड़ने पर वह अगले ही क्षण हाथ में लिया जा सके। कोई अस्थिर वृत्ति का कॉस्मोनॉट कभी भी बिना अनुमति के उसे खोलकर विमान का नियंत्रण अपने हाथ में ले सकता था। सोवियत यूनियन के प्रमुख टेस्ट पायलट मार्क गाले की नियुक्ति अंतरिक्ष कार्यक्रम में वोस्टोक के कॉस्मोनॉट्स को प्रशिक्षित करने के लिए हुई थी। इतिहासकार जेम्स हारफोर्ड को दिए हाल ही के साक्षात्कार में उन्होंने बताया—

> "सभी टेस्ट पायलट यह मानते थे कि ये बातें मूर्खतापूर्ण हैं। बहुत से पायलट रात के दौरान स्ट्रेटोस्फेयर या भारी बादल की दशाओं में उड़ान भर चुके थे, हमने की-पैनल को लेकर काफी आवाज उठाई थी। हमारा सोचना यह था कि किसी पायलट के विक्षिप्त होने की संभावना, रेडियो

संचारवहन के फेल होने की अपेक्षा कम है। कोरोलेव भी की-पैड को पसंद नहीं करता था, किंतु उसने डॉक्टरों को शांत करने के लिए इसे स्वीकारने का निश्चय किया⋯मान लो स्विचों को दबाते हुए किसी पायलट ने गलती कर दी, तो उसे सजा कौन देगा?''

बड़े कौतूहल की बात है कि अमेरिकी अंतरिक्ष पायलटों ने इस समस्या का समाधान खुलकर किया।

नासा के रॉकेट इंजीनियर सावधानी बरतते हुए शुरू में पूर्णतः स्वचालित प्रणाली चाहते थे, किंतु एस्ट्रोनॉट्स विस्तृत रूप से नियंत्रण की स्वतंत्रता की जिद पर अडिग रहे। उन्होंने 'लाइफ' मैगजीन व टेलीविजन पर प्रसारित कवरेज का सहारा लेकर अपने विमानों की कमांड के लिए एकजुट प्रयास किया। वे जमीन पर रहनेवाले अपने मिशन प्रबंधकों के साथ बराबरी की साझेदारी भी चाहते थे। एस्ट्रोनॉट्स ने अपना बहुतायत समय विविध एयरोस्पेस फैक्टरियों में रहकर बनाए जा रहे अंतरिक्ष यानों के कई पहलुओं को अपनी सुविधानुसार डिजाइन करते हुए बिताया।

वोस्टोक की मानव रहित उड़ानों के लिए की-पैड कोड्स या तास तैयार करने की कोई आवश्यकता ही नहीं थी, न ही बचाव के प्रबंध किए जाने की। यदि वे किसी विदेशी जमीन पर उतर जाते तो दस किलो विस्फोटक चार्ज से उन्हें रिमोट कंट्रोल की मदद से नष्ट किया जा सकता था। यदि डेस्ट्रक्ट रेडियो कमांड फेल हो जाती, तो एक ऑन-बोर्ड टाइमर से लैंडिंग के 64 घंटों के बाद उन्हें विस्फोट से उड़ाया जा सकता था। इससे अमेरिकी रॉकेट विशेषज्ञ हताश होकर रह जाते, क्योंकि वे ऐसे पदार्थ का जाँच परीक्षण कर रहे होते जो उनसे सरोकार ही नहीं रखता था।

वस्तुतः वोस्टोक की शुरुआती कैप्सूलें बड़ी आसानी से स्वयं को नष्ट कर लेती थीं। 15 मई, 1960 में प्रक्षेपित प्रथम प्रोटोटाइप अंतरिक्ष में अनियंत्रित होकर सो गई। चैका व लिसिच्का नाम के दो कुत्तों को कैप्सूल में सुधार किए जाने के बाद 28 जुलाई को रखा गया। अब आर-7 के निर्माणकर्ताओं को निराश करने का अवसर था। प्रक्षेपण के कुछ देर बाद ही रॉकेट विस्फोट से टुकड़े-टुकड़े हो गया। कुत्ते भी मारे गए। उस दिन वोस्टोक के सभी कॉस्मोनॉट्स बैकोनुर में थे और उन्होंने उस यान का प्रक्षेपण देखा जिसे उन्हें सुरक्षित रूप से अंतरिक्ष में ले जाने के लिए डिजाइन किया गया था। घर्मन टिटोव को स्मरण आता है, ''हमने देखा कि रॉकेट कैसे उड़ सकता था। उससे ज्यादा अहम बात जो हमने जानी, वह थी

कि यह विस्फोट में कैसे टुकड़े-टुकड़े हो सकता था।''

19 अगस्त को स्ट्रेलका और बेलका दो कुत्तों को अंतरिक्ष में भेजा गया। इस बार कोरोलेव को आर-7 के इसके सीधी उड़ान में स्थापित हो जाने से काफी राहत मिली और मिशन बड़ी सरलता से आगे बढ़ा। कक्षा में 17 चक्कर लगाने के बाद दोनों कुत्ते भी सुरक्षित नीचे जमीन पर आ गए। दुनियाभर के अखबारों में इसकी प्रशंसा की गई। निकिता ख्रुश्चेव गद्गद था। निजी तौर पर कोरोलेव व अंतरिक्ष डॉक्टर उड़ान के दौरान हुई एक छोटी सी घटना को लेकर काफी परेशान थे। बेलका का भारहीनता के कारण सिर चकराने लगा और उसने केबिन में उलटी कर दी। क्या इसका तात्पर्य यही था कि मनुष्य भी ऊपर उड़ान के दौरान बीमार हो सकते थे। यान में लगे कैमरे से शुरू से अंत तक कुत्ते के हाव-भाव की तसवीरें ली गई थीं। जाहिर था कि इस यात्रा ने उनका मनोरंजन नहीं किया था बल्कि धरती पर उनकी वापसी के बाद उन्होंने राहत की साँस ली।

19 सितंबर, 1960 को औपचारिक तौर पर कोरोलेव ने मानव उड़ान के लिए प्रस्ताव पेश किया जिसे कम्युनिस्ट पार्टी की केंद्रीय समिति ने अनुमोदित कर दिया। इस प्रलेख पर दस वरिष्ठ व्यक्तियों ने हस्ताक्षर किए। इसमें सम्मिलित थे उनके पुराने सहयोगी गणित व कंप्यूटर विशेषज्ञ मतिस्लेव केल्डिश, मिसाइल तैनाती के प्रमुख मार्शल नेडलिन, चीफ ऑफ डिफेंस मार्शल उस्तिनोव वेलेंटिन ग्लूशको। यदि यह नया अभियान सफल होता, तो इसके परिणामस्वरूप दुनिया भर में ख्याति फैलती और यदि कोई अप्रिय घटना घट जाती तो इन दसों लोगों को हरजाना देना पड़ता।

कोरोलेव ने सन् 1960 के अंत तक एक कॉस्मोनॉट को लॉन्च करने की योजना बनाई, किंतु वोस्टोक अभी भी साथ देने के लिए तैयार नहीं था। 1 दिसंबर को एक जोड़े कुत्ते और जलकर तब मर गए, जब उनकी रि-एंट्री बॉल काफी लंबवत कोण से नीचे गिरी। 22 दिसंबर को जब आर-7 बूस्टर इसके ऊपर उड़ान के दौरान आधे रास्ते में ही खराब हो गया, तो उसमें सवार दो कुत्ते एक स्पेशल पॉड में आपातकालीन इंजेक्शन के द्वारा जीवित बचे रहे। ऊपर स्टेज इंजन में आग नहीं लग पाई और वोस्टोक नीचे जमीन पर गिर गया।

बहुत से कुत्तों को मेडिकल विशेषज्ञों ने बेहिचक प्रयोगशाला के दुखद परीक्षणों में रखा, लेकिन रॉकेट इंजीनियरों के मन में इनके प्रति काफी संवेदना का भाव था। यूरी माझोरिन को इस संदर्भ में एक नाटकीय घटना का स्मरण हो आता है, ''सन् 1960 के मार्च महीने का वाकिया है। हमने एक कुत्ते को एक घंटे की उड़ान में

भेजा। अचानक हमें मालूम हुआ कि उड़ान निष्फल हो गई और हमें आगे के आँकड़े नहीं मिल पा रहे थे। कैप्सूल कहाँ गिरा होगा, हमने सीधे इस बात का अनुमान लगाया। संयोगवश, यह वही जगह थी जहाँ सन् 1908 में एक विशालकाय उपग्रह गिरा था, अर्थात् साइबेरिया प्रदेश के टुंगुस्का क्षेत्र में। हर कोई परेशान होकर यही कह रहा था कि वह कुत्ता विस्फोट में मारा जाएगा। अचानक पैराशूट से जुड़े रेडियो एरियल्स से एक संकेत उभरा। इसका तात्पर्य था कि यान अस्तित्व में था। कुछ नगण्य बातों के अलावा यह एक अच्छी खबर थी। उन्हें ज्यों ही कक्षा के फेल होने का आभास हुआ था, उन्होंने फौरन डिस्ट्रक्स (नष्ट करने की) कमांड भेज दी थी। कुछ भी नहीं हुआ।''

वस्तुत: अनियंत्रित रि-एंट्री शुरू होने पर यान तब भी एक हिस्से में था, किंतु ऐसा कोई संकेत नहीं था जिससे पुष्ट हो पाता कि कुत्ता इंजेक्शन पॉड में जीवित बच गया था। शायद यह तब भी रि-एंट्री बॉल में फँसकर रह गया था। क्या विस्फोट का बैकअप टाइमर एक्टिवेटेड था? यदि ऐसा था, तो 64 घंटे बाद भयंकर टक्कर के साथ नीचे गिरकर विस्फोट में कुत्ते के परखच्चे उड़ जाते।

''बैकोनुर में शीघ्र ही दस लोग एक इल्यूशिन-14 पर सवार हो गए। उसमें एक खतरनाक कुत्ता था। के.जी.बी. ऑफिसरों को वोल्गा नदी पर स्थित समारा की रंगीनियतवाली जगह पर शराब में मस्त रहनेवाले टाइम-बम विशेषज्ञों की खोज में भेजा गया। 'उन्हें' एक पार्टी से ले जाकर साइबेरिया की उड़ान हेतु एक यान में बैठा दिया गया। अब हम उस यान के विस्फोट होने के बचे समय के बीतने का इंतजार कर रहे थे। चार्ज 64 घंटों से पहले भी ब्लास्ट हो सकता था। टाइमर में क्या हो रहा था, किसे पता था? यह एक बड़ा जोखिम था।''

यह कैप्सूल आर्कटिक सर्कल के निकट गिर गया। मार्च का महीना चल रहा था, इसलिए दुनिया के इस भाग में सूर्य का प्रकाश कुछ ही घंटों तक रहता है। सौभाग्यवश अँधेरा होने से पहले ही ऊपर पैराशूट नजर आ गया। बम को डिफ्यूज करके कुत्ते को बचा लिया गया।

इस नाटक को अंतरिक्ष यान से उचित रेडियो संपर्क कायम रखने की कठिनाई के कारण रचा गया था। अमेरिका को नासा के दुनिया भर में श्रवण पोस्ट होने का फायदा मिलता था जिससे वे अपने मरक्यूरी स्पेस कैप्सूलों के साथ संपर्क में रहते थे। अमेरिका ने ऑस्ट्रेलिया, नाइजीरिया, इंडिया केनारी आइलैंड्स और मैक्सिको के साथ कूटनीतिक संबंध बना रखे थे, ताकि उनके अंचलों में विशाल और शक्तिशाली डिशों को स्थापित किया जा सके। तत्पश्चात् संचारवहन इंजीनियरों ने

रिले टावरों की ग्रिड और समुद्र के नीचेवाले केबलों का विस्तृत जाल बिछाया, ताकि इन स्टेशनों को कैप कानवेरल यान प्रबंधकों से जोड़ा जा सकता। (ह्यूस्टन का विख्यात मिशन कंट्रोल सिस्टम का निर्माण तब पूरा नहीं हुआ था।) कुल मिलाकर 'मरक्यूरी ट्रैकिंग नेटवर्क' एक डिप्लोमेटिक एवं तकनीकी उपलब्धि थी, जो कि अंतरिक्ष यान की तरह ही प्रभावशाली थी। इससे एक अंतरराष्ट्रीय प्रणाली निर्मित हुई, जो आज भी काम कर रही है। नासा के अंतरिक्ष यान कभी भी तब तक संचार से बाहर नहीं रहते, जब तक कुछ देर के लिए वे चंद्रमा या अन्य ग्रह की ओट में न आ जाएँ।

सोवियत रूस ऐसी व्यवस्थाएँ नहीं कर पाता था, क्योंकि विदेशी सहयोगी सही ठिकानों में नहीं रहते थे। एक बार एक अंतरिक्ष यान देश के ही सुदूर क्षितिज में गायब होने के बाद संचार से कट गया। इसका हल था 12,000-टन कार्गो जहाजों का बेड़ा स्पेशल रेडियो मस्तूल के साथ सुसज्जित कर दुनिया के महासागरों में भेजना। वे इस अंतरिक्ष यान के आँकड़े को रूस में भेज देते, जहाँ उन संकेतों को कोरोलेव के निरीक्षण में बैकोनुर में प्रसारित करना होता। चूँकि पश्चिमवासी कार्गो जहाजों की रेडियो किरणों को अवरुद्ध कर सकते थे, इसलिए सुरक्षा के दृष्टिकोण से उन्हें कोड किया जाना जरूरी था। माझोरिन कहता है, "हमारे जहाज ऊपर से देखे जा रहे थे। विमान काफी नजदीक तक आकर तसवीरें खींच लेते थे। यद्यपि विदेशी अवलोकनकर्ता हमारे जहाजों में कभी नहीं आते थे, तथापि वे जहाजों के मकसद का अनुमान अपने ठिकाने से व नौकायन समय से जरूर लगाते थे, यदि वे जहाजों पर यात्रा करने आते तो जहाजी स्टाफ को यह निर्देश था कि वे तुरंत ही अपनी कोड पुस्तिकाएँ एक विशिष्ट स्टोव में जलाकर नष्ट कर दें। ज्यों ही प्रत्येक अंतरिक्ष मिशन समाप्त होता, ये जहाजी बेड़े निकल पड़ते और पैसे कमाने के लिए अपने कार्गो—अनाज इत्यादि डिलीवर करते।"

25 मार्च, 1961 (यूरी गागरिन से एक महीने पहले) को इवान इवानोविच ने पहली बार, वैसी ही अंतरिक्ष पोशाक में व उसी मॉडल की इंजेक्शन सीट व पैराशूट से सुसज्जित होकर, उड़ान भरी। उसने अपने वोस्टोक को अच्छी तरह उड़ाया और आराम से कुछ रेडियो संकेत वापस भेजे। हालाँकि अंतरिक्ष के विषय में उसका अवलोकन कुछ विचित्र था। वस्तुत: उसने गोभी का सूप बनाने का निर्देश प्रसारित किया। उस व्यंजन विधि के विवरण अब खो चुके हैं, लेकिन ऐसा लगता है कि यह किसी पश्चिमी केंद्र को उलझन में डालने के लिए जानबूझकर किया गया प्रयास था।

इवान की जमीन पर लैंडिंग या उतरने को लेकर प्रत्यक्षदर्शियों द्वारा गहरी चिंता जाहिर की गई। स्थानीय ग्रामीणों ने उसे अपने स्वयं के पैराशूट से नीचे उतरते देखा और पाया कि कुछ गड़बड़ जरूर थी। ज्यों ही इवान के पैर जमीन पर पड़े वह अचेत होकर गिर पड़ा। स्वाभाविक तौर पर ग्रामीण उसकी मदद के लिए दौड़े, लेकिन शीघ्र ही सैनिकों की एक टुकड़ी ने जमीन पर पड़े उसके अचेत शरीर को चारों ओर से घेर लिया। सैनिकों ने उसे बचाने का प्रयास नहीं किया। वे चुपचाप उसे घेरे खड़े हुए थे मानो उन्होंने उसे मरने के लिए छोड़ दिया हो। ग्रामीण भौचक्के रह गए।

हाल के समय में एक तरह का रूसी 'रोजवेल' मिथक इस घटना से जुड़ गया है। एक जाना-माना कॉस्मोनॉट यूरी गागरिन से पहले अंतरिक्ष में गया, जो लौटने के चरण में मारा गया। एक कम्युनिस्ट समर्थित ब्रिटिश समाचार पत्र 'दि डेली वर्कर' ने यूरी की उड़ान से दो दिन पहले इसके मॉस्को संवाददाता डेनिस आग्डेन द्वारा लिखित स्टोरी प्रकाशित की, जो एक प्रामाणिक इतिहास को नहीं दरशाती है। एक कार दुर्घटना में एक विख्यात पायलट के घायल होने को आग्डेन ने कॉस्मोनॉट बताते हुए उसे 'रोसिया' नामक अंतरिक्ष यान से जमीन पर बुरी हालत में गिरा हुआ निरूपित किया।

सन् 1979 में 'ब्रिटिश इंटरप्लेनेटरी सोसाइटी' के विशेषज्ञों ने इनमें से कुछ अफवाहों को गंभीरता से लिया—

"अंतरिक्ष में प्रवेश करनेवाले प्रथम व्यक्ति को लेकर कुछ विवाद सा है। एक फ्रांसीसी ब्रॉडकास्टर ने, जो अप्रैल 1961 के दौरान मॉस्को की यात्रा पर था, अपने विश्वसनीय स्रोतों से खुलासा किया कि एक प्रसिद्ध रूसी यान डिजाइनर के बेटे और दुस्साहसी पायलट सरजेई इल्यूशिन यूरी गागरिन के अंतरिक्ष यात्रा के तीन-चार हफ्ते पहले अपने प्रभाव का इस्तेमाल करते हुए स्वयं अंतरिक्ष में गया। उसके पृथ्वी पर लौटने पर रिकवरी टीम ने उसे बुरी तरह क्षत-विक्षत पाया, तभी से सरजेई इल्यूनिश कोमा में है।"

वस्तुतः सरजेई एक विख्यात वायुयान डिजाइनर था। उसके बेटे का नाम व्लादीमीर था; बोब्रॉवस्की तो किसी फ्रांसीसी नागरिक का नाम बिलकुल नहीं जान पड़ता। इस बात का ताल्लुक इन सभी अफवाहों से नहीं था कि कोरोलेव के लॉन्च टेक्नीशियनों द्वारा गहरे गाढ़े काले पैंट से इवान के चेहरे व उसकी पीठ पर 'माकेट' (अर्थात् डमी) शब्द लिखकर वोस्टोक के बॉल में बैठाकर उसे अंतरिक्ष के लिए रवाना कर दिया गया। और यह कि अंतरिक्ष से प्रसारित उसकी 'सूप' बनाने की

विधि किसी मनुष्य द्वारा सीधी न बताई जाकर एक टेप रिकॉर्डर का रिकॉर्ड हिस्सा था। ओलेग इवानोवस्की के संस्मरण के अनुसार, ''हमें अंतरिक्ष से मानवीय बातचीत के परीक्षण करने की आवश्यकता थी।'' इसलिए हमने एक टेप रिकॉर्डर साथ रखने का निर्णय लिया। तभी सुरक्षा अधिकारियों ने कहा, ''नहीं, क्योंकि यदि पश्चिम देशों में यह मानव आवाज सुनी गई तो वे सोचेंगे कि हम चोरी-छुपे वास्तविक कॉस्मोनॉट को जासूसी मिशन में अंतरिक्ष में भेज रहे हैं।'' याद रहे यह सबकुछ गैरी पावर्स कार्य के कुछ महीने पहले की बात है। इसलिए हमने सोचा कि इसके बदले कोई गाना रिकॉर्ड कर लिया जाए, किंतु सुरक्षा अधिकारियों का कहना था, 'क्या, पागल हो गए हो? पश्चिमवाले सोचेंगे कि कॉस्मोनॉट का दिमाग फिर गया, जो कि अपना मिशन पूरा करने के बदले गाने गा रहा है।' फिर तय किया गया कि एक कोरस गीत रिकॉर्ड किया जाए, क्योंकि कोई यह सोच भी नहीं सकता कि हमने सभी कोरस गायकों को अंतरिक्ष में भेजा है और अंततः हमने सूप बनाने की विधि के साथ-साथ यही किया।

9 मार्च को इवान से पहले एक डमी को अंतरिक्ष भेजा गया। इन दोनों सफल परीक्षणों के बाद कोरोलेव ने तय किया कि वोस्टोक वास्तविक पायलट के लिए तैयार था। कुछ जोखिम उठाने के अलावा उसके पास कोई विकल्प नहीं था। नासा का मरक्यूरी कार्यक्रम किसी अमेरिकी को अंतरिक्ष में भेजने की तैयारी में था। वे भी बहादुर सैन्य स्वयंसेवियों को मिसाइलों की मदद से सोवियत से पहले अंतरिक्ष में भेजकर इतिहास रचनेवाले थे।

संयोगवश माझोरिन और उसके मार्गदर्शक विशेषज्ञ के हाथ नासा द्वारा प्रकाशित कई प्रलेख लग गए थे। साथ ही उन्हें गोपनीय खुफिया विभाग से केप कानवेरल से आगामी प्रक्षेपण की तैयारियों की खबर मिल चुकी थी। इसके अलावा इंजीनियरिंग कार्यों में विलंब व मानवरहित परीक्षणों की असफलताओं के बारे में उन्हें जानकारी थी, जिसकी वजह से मरक्यूरी प्रोजेक्ट प्रारंभिक चरण में ही लड़खड़ा गया था। इससे यह तथ्य समझने में मदद मिलती है कि सोवियत की इतनी सारी अंतरिक्ष सफलताएँ अमेरिकी कामयाबी के मात्र कुछ सप्ताहों व कई बार कुछ दिनों से ही पीछे रहीं, ''मुझे याद है कि एक बार मुझे वह तीन पेजों का प्रलेख मिला जिसमें विभिन्न गोपनीय कक्ष (ऑर्बिट्स) के आँकड़े थे जिनका अनुसरण अमेरिकन उपग्रह कर रहे थे। उन्हें देखकर मैंने कहा, इसकी मुझे जरूरत ही क्या है। यह न्यूटन का गुरुत्वाकर्षण का सिद्धांत मात्र है। शायद हमारे जासूसों को ये नंबर कहीं से हासिल करने पड़े थे। बेशक हम जो कर रहे थे, अमेरिका को उसकी जानकारी

थी, लेकिन वे शांत ही रहे, क्योंकि हम शांत थे।

''दोनों पक्ष एक-दूसरे के बारे में कुछ न जानने का बहाना कर रहे थे। यह कोई परिपक्वता का परिचय तो नहीं था, किंतु यह दोनों ओर के तकनीकी विकास और हर किसी के लिए फायदेमंद वैश्विक उद्योग के विकास में सहायक रहा।''

अंतरराष्ट्रीय व्यूह रचना के इन जटिल खेलों से बिलकुल अलग, जो सर्वाधिक साधारण व सस्ती सुरक्षा एहतियात माझोरिन द्वारा अपनायी गई, वह मात्र कॉस्मोनॉट्स के लिए ही थी। ''हमने वोस्टोक के सर्वाइवल किट में एक पिस्तौल रख दिया, ताकि यदि हमारे कॉस्मोनॉट्स को संयोगवश अफ्रीका के जंगलों या ऐसे किसी स्थान पर उतरना पड़े और उन्हें जंगली जानवरों से स्वयं की सुरक्षा की जरूरत पड़े, तो यह उनके काम आ सके। निस्संदेह इसका आशय लोगों के लिए नहीं था। यदि कोई व्यक्ति उसे मिलते भी तो वह उनसे स्वयं की मदद करने को ही कहता, न कि उन पर गोली चलाता।''

□

5

उड़ान से पूर्व

सन् 1960 के अंत तक बीस सदस्यीय कॉस्मोनॉट के समूह से छह अभ्यर्थियों को वोस्टोक की प्रथम उड़ान के लिए चयनित किया गया था। यह चयन सूची विगत वर्ष के दौरान सभी कॉस्मोनॉट्स की योग्यताओं और उनके प्रशिक्षण रिकॉर्ड के आधार पर तैयार की गई थी। इसका एक और पैमाना था—कद की ऊँचाई या यों कहें इसका अभाव। वोस्टोक की इंजेक्टर सीट में एक सामान्य कद-काठी का पायलट ही समा सकता था। यूरी की छोटी कद-काठी इसके लिए आदर्श साबित हुई। यद्यपि अलेक्सेई लिओनोव इस कार्य हेतु अत्यधिक प्रवीण था, किंतु वोस्टोक की सीट के मुताबिक उसकी लंबाई बहुत ज्यादा थी।

7 मार्च, 1961 को वैलेंटिना गागरिना ने दूसरे बच्चे 'गाल्या' को जन्म दिया। इस खुशहाल माहौल के तीन हफ्ते बाद यूरी को बैकोनुर जाना पड़ा, जहाँ उसे और टिटोव को उनकी अंतिम उड़ान से पूर्व का परीक्षण करना था। अब तक छह लोगों की सूची में पहली उड़ान के लिए वे ही गंभीर अभ्यर्थी रह गए थे। अंतिम दोनों ही अभ्यर्थियों को यह आभास था कि प्रथम उड़ान हेतु अंतिम चयन निर्धारित तिथि—12 अप्रैल की पूर्व संध्या में घोषित किया जाएगा। दोनों के बीच काँटे की टक्कर थी। आज टिटोव कहता है, "बेशक मैं चाहता था कि मेरा चयन हो। मैं प्रथम अंतरिक्ष यात्री बनना चाहता था। आखिर क्यों न चाहूँ? केवल प्रथम बनने के लिए नहीं, बल्कि इसलिए भी कि हममें यह जानने की काफी उत्सुकता थी कि बाहर क्या है।"

टिटोव और यूरी आपसी सहयोग से ही एक-दूसरे को पीछे छोड़ना चाहते थे।

एक तीसरा सशक्त अभ्यर्थी था ग्रिगोरी ग्रिगोरियेविच नेल्युबोव। वह भी इस ऐतिहासिक उड़ान की दौड़ में था, लेकिन मार्च के अंत तक वह दौड़ से बाहर हो गया।

बैकोनुर आने पर इन दोनों कॉस्मोनॉट्स का पहला काम स्वयं को अंतरिक्ष पोशाक में सुसज्जित करना सीखना था। पोशाक बनाने का निर्णय सन् 1960 के मध्य में अथक विचार-विमर्श के बाद लिया गया था। बहुत से डिजाइनरों का मानना था कि वोस्टोक की प्रेशर शेल ही पायलट की रक्षा करने के लिए काफी थी। वहीं कोरोलेव सूट के और इसमें अलग से लाइफ सपोर्ट प्रणाली का अतिरिक्त भार लादे-जाने को लेकर पसोपेश में था। इसकी सुरक्षा के तर्कों से वह विश्वस्त था। उसने रूस के सर्वाधिक अनुभवी पायलट पोशाक साज और इंजेक्शन सिस्टम बनानेवाले व्यक्ति गाई सेवेरिन से संपर्क किया और कहा, ''हमें नौ महीने में पोशाकें चाहिए।''

सेवेरिन ने कोरियाई युद्ध के बाद जो हाई प्रेशर वायुयान पोशाकें तैयार की थीं, उसी आधार पर उसने इन अंतरिक्ष की पोशाकों को तैयार करने की योजना बनाई। सोवियत निर्मित मिग विमानों में कम्युनिस्ट समर्थक पायलट लड़ाई के दौरान यदि विमान अचानक मोड़ना होता था, तो वे बेहोश हो जाते थे, जबकि उनके अमेरिकी दुश्मन होशो-हवाश में रहते थे। सेवेरिन को लगा कि जी-फोर्स के विरुद्ध तंग प्रेशर-सूट मददगार होगा। पायलटों के बेहतर तरीके से पोशाक सज्जा के पश्चात्, अमेरिकी मिग-विमानों का पीछा करने में कम उत्सुक रहने लगे। ऐसी ही डिजाइन का प्रयोग करते हुए उसकी अंतरिक्ष पोशाक से आर-7 की गति बढ़ने के दौरान कॉस्मोनॉट को थामे रहेगा। इस तंग पोशाक से विशेषकर पैरों के आसपास से खून धड़ के निचले हिस्से में जमा नहीं हो पाएगा। न ही इससे दिमाग में खून की आपूर्ति रुकेगी। अंतरिक्ष पोशाक की मजबूत व एयरटाइट परतें कठोर नीले रंग की रबरयुक्त यौगिक से मिलकर बनी थीं। जबकि बाहरी नारंगी रंग की सामग्री जिससे पश्चिम के अवलोकनकर्ता प्रचारित तसवीरों से परिचित थे; वह जीवन रक्षण के लिए अहम नहीं थी। यह एक ऊपरी आवरण मात्र था जिससे विभिन्न उभार व जोड़ ढक जाते और सतह चिकनी नजर आती। इसे चमकदार रंगीन फैब्रिक से तैयार किया गया था, ताकि बर्फ आच्छादित प्रदेश में उतरने पर भी कॉस्मोनॉट को आसानी से पहचाना जा सके।

सेवेरिन इस अंतरिक्ष पोशाक की कार्यप्रणाली को समझाने के लिए उपस्थित था, जबकि कॉस्मोनॉट प्रशिक्षण का प्रमुख निकोलेई कामानिन इसका सूक्ष्म अवलोकन कर रहा था। यह सीख टेक्नीशियनों के लिए भी उपयोगी थी, जिन्हें काफी

कुशलतापूर्वक प्रत्येक घटक को सँभालने में सक्षम रहना था, ताकि प्रक्षेपण दिवस पर उन्हें सबकुछ याद रहे। दो अतिरिक्त पोशाकें भी आवंटित की गई थीं, ताकि जरूरत पड़ने तक असली पोशाकें साफ-सुथरी रहें। तत्पश्चात् पोशाक में पूर्णरूपेण सुसज्जित होकर, बारी-बारी से कॉस्मोनॉट्स एक नकली वोस्टोक बॉल में सवार हुए। लॉन्चिंग पैड के कर्मी उनके पट्टे बाँधने का अभ्यास कर रहे थे। कामानिन द्वारा इमरजेंसी इंजेक्शन चर्या का लगातार निरीक्षण किया जा रहा था। केबिन में समस्त नियंत्रण स्विचों को लगाना, पोशाक और हेलमेट के अच्छी तरह सील होने को सुनिश्चित करना, शरीर को अच्छी तरह तैयार करना, मांसपेशियों में खिंचाव लाना, ताकि आनेवाले भयंकर झटके को सहन किया जा सके। वास्तविक आपातस्थिति में यूरी और टिटोव को बिना एक क्षण गँवाए ये सब कार्य करने पड़ेंगे।

3 अप्रैल को दोनों प्रतिद्वंद्वी कॉस्मोनॉट्स अंतिम बार अंतरिक्ष की पोशाक में सुसज्जित हुए, ताकि वोस्टोक में चढ़ते हुए उनकी फिल्म बनाई जा सके। उन्होंने बारी-बारी से लॉन्च गैंट्री के नीचे खड़े होकर मर्मस्पर्शी भाषण दिए। भाषण के दौरान आर-7 के स्पष्ट विवरण प्रकट नहीं किए गए। असेंबली हैंगर में रॉकेट अब भी क्षैतिज अवस्था में रखा हुआ था, इसके अलावा इसके डिजाइन के विवरण के संबंध में काफी गोपनीयता बरती जानी थी। प्रक्षेपण तकनीशियनों द्वारा कॉस्मोनॉट्स को बॉल में सील करने की प्रक्रिया का मूक अभिनय किया जा रहा था। इन प्रक्रिया क्रमों को प्रमुख अंतरिक्ष यान के तैयारी हैंगर में प्रदर्शित किया जा रहा था, न कि लॉन्च पैड के पास। आगामी महीनों में बहुत से नकली दृश्यों को संक्षिप्त में जोड़कर प्रक्षेपण की तैयारियों की एक असली फिल्म बनाई जानी थी। निर्धारित प्रक्षेपण दिवस में कैमरामैन को गैंट्री स्टाफ द्वारा इतनी छूट नहीं दी जाएगी।

7 अप्रैल को टिटोव व यूरी कामानिन के साथ लॉन्च पैड पर पहुँचे। उन्होंने विस्तार से गैंट्री साज-सामानों का निरीक्षण किया और आग लग जाने की स्थिति में अपने बचाव के लिए वहाँ से दूर भागने का अभ्यास किया। यदि किसी कॉस्मोनॉट के बॉल के अंदर सील हो जाने के बाद व आर-7 रॉकेट जमीन छोड़ने से पहले कोई गड़बड़ी होती, तो वह इंजेक्शन सीट उसे दूर उछालकर परेशानी से बचा लेती, लेकिन इतनी कम ऊँचाई पर वह ऊपर आकाश की ओर इतना दूर नहीं जा पाता, जहाँ से उसका पैराशूट पूरी तरह खुल सकता। इसलिए इंजीनियरों ने पैड से 1,500 मीटर की दूरी तक एक विशाल जालीदार बचावयुक्ति तैयारी की थी, जिसमें वह कॉस्मोनॉट सुरक्षित जा गिरता। कई बार एक आदमकद पुतले से यह रिहर्सल किया जा चुका था, किंतु अब इस बार बात हकीकत की थी।

कामानिन ने कॉस्मोनॉट्स को मैनुअल विकल्प के विषय में स्मरण कराया। यदि वे पैड पर बैठकर ऊपर उठने (लिफ्ट ऑफ) का इंतजार कर रहे हैं और तत्क्षण ब्लैकहाउस के कंप्यूटर के रॉकेट में कुछ गड़बड़ी महसूस हुई तो कॉस्मोनॉट्स की सीट स्वयमेव उन्हें बाहर फेंक देगी। यदि ऐसा नहीं हो पाता है तो कंट्रोल बंकर में सरजेई कोरोलेव के पास रिमोट कंट्रोल से सीट को क्रियाशील करने का एक बटन था। साथ ही उसने आदेश दे रखा था कि बंकर में दो अन्य संतुलित दिमाग के लोगों के पास भी ऐसा ही बटन होना चाहिए। लेकिन इनमें से कोई सुरक्षात्मक उपाय कारगर न होने की स्थिति यदि बन जाए, तब? तब कॉस्मोनॉट को स्वयं की पहल से सीट इंजेक्ट करनी होगी, ठीक उसी तरह जैसे हमलाग्रस्त मिग से पायलट बाहर आता है।

इसी समय व्याख्यान के दौरान टिटोव ने एक बड़ी दुर्भाग्यपूर्ण टिप्पणी कर दी, जो कामानिन की डायरी में 7 अप्रैल की तिथि में दर्ज है, ''इसकी चिंता करना शायद समय की बरबादी है। ऑटोमैटिक इंजेक्ट सिस्टम बेहिचक काम करेगा।''

कामानिन तब अपने दूसरे अभ्यर्थी की ओर मुड़ा, ''यूरी, तुम्हारा क्या खयाल है?''

यूरी ने उत्तर देने से पहले इस पर गंभीरता से विचार किया। उसके उत्तर को पढ़कर कोई भी यह समझ सकता है कि वह टिटोव को निराश नहीं करना चाहता था या उन इंजीनियरों के कौशल की अवहेलना नहीं करना चाहता था, जिन्होंने इस ऑटोमैटिक प्रणाली को निर्मित किया था। यद्यपि कामानिन एक अलग राय ही सुनना चाहता था। यूरी ने उत्तर में कहा, ''मैं इस बात से सहमत हूँ कि ऑटोमैटिक प्रणाली हमें निराश नहीं करेगी, लेकिन यदि उसके असफल होने की स्थिति में मुझे स्वयं इंजेक्ट करना आता है, तो उससे मेरे जीवित बचे रहने के अवसर बढ़ जाएँगे।'' इस पर कामानिन ने कोई खास प्रत्युत्तर नहीं दिया, लेकिन उसने इस संपूर्ण विचार-विमर्श को सावधानी से लिख लिया।

मैंने यूरी पर पैनी नजर रखी थी और आज उसने अच्छा किया था। शांतचित्तता, आत्मविश्वास और ज्ञानपरक होना उसकी प्रमुख विशेषताएँ थीं, उसके व्यवहार में मुझे एक भी अनुपयुक्त बात नहीं मिली।

वस्तुत: कामानिन प्रथम अंतरिक्ष यात्री के चयन को लेकर काफी कशमकश में दिखाई देता था। एक दिन पहले तक उसका झुकाव टिटोव की तरफ था।

''वह अपना अभ्यास व प्रशिक्षण ज्यादा मुस्तैदी से करता था और व्यर्थ बकवास में समय नहीं बिताता था। यूरी के मामले में वह ऑटोमैटिक स्पेयर

पैराशूट छूटने के महत्त्व को लेकर संदेह में है। पूर्व की एक वार्ता में मैंने पहले ही सुझाव दिया था कि कॉस्मोनॉट्स वायुयान से इंजेक्शन का प्रशिक्षण करते हैं, लेकिन यूरी ऐसा करने का इच्छुक नहीं था।''

कामानिन ने दोनों में से प्रत्येक कॉस्मोनॉट पर पैराशूट से बचाव के प्रशिक्षण में असफल रहने का आरोप लगाया था। अंततः उसकी अंतिम अनुशंसा पर एक ऐसी बात का असर पड़ा, जो उसके बूते की बात नहीं थी। वह थी स्कूल शिक्षक के बेटे की जगह एक कृषक के बेटे का पक्षधर राजनैतिक दबाव, किंतु उसकी डायरी में उसकी अंतिम अनुशंसा हेतु अपेक्षाकृत अधिक सूक्ष्म कारण मिलता है।

> ''टिटोव का चरित्र अपेक्षाकृत ज्यादा मजबूत है। केवल एक ही बात से मैं उसके पक्ष में निर्णय नहीं दे पा रहा हूँ, वह यह कि 24 घंटे की उड़ान के लिए शारीरिक रूप से ज्यादा मजबूत सक्षम कॉस्मोनॉट की आवश्यकता थी…यह तय करना कठिन है कि उनमें से किसे मरने के लिए भेजा जाए; और उतना ही कठिन यह तय करना है कि इन दो भद्र पुरुषों में से किसे पूरी दुनिया में शोहरत दिलाई जाए!''

जाहिर तौर पर कामानिन को यकीन था कि यूरी सिंगल ऑर्बिट मिशन की उड़ान हेतु सक्षम था। जिस पर अब प्रथम मानवचालित अंतरिक्ष उड़ान के लिए निर्णय लिया गया था। उसने निकट भविष्य में अपेक्षाकृत लंबी अवधि की उड़ान के लिए टिटोव का नाम आरक्षित कर लिया था। ऐसी परिस्थितियों में संभवतः टिटोव को यह तर्क उसके बेहतर अनुशासन के लिए प्रशस्ति स्वरूप महसूस नहीं हुआ होगा।

कुछ समय पहले आर-16 में घातक गलती के बाद मार्शल नेडेलिन ने बैकोनुर में जो पहले के ब्लॉक हाउस की अपेक्षा कार्यशीलता की दृष्टि से बेहतर था; पास ही ठंडी जलधारा धीमीगति से बहती थी। शीत ऋतु के दौरान कड़ाके की सरदी में इस भवन का उपयुक्त प्रयोग संभव नहीं था। गरमी में हवा न चलने की स्थिति भी उपयुक्त नहीं थी, किंतु अप्रैल में जब स्टेपी की हरियाली कुछ हफ्तों के लिए अस्तित्व में रहती और हवा में पौधों की खुशबू महकती, तब ऐसे समय में यह समर हाउस पार्टी मनाने के लिए बेहतरीन स्थान हुआ करता था।

आज 63 वर्ष की उम्र में घर्मन टिटोव पुराने समर हाउस की जीर्ण-शीर्ण दशा पर दुःख प्रकट करते हुए कहता है, ''अब यह यहाँ पर हवादार है। यहाँ कुछ इल्म (चौड़े पत्तेवाले ऊँचे) के वृक्ष थे, जिन्हें काट दिया गया है। उनके बदले

दूसरे वृक्ष लगाए जाने चाहिए थे, लेकिन परवाह किसे है? नए रूसवासियों को इसमें रुचि ही नहीं है। उनके लिए तो अंतरिक्ष में उड़ना एक व्यवसाय ही है। कम-से-कम निकिता ख्रुश्चेव की देखरेख में कॉस्मोनॉटिक्स का विकास हो रहा था। आज के डेमोक्रेट्स के समय में तो सबकुछ पतनशील है। ये सारा इतिहास किसके लिए हैं। ये मूर्ख नहीं समझते कि उनकी मौत के बाद उनकी यादों को भी मिटा दिया जाएगा। एक टीला भी नहीं बचेगा। एक समाधि भी नहीं।''

टिटोव की नजर में इतिहास की अहमियत है, क्योंकि 9 अप्रैल, 1961 को प्रथम मानवचालित वोस्टोक उड़ान की नियत तिथि से तीन दिन पहले ऐतिहासिक महानता से उसे रहित करने के मौके पर वोदका, ताजे संतरे, सेब और दूसरे शाही भोजन को एक लंबी टेबल पर परोसा गया था। व्लादीमीर सुवोरोव (अधिकृत कैमरामैन) ने रंगीन फिल्म में इस दृश्य को कैद किया।

इससे एक दिन पहले बैकोनुर के दूसरे भाग में कोरोलेव, केल्डिश व कामानिन की विशेष उपस्थिति में स्टेट कमेटी की विशेष बैठक में प्रथम अंतरिक्ष यात्री का चयन किया गया था। इस औपचारिक घटना को भी सुवोरोव ने अपने कैमरे में कैद किया। उनके सामने छह प्रमुख अभ्यर्थी खड़े थे। उसी समय यूरी गागरिन का नाम ऐतिहासिक कमीशन के लिए घोषित किया गया। वस्तुतः सभी बातों का मंचन किया गया था। समिति के एक दिन पहले ही गोपनीय सत्र में बैठक संपन्न हो चुकी थी, जिसमें कोई भी कॉस्मोनॉट उपस्थित नहीं था।

इसके पश्चात् निकोलेई कामानिन ने यूरी और टिटोव को अपने कार्यालय में बुलाया और उन्हें सारी बातें बता दीं। गागरिन को कमांडर और टिटोव को उसका स्थानापन्न होने की बात का रहस्योद्घाटन किया गया। कोई सफाई नहीं माँगी गई, कुछ भी नहीं। यूरी अपनी स्वाभाविक मुसकराहट को दबाते हुए अपना कर्तव्य अच्छी तरह निभाने का वचन दे रहा था। टिटोव कहता है, ''कुछ लोगों से तुम्हें मालूम हो सकता है कि मैंने उसे गले से लगा लिया। यह सब बकवास है। ऐसा कुछ भी नहीं हुआ, किंतु निर्णय तो लिया जा चुका था। इस बात को मैं समझता था।'' कामानिन ने अपनी डायरी में लिखा है, ''टिटोव की निराशा बिलकुल साफ थी।''

अगली सुबह समर हाउस में समारोह का आयोजन किया गया, जहाँ टिटोव ने अपने जज्बातों को काबू में रखा। ''बेशक मैं नाराज था, किंतु सबकुछ पूर्व निर्धारित तरीके से होता रहा।'' अब वह इस बात से खुश है कि उस दिन कुछ गड़बड़ नहीं हुआ। यदि उससे कुछ गड़बड़ हो जाती तो, क्या होता! इसकी वजह यह थी कि उसे पूरा यकीन था कि उसे ही प्रथम अंतरिक्ष यात्री के लिए चुना जाएगा।

बेशक प्रथम अंतरिक्ष यात्री के चयन में सर्वोच्च स्तरों की मदद ली गई थी। ख्रुश्चेव के विश्वासपात्र सलाहकार व भाषण लेखक फ्योडोर बटलेट्स्की को पुख्ता जानकारी है कि क्यों टिटोव के बदले यूरी के पक्ष में निर्णय लिया गया। ''यूरी और ख्रुश्चेव कई मायनों में एक जैसे थे। दोनों का रूसी चरित्र भी एक सा ही था। टिटोव ज्यादा आत्मकेंद्रित था, वह खुलकर मुसकराता भी नहीं था। उसके व्यक्तित्व में आकर्षण नहीं था। ऐसा नहीं है कि अकेले ख्रुश्चेव ने ही यूरी का चयन किया, भाग्य भी उसके साथ था।''

ख्रुश्चेव और यूरी दोनों कृषक पुत्र थे, जबकि टिटोव मध्यम वर्ग से ताल्लुक रखता था। यदि यूरी सर्वोच्च ऊँचाई पर पहुँच सकता तो उसी निम्न वर्ग से ख्रुश्चेव की पदोन्नति भी वैध ठहरायी जाती। क्या इस बात में सच्चाई नहीं थी? टिटोव अब इस बात को स्वीकार कर सकता है। उसके मुताबिक, ''मैं प्रथम होना चाहता था। क्यों नहीं? कई वर्ष बीत गए हैं और मैं कहना चाहूँगा कि उनकी पसंद सही थी। ऐसा सरकार के कारण नहीं था, बल्कि यूरा (यूरी) एक ऐसा शख्स था जिसे सभी पसंद करते थे। जब उसकी मौत के बाद मैं उसके माता-पिता से मिलने स्मोलेंस्क प्रदेश में गया, तब मैंने यह बात महसूस की थी। मैं तुम्हें बताता हूँ यूरा (यूरी) का चयन बिलकुल सही था।''

यूरी का एक अकादमिक वृद्ध ट्यूटर सरजेई बेलोटसरकोवस्की मानता है कि एक अन्य कॉस्मोनॉट, ब्लादीमीर प्रथम उड़ान के लिए चयनित होनेवाला था, किंतु उसके परिवार को आधिकारिक तौर पर सजा हो गई थी। बेलोटसरकोवस्की यूरी के अंतिम चयन को सौभाग्यशाली गलती का परिणाम मानता है। वह कहता है, ''जब मुझे इस बात का पता चला कि यूरा (यूरी) के भाई और बहन को जर्मन सैनिकों द्वारा बंधक बनाया गया था, तो मैं हैरान रह गया। सामान्यतः ऐसी घटना को परिवार के नाम पर धब्बा समझा जाता है। यह बात या तो संबंधित अधिकारियों की नजर में नहीं आई या उन्होंने इसे नजरअंदाज कर दिया। यदि आप इसे गलती कहेंगे तो यह बहुत उपयोगी गलती थी। यदि महत्त्वपूर्ण ओहदों के चयन में ऐसी कुछ और गलतियाँ हमसे हो गई होतीं तो हमारे देश को इतनी सारी समस्याओं का सामना नहीं करना पड़ा होता। नियमों के प्रति अनौपचारिक दृष्टिकोण रखनेवाले नेता, जैसे कि कोरोलेव, सामान्यतः नैतिकता का ऊँचा स्तर अपनानेवाले सिद्ध होते हैं।''

11 अप्रैल को सुबह 5:00 बजे आर-7, जिसके अग्रभाग (नोज) पर वोस्टोक स्थापित था, उसे भोर से पहले की ठंड में लुढ़काते हुए निकाला गया। तत्पश्चात् उसे रेलकार पर रखे हाइड्रालिक प्लेटफॉर्म पर क्षैतिज रखा गया। कोरोलेव ट्रैक

के साथ-साथ आगे चलते हुए एक चिंतित पिता की तरह रॉकेट पुत्र के साथ चल रहा था। रेलकार पैदल से भी धीमी गति से चल रही थी, ताकि रॉकेट में कंपन के कारण कोई क्षति न पहुँच सके। चार किलोमीटर की दूरी तक रास्ते भर कोरोलेव इसके साथ-साथ चलता रहा। टिटोव बताता है, ''इस रॉकेट को आप चीफ डिजाइनर का छोटा सा बच्चा कह सकते हैं। इसी कारण वह रास्ते भर पैदल यात्री की तरह इसके साथ चलता रहा । पैड तक जानेवाले यह वाहन काफी धीमे होते हैं। ऐसे मौकों पर गति के साथ समस्याएँ भी जुड़ी रहती हैं। वोस्टोक रॉकेट शक्तिशाली होने के साथ-साथ नाजुक भी होते हैं। खासकर वह पहलेवाले।''

उस दिन दोपहर के एक बजे कोरोलेव यूरी और टिटोव को अंतिम रिहर्सल के बोर्डिंग रिहर्सल के लिए लंबवत खड़े रॉकेट के बराबर से चढ़ते हुए गैंट्री के शीर्ष तक ले गया। अचानक गहरी थकान के कारण उसे काफी कमजोरी महसूस होने लगी। गैंट्री से नीचे आते समय व लॉन्च कॉप्लेक्स के बाहर उसके कॉटेज तक उसे सहारे की जरूरत पड़ी। उस समय यूरी ने पाया कि उसके रोबदार चेहरे के पीछे एक कमजोर व्यक्ति था।

इस बीच सारातोव की सीमा पर बने सेना के बैरकों पर जनरल एंड्रेई स्टुचेंको को क्रेमलिन के किसी वरिष्ठ व रसूखदार व्यक्ति के फोन ने पौ फटने से पहले ही जगा दिया। ''जल्द ही एक शख्स अंतरिक्ष में उड़ान भरनेवाला है। वह अंतरिक्ष यात्री तुम्हारे क्षेत्र में ही उतरेगा। तुम्हें उसके सुरक्षित उतरने व स्वागत का प्रबंध करना है। अपने होशोहवाश में तुम इसका उत्तर दो।'' स्टुचेंको ने आज्ञापालन का वचन दिया। उसने अपने अंचल का नक्शा उठाया व पूरा दिन वहाँ अपने सैनिकों को तैनात करते हुए बिताया, ताकि किसी लड़के के आसमान से नीचे उतरने का अजूबा देखा जा सके।

उड़ान की पूर्व संध्या पर टिटोव और यूरी लॉन्चिंग पैड से कुछ किलोमीटर की दूरी पर बने कॉटेज में बैठ गए। निकोलाई कामानिन कुछ देर के लिए उससे मिलने गए। जैसा कि उसकी डायरी में लिखा है, यूरी कुछ क्षणों के लिए उसे एक ओर ले गया और तनावपूर्वक धीरे से उसके कान में फुसफुसाया—''जानते हैं, मेरी मानसिक स्थिति शायद सही नहीं है।''

''ऐसा क्यों?''

''कल सुबह की उड़ान है और मुझे जरा भी चिंता नहीं है। रंचमात्र भी नहीं। क्या यह स्थिति सामान्य है?''

''ये तो बहुत अच्छी बात है यूरी, मुझे बड़ी खुशी है। शुभरात्रि!''

कोरोलेव भी कुछ देर के लिए अपने कॉस्मोनॉट्स से मिलने आया। उसने कहा, ''मुझे नहीं पता कि किसलिए इतना बखेड़ा खड़ा किया जा रहा है। अब से पाँच साल बाद अंतरिक्ष में छुट्टियाँ मनायी जा रही होंगी।'' हर कोई हँसने लगा। कोरोलेव ने धीरे से अपनी घड़ी की ओर देखा और गुडनाइट कहा। यह दोनों कॉस्मोनॉट्स के लिए सो जाने का संकेत था। व्लादीमीर याजदोवस्की मेडिकल प्रिपेरेशन के वरिष्ठ डायरेक्टर ने अपने कमरे में डॉक्टरों के लिए एक पार्टी देने की तैयारी में दिन बिताया था। उसने गद्दों में तनाव मापक यंत्र छिपा रखे थे, ताकि कॉस्मोनॉट्स की नींद में करवटें बदलने और बेचैनी की स्थिति को जाँचा जा सके। इसके तारों को कॉटेज के बाहर निकालकर बैटरियों के क्लच में लगाया गया था। एक डाटा केबल कुछ सौ मीटर लंबाई की दूरी से होकर एक अन्य भवन तक ले जाया गया था, जहाँ डॉक्टरों द्वारा डायल इत्यादि लगाए जा सकें। बेशक प्रयोग को गोपनीय रखा जाना था, लेकिन यूरी और टिटोव को उनके कटु अनुभवों से समझ आ गया कि निश्चित तौर पर डॉक्टरों द्वारा किसी भी समय ऐसा कुछ मनोरंजन किया जाएगा। ''की होल से कोई भी नहीं झाँक रहा है, लेकिन तुम्हें मालूम है कि तुम पर नजर रखी जा रही है।'' इतिहास में दर्ज है कि दोनों व्यक्ति बहुत अच्छी तरह सोए। सामान्य मानसिकता से कुछ और ही सोचा जा सकता है। यूरी ने अंततः कोरोलेव के सामने स्वीकारा कि उसे झपकी भी नहीं आई। उसके मन में आगे होने वाली उड़ान की बातें ही हावी रही थीं। वह शांत होते हुए एकाग्र होने की कोशिश कर रहा था, ताकि सुबह डॉक्टर उसे अच्छी तरह आराम किया हुआ घोषित कर सकें। निस्संदेह उसके अति अनुशासनप्रिय स्थानापन्न ने भी वही युक्ति अपनायी थी। परिणामस्वरूप दोनों व्यक्ति सुबह कम तरोताजा लग रहे थे। सोने से पहले यूरी ने कामानिन को बताया कि उसे सदा से प्रथम अंतरिक्ष यात्री बनने के लिए टिटोव के प्रति उतना ही विश्वास था जितना स्वयं के प्रति। उसे मालूम था कि पिछली रात नींद में गड़बड़ी के संकेत मात्र से पाँसा पलट सकता था। महीनों बाद उसने मजाक में ही कोरोलेव से कहा कि 12 अप्रैल की सुबह उसकी अंतरिक्ष में उड़ान की एकमात्र वजह थी कि टिटोव पिछली रात बिस्तर उलट-पलट रहा था।

अमेरिकी खुफिया विशेषज्ञों को अच्छी तरह मालूम था कि वोस्टोक के प्रक्षेपण की तैयारियाँ चल रही थीं। वाशिंगटन का समय बैकोनुर से आठ घंटे पीछे था। जब कॉस्मोनॉट्स अपने तार लगे गद्दों में सो रहे थे, प्रेसीडेंट कैनेडी क्रेस्ट टूथपेस्ट द्वारा प्रायोजित एन.बी.सी. के शाम के दूरदर्शन प्रोग्राम में उपस्थित हुए।

वह और उसकी पत्नी रिपोर्टरों से अपने बच्चों का लालन-पालन करने की कठिनाइयों और प्रेसीडेंट के कुशल प्रबंधन के विषय में बातें कर रहे थे। कैनेडी ने चर्चा के दौरान बताया कि राजनीतिक घटनाक्रम बाहरी दुनिया से उतना जटिल व सूक्ष्म नजर नहीं आता जितना ओवल ऑफिस के अंदर से लगता है। टेलीविजन कैमरा के सामने मुसकराते और हँसी-मजाक करते हुए भी, उसे मालूम था कि कुछ ही घंटों में एक महत्त्वपूर्ण पराजय उसका इंतजार कर रही है।

12 अप्रैल को सुबह साढ़े पाँच बजे कोरोलेव व याजदोवस्की ने कॉस्मोनॉट्स के अँधेरे कमरे में प्रवेश किया। वे पूरी तरह तरोताजा और खुश थे और बिजली का प्रकाश ऑन कर दिया। यूरी और टिटोव गहरी और आराम की नींद से जाग पड़े। ''नींद तो अच्छी आई?'' डॉक्टरों ने पूछा।

''आपने हमें सिखाया जो था।''

यूरी ने सावधानी से उत्तर दिया। कोरोलेव अपने रॉकेट की जाँच करने के लिए चला गया। टिटोव व यूरी के तैयार हो जाने के बाद वह दिन में उनके साथ नाश्ते और भोजन के लिए रहा। उस दिन की बातों के काफी सेंसर्ड प्रकाशित विवरण, 'द रोड टू द स्टार्स' में कोरोलेव की थकान स्पष्ट है—

> ''चीफ डिजाइनर अंदर आया। यह पहला मौका था जब मैंने उसे इतना परेशान व थका हुआ देखा। जाहिर था कि वह रात भर सोया नहीं था। मैं अपने पिता की तरह उसके गले लगना चाहता था। आगामी उड़ान के लिए उसने हमें कुछ उपयोगी सलाह दी और मुझे ऐसा लगा कि हम कॉस्मोनॉट्स से बातें करके वह थोड़ा खुश नजर आ रहा था।''

कॉस्मोनॉट्स की अंतिम जाँच करने के लिए एक अन्य भवन से डॉक्टर आ गए। टिटोव और गागरिन धैर्यपूर्वक अर्द्धनग्न अवस्था में वहाँ खड़े हुए थे। उनके धड़ पर पैड चिपकाए जा रहे थे। स्टार सिटी के डायरेक्टर येवजेनी कारपोव ने दोनों को चीयर अप करने के लिए फूलों के गुलदस्ते भेंट किए। वस्तुतः वह उन गुलदस्तों को क्लावडिया आकिमोवना नामक एक वृद्ध महिला की ओर से उन्हें भेंट कर रहा था। वह वहीं कॉटेज में रहती थी। यूरी की तरह उसका एक बेटा पायलट था, जो युद्ध में मारा गया था।

नाश्ते के बाद जब डॉक्टरों ने पैड और ग्लू का काम पूरा कर लिया था, तो कॉस्मोनॉट्स को प्रमुख अंतरिक्ष यान भवन की तरफ ले जाया गया। वोस्टोक के निर्माण का विशाल फर्श खाली था। रॉकेट और कैप्सूल को पहले ही बाहर लाकर

पैड पर रखा जा चुका था। अब तक टिटोव और यूरी के साथ समान व्यवहार किया गया था।

अब सूटिंग रूम के स्वच्छ दूधिया प्रकाश में उन्हें पोशाक सज्जा कराई जानी थी। टिटोव को सर्वप्रथम पैडयुक्त अंडरगारमेंट दिए गए; उसने अपना प्रेशर सूट भी पहले पहना, नारंगी रंग की चमकदार बाहरी परत भी उसने ही पहले धारण की। उसके पूरी तरह पोशाक पहनकर तैयार होने तक यूरी तैयार नहीं था। टिटोव जानता था कि इसमें खुशी से उत्तेजित होने जैसी कोई बात नहीं थी। टेक्नीशियनों ने पहले उसे और बाद में यूरी को इसलिए तैयार किया था, ताकि प्रथम कॉस्मोनॉट को वहाँ और लॉन्च पैड के बीच अपनी पोशाक में गरमी सहन करते हुए कम समय बिताना पड़ता। अचानक कुछ हो जाने की स्थिति में टिटोव को तैयार रहना था। टिटोव अपनी पोशाक में यूरी की तुलना में कुछ ज्यादा गरमी महसूस कर रहा था, लेकिन वह उतना ही तैयार था जितना यूरी। अब उसे मालूम हो गया था कि पहले तैयार होने का मतलब निश्चित तौर पर दूसरा रहना था।

यूरी को स्वयं के सदमे से निबटना पड़ रहा था। इस उड़ान के अपने आधिकारिक वर्णन 'द रोड टू द स्टार्स' में उसने लिखा है, "मुझे अंतरिक्ष पोशाक पहनने में मदद करनेवाले लोगों के हाथों में कागज के टुकड़े थे। एक ने तो अपने वर्क पास को ही आगे बढ़ाकर ऑटोग्राफ देने के लिए कहा। मैं इनकार नहीं कर सका और कई बार हस्ताक्षर किए।" येवजेनी कारपोव अंतिम क्षण तक यूरी को देखता रहा। उसने इन सभी ऑटोग्राफ्स के विषय में उस कॉस्मोनॉट (यूरी) की चिंता को पढ़ा। "उसके बैकोनुर पहुँचने से लेकर अब तक पहली बार वह मंद और लोगों को हमेशा की तरह त्वरित उत्तर देने में अक्षम था।"

उसने पूछा, "क्या यह सचमुच जरूरी है?"

मैंने कहा, "यूरा! तुम इसके आदी हो जाओगे। अपनी इस उड़ान के बाद इस तरह के करोड़ों हस्ताक्षर तुम कर रहे होगे।"

इससे पहले कई महीनों के तकनीकी और शारीरिक प्रशिक्षण के दौरान यूरी के पास इस बात को सोचने का समय ही नहीं था कि आज के मिशन से धरती पर वापस आने के बाद क्या हो सकता था। अब जब काफी देर हो चुकी थी, उसे उस बड़ी सामाजिक जिम्मेदारी की झलक मिल गई थी, जो उसके कंधों पर रखी गई थी।

बीसवीं शताब्दी की सर्वाधिक विशिष्ट पोशाक से सुसज्जित होकर यूरी और टिटोव बस में अपनी सीटों पर आकर बैठ गए। उनकी अंतरिक्ष पोशाक व हेलमेट

एक जैसे थे। आज उनमें से कोई एक उड़ान पर जा सकता था, किंतु किस्मत का कुछ ऐसा खेल था कि यह इतिहास यूरी द्वारा ही रचा जाना था। जब बस लॉन्च गैंट्री के नजदीक पहुँची तो टिटोव ने उसे शुभकामनाएँ दीं। कैमरामैन व्लादीमीर सुवोरोव ने इस दृश्य को अपनी डायरी में दर्ज किया है।

''हमारी पुरानी रूसी प्रथा के मुताबिक ऐसे अवसरों पर विदा लेनेवाले व्यक्ति को तीन बार उसके गालों पर चूमा जाता है, किंतु भारी-भरकम पोशाक व हेलमेट पहने हुए ऐसा किया जाना बिलकुल नामुमकिन है। इसलिए उन्होंने अपना हेलमेट एक-दूसरे से टकराया, जो कि बड़ा मजेदार लगा। तत्पश्चात यूरी बस से उतरा और चीफ डिजाइनर की तरफ बढ़ गया। जाहिर तौर पर उस पोशाक में उसका चल पाना सहज नहीं था।''

टिटोव बस में अपनी सीट पर ही बैठे हुए खिड़की से कंकरीट से बना कंट्रोल बंकर निहार रहा था, जिसे साही (हेजहॉग) कहा जाता था। यह छत पर विशाल नुकीली काँटों सी संरचना थी। इसके पीछे सिद्धांत यह था कि यदि कोई मिसफायरिंग रॉकेट इस बंकर के ऊपर आ गिरता तो इसकी नुकीली संरचना (हेजहॉग) से टकराकर टुकड़े-टुकड़े हो जाता। टिटोव ने उस दिन के विचारों को अपने संस्मरण में लिखा है, ''हमने लंबे अरसे तक साथ-साथ प्रशिक्षण लिया था। हम दोनों लड़ाकू विमान के पायलट थे, इसलिए हम एक-दूसरे को समझते थे। वह उड़ान का नेतृत्व कर रहा था और जरूरत पड़ने पर मैं उसका बैक-अप था, लेकिन हम दोनों जानते थे कि ऐसी जरूरत नहीं पड़ेगी। इस अंतिम चरण में भला क्या हो सकता था, बस और लॉन्च गैंट्री के बीच उसे जुकाम तो नहीं हो जाता। उसकी टाँग तो नहीं टूट जाती। यह सब निरर्थक बातें थीं। हमें साथ-साथ लॉन्च पैड तक जाना ही नहीं था। हममें से कोई एक ही चला गया होता।''

फिर भी, टिटोव इस बात को स्वीकारता है कि एक पूरी न होनेवाली कामना उसके दिमाग में घूम रही थी, ''शायद कुछ होगा तो नहीं, फिर भी यदि···? नहीं, अब कुछ भी नहीं हो सकता, लेकिन यदि···?''

मेडिकल प्रिपेरेशन के डायरेक्टर, व्लादीमीर याजदोवस्की को टिटोव के बस में रहने के दौरान का स्पंदनशील तनाव याद है। ''बेशक उसे उम्मीद थी कि जब गागरिन कैप्सूल के नजदीक पहुँचेगा, तब उसके स्पेस अंतरिक्ष पोशाक पर एक छोटा कटा भाग नजर आएगा और देखते-ही-देखते नंबर-2 उड़ान की कमांड सँभालेगा, किंतु यूरी बड़ी सावधानी से लॉन्च टावर लिफ्ट केज में प्रवेश करके कैप्सूल में चढ़ा और केबिन में बैठ गया। जब उसने मुझे रिपोर्ट किया कि वह

अपनी जगह में सुरक्षित तरीके से पट्टा बाँधकर बैठ गया, तो मैंने टिटोव को अपनी अंतरिक्ष पोशाक उतारने के लिए कहा। उसने बेतुके ढंग से, परेशान सा जवाब दिया, लेकिन उसके बाद वह शांत हो गया। उसमें कोई और भाव प्रकट नहीं हुआ।''

गैंट्री बेस के आसपास यूरी को पहली अंतरिक्ष यात्रा की बधाई देने के लिए कोरोलेव, एकेडमीशियन केल्डिश व कई अन्य नामी-गिरामी हस्तियाँ मौजूद थीं। कोरोलेव ने कहा, अच्छा, तो अब जाने का समय हो गया। बॉल के अंदर कैसा महसूस होता है, यह जानने के लिए मैं पहले ही वहाँ जा चुका हूँ। उसने अपनी जेब से एक छोटी षट्कोण आकार की धातु निकाली जो कि सन् 1959 में एक साधारण स्वचालित 'ल्यूनिक' प्रोब में चंद्रमा में भेजी गई स्मृतिपटल की अनुकृति थी। इसकी निर्धारित क्रेश लैंडिंग के कारण ऐसे दर्जनों स्मृतिपटल सभी ओर बिखर गए थे। 'यूरी अलेक्सेंयेविच, एक दिन तुम शायद ऐसा असली स्मृतिपटल चुन लोगे।'

निकोलाई कामानिन ने अपनी डायरी में लिखा है—

> ''यूरी के बस से उतरकर चले जाने के बाद सभी ने अपनी भावनाओं की अभिव्यक्ति की और एक-दूसरे को गले मिलने व चूमने लगे। उसे शुभ यात्रा की कामनाएँ करने की जगह कुछ लोगों की आँखों से आँसू टपक रहे थे मानो हमेशा के लिए विदा ले रहे हों। हमें जोर लगाकर कॉस्मोनॉट (यूरी) को उनकी बाँहों से अलग करना पड़ा।''

तत्पश्चात् कोरोलेव ने बंकर की ओर कदम बढ़ाया और हेजहॉग के नीचे अदृश्य हो गया। यूरी ऊपर चढ़ता रहा और टिटोव नीचे रुका रहा।

जब यूरी पैड के शीर्षस्थ पर चढ़कर लिफ्ट में चला गया, और वोस्टोक की रिम के ऊपर अपने पैरों को उठाया, तो तकनीशियनों ने उसके कंधों को सहारा देकर उसे इंजेक्शन सीट पर पहुँचाया। उसके सीट पर आ जाने के बाद ओलेग इवानोवस्की और चीफ टेस्ट पायलट मार्क गलाई ने केबिन के अंदर झुककर उसके पट्टों के खुले छोरों को सीट से कसकर बाँध दिया। इसके बाद उन्होंने उसकी पोशाक के पाइपों (होज) को वोस्टोक के लाइफसपोर्ट सिस्टम में जोड़ दिया। अब यूरी अपने यान या यों कहें अपने इंजेक्शन सिस्टम का अखंड हिस्सा बन चुका था। काउच के सिलेंड्रिकल निचले भाग में एक छोटी सी अलग ऑक्सीजन आपूर्ति भी शामिल थी, ताकि यदि कक्ष (ऑर्बिट) में बॉल में रिसाव हो या पृथ्वी व अंतरिक्ष के बीच कहीं यदि यूरी को कूदकर बाहर भी आना हो (लगभग 10

या 15 कि.मी. की ऊँचाई पर जहाँ हवा की उपस्थिति तो है, किंतु इतनी ठंडी या विरल है कि साँस लेना ही मुश्किल हो) तो इसका प्रयोग किया जा सके।

पाइपों (होज) के सही जगह पर लगा दिए जाने के बाद, नीचे ब्लॉकहाउस में कोरोलेव और उसके तकनीशियनों ने देखा कि लाइफ सपोर्ट मॉनिटर सकारात्मक संकेत दे रहे थे। यूरी की वायु आपूर्ति सही काम कर रही थी और उसकी पोशाक में रिसाव के चिह्न नजर नहीं आ रहे थे। लॉन्च गैंट्री के नीचे बस में दुःखी बैठे टिटोव को दिन का आखिरी आदेश मिला जिससे वह इस मिशन से हमेशा के लिए अलग हो गया। बस से पचास मीटर ऊपर इवानोवस्की यूरी के हेलमेट को अंतिम विदा के लिए थपथपा रहा था, किंतु एक अंतिम बात उसे अभी भी खटक रही थी, वह थी, की-पैड कोड। उसे लग रहा था, ''यूरा (यूरी) को उसके अपने यान पर उसके स्वयं के नियंत्रण के बगैर अंतरिक्ष में भेजना ठीक नहीं है। मनोवैज्ञानिक चाहे कुछ भी कहें, किंतु वह अब भी उचित प्रशिक्षण प्राप्त सेना का पायलट तो था।'' निश्चित तौर पर यूरी के प्रशिक्षण का प्रमुख उद्देश्य इस खतरनाक यान की भयंकर गति के दौरान आनेवाली किसी आपातस्थिति से उसे बाहर निकालना ही था। इवानोवस्की को यूरी के पक्ष में व्यवस्था से नाराजगी हो रही थी। ''डॉक्टर यह तय नहीं कर सकते कि दबाव में उसकी विवेकशीलता या स्वस्थचित्तता समाप्त हो सकती थी, क्योंकि उन्हें उड़ान के संबंध में जरा भी जानकारी नहीं थी।'' यदि वोस्टोक की स्वचालित प्रणाली में कोई गड़बड़ी हुई तो निश्चय ही यूरी अपने बटनों का प्रयोग करके अपने तरीके से समस्या को हल कर लेगा, बिलकुल उसी तरह जैसे डॉक्टरों की समिति से अनुमति लिए बिना विपरीत परिस्थितियों में उससे मिग को बचा ले जाने की उम्मीद की जाती थी। वोस्टोक एक विचित्र उपकरण था, किंतु था तो एक उड़नेवाला यंत्र ही। विमान की तरह यह भी उड़ान भरने के समय, उड़ान के दौरान या लैंडिंग के समय विस्फोट का शिकार हो सकता है। इन सभी खतरे की स्थितियों को व्यक्त करने के लिए इवानोवस्की द्वारा 'अप्रसन्नता' (अनप्लीजेंटनेस) शब्द प्रयोग किया गया। उसका कहना है, ''हर तरह के उड़ान यंत्र से सरोकार रखने में अप्रसन्नता की संभावना हमेशा बरकरार रहती है।'' वह किसी कॉस्मोनॉट के जीवन के आधारभूत जोखिम का सार कुछ इस तरह व्यक्त करता है, ''उसके कार्य, उसकी विशेष दक्षता की जरूरत उसकी मौत हो सकती है।''

इवानोवस्की इन सभी आशंकाओं के प्रति चिंतित था। यद्यपि वह मानता है कि अंतरिक्ष समुदाय से जुड़े किसी भी व्यक्ति ने इन मुद्दों पर खुलकर अपनी राय

नहीं दी, कम-से-कम कॉस्मोनॉट्स ने तो बिलकुल ही नहीं। उस दिन लॉन्च गैंट्री पर अपने निर्णय व अपने अंत:करण से विद्रोह के विषय में वह कहता है, ''मैं कैसे जानूँ कि मैंने ऐसा क्यों किया? क्षण भर के लिए मैं अनुशासनहीन हो गया होऊँगा।'' आखिरी बार वोस्टोक के अंदर अपना सिर डालकर उसने यूरी को फेस प्लेट हटाने का संकेत किया, ताकि वे बिना रेडियो लिंक के बात कर सकें। तार पर होनेवाली बातचीत निजी नहीं होती थी, यह बात तो निश्चित रूप से निजी ही थी। इवानोवस्की एक बड़ा रहस्य बतानेवाला था, वह था छह संख्याओं के की-पैड से तीन संख्याएँ जिसे पंच करने की जरूरत अंतरिक्ष यान के मैनुअल कंट्रोल को खोलने से पहले यूरी को पड़ती।

मैंने कहा, ''यूरा (यूरी) वो संख्या हैं तीन, दो, पाँच'' और मुसकराते हुए उसने कहा, ''कामानिन ने पहले ही मुझे बता दिया है।''

ऐसा कट्टर स्टालिनवादी भी अंतिम क्षणों में मानवता से द्रवीभूत हो गया था। बाद में मालूम हुआ कि गल्लाई और कोरोलेव ने भी ऐसा किया था। खैर 'बिग सीक्रेट' की तो बात ही खत्म हो गई। यह जानना बड़ा सुखद रहा होगा कि चीफ डिजाइनर समेत तीन अन्य लोगों ने नियम का उल्लंघन किया था, सैद्धांतिक रूप से इवानोवस्की आधिकारिक, स्टेट सीक्रेट को ठेंगा दिखा रहा था, जिस अपराध के लिए उसे प्रीजन कैंप भेजा जा सकता था।

अंतिम बार यूरी के दस्तानेबंद हाथ को दबाकर इवानोवस्की को कुछ ज्यादा खुशी महसूस हुई। उसने और गल्लई ने रॉकेट ट्रूप के सैन्य प्रमुख व्लादीमीर शैपोवालोव एवं अन्य दो कनिष्ठ पैड कर्मियों की मदद से कैप्सूल को बंद करने की कोशिश की। सबसे पहले उन्होंने हैचवे की रिम पर विद्युतीय संपर्क जाँचकर यह सुनिश्चित करने का प्रयास किया कि उन्होंने स्पष्ट संकेत दर्ज किया था। ज्यों ही हैच (सिटकिनी) अपने आप बंद हो जाती, तो संपर्क पुष्ट हो जाता कि सबकुछ बिलकुल ठीक था। उन्हें अटेचमेंट रिंग में लगे छोटे-छोटे बारूदी चार्ज को भी प्रयोग हेतु तैयार करना था, ताकि प्रक्षेपण असफल होने की स्थिति में इंजेक्शन के लिए यूरी उसे प्रयोग कर सके। संपर्कों से सही संकेत मिलते लग रहे थे, इसलिए उन्होंने हैच को सँभालकर उसको अपनी मुद्रा में रख दिया और 30 स्क्रू बोल्टों में से एक को इसके वलय में लगाना शुरू कर दिया।

ज्यों ही उन्होंने अंतिम बोल्ट लगाया, गैंट्री का टेलीफोन बज उठा। इवानोवस्की उसे याद करते हुए कहता है, ''हमने सोचा कि यह ब्लॉकहाउस से कोरोलेव का फोन होगा। वह हमें लॉन्च प्लेटफॉर्म से उतरने के लिए कहना चाहता है।''

यह कोरोलेव ही था, लेकिन वह खुश बिलकुल नहीं लग रहा था। उसने कहा, "वहाँ ऊपर जो चल रहा है, उसके बारे में रिपोर्ट क्यों नहीं कर रहे हैं? हैच को ठीक-ठीक सील तो कर दिया न?"

इवानोवस्की ने उसे बताया कि अभी कुछ सेकंड पहले ही उसने यह कर दिया था।

"हमारे पास के.पी.-3 नहीं है।"

कोरोलेव गरजा, (के.पी.-3 अटेचमेंट रिंग पर हुए संपर्कों से प्राप्त आवश्यक विद्युतीय संकेत था।) "क्या तुम हैच को हटाकर उसे फिर से सील कर सकते हो?"

इवानोवस्की ने चेतावनी दी कि हैच को फिर से लगाने से उसके बाद लॉन्च में 30 मिनट का विलंब हो सकता था। "के.पी.-3 तो है ही नहीं," कोरोलेव ने आदतन जिद की। मैंने कोरोलेव से कहा, "क्या मैं यूरी को बता सकता हूँ?" वह परेशान हो उठेगा और सोचेगा कि उड़ान के रद्द हो जाने के कारण हैच खोला जा रहा है। हम उसे कैप्सूल से बाहर निकालनेवाले हैं। इस पर कोरोलेव ने कहा, "चिंता मत करो। शांति से अपना काम करते रहो। हम यूरा को बता देंगे।" लेकिन इवानोवस्की उत्तेजित ही रहा। "शांति से? शांति से! हम जिस स्थिति में थे आप उसकी कल्पना कर सकते हैं। इन तीस छोटे-छोटे स्क्रू ने छह हाथ व्यस्त रखे थे और हमें उन्हें फिर से एक स्पेशल चाबी से खोलना था। हैच पैनल का वजन लगभग 100 कि.ग्रा. था और यह एक मीटर चौड़ा आकार में भारी था। यह शर्मनाक घटना कतई नहीं थी, लेकिन परेशान करनेवाली तो थी ही।"

परेशानीयुक्त व थकाऊ। इवानोवस्की और उसके साथियों ने वोस्टोक की प्रक्षेपण पूर्ण जाँच में 11 अप्रैल को लॉन्च पैड पर रॉकेट आने के बाद से अनवरत कार्य किया था। उन्होंने लाइफ सपोर्ट सिस्टम, प्रॉपुलंजन सिस्टम, नेविगेशन जाइरो, विद्युतीय ऊर्जा के भयंकर समन्वयों एवं विस्फोटक रसायनों जो किसी भी क्षण गलत तरीके से समन्वित होकर विस्फोट में यूरी को टुकड़े-टुकड़े कर देते (और संभवतः रॉकेट को पैड पर ही लुढ़का देते, साथ ही लगभग आधे बैकोनुर में मौत और विनाश छा जाता)। उन्होंने बार-बार जाँच की थी और अब हैच पर कुछ-कुछ साधारण बटनों के फेल होने से लॉन्च के पहले क्षणों तक सबकुछ बरबाद होने की स्थिति में आ गया। जब उन्होंने हैच खींचा इवानोवस्की के केबिन के अंदर देखने की हिम्मत नहीं हुई। यूरी क्या सोच रहा होगा? "वस्तुतः उस समय उसका चेहरा देख पाना संभव नहीं था। केवल उसके सफेद रंग के हेलमेट का ऊपरी भाग ही देखा जा सकता था। अंतरिक्ष पोशाक की बाईं बाँह की फैब्रिक पर

एक छोटे से दर्पण को टाँका गया था। जिससे कॉस्मोनॉट (यूरी) हैच या दूसरी ओर (ऊपरी केबिन की तरफ) देख सकता था, जो कि सामान्यत: भारी हेलमेट के रिम के कारण नजर से अवरुद्ध हो जाती है। उसने अपनी बाँह को झुकाया, ताकि दर्पण में मैं उसके चेहरे की झलक देख सकूँ। वह मुसकरा रहा था और सबकुछ ठीक था।'' यूरी अपने आप में सीटी बजा रहा था और उसके सहकर्मी हैच को फिर से लगाने में जुटे हुए थे।

फिर से उन 30 वोल्टों को लगाया गया, तभी कोरोलेव की आवाज फोन पर सुनाई दी, ''के.पी.-3 ठीक है।'' इवानोवस्की यह दोषारोपण स्वीकार नहीं करना चाहता था, लेकिन जहाँ तक उसे याद आता है, हैच तो उसे शुरू से ही बिलकुल ठीक नजर आ रहा था। उसे लगने लगा कि ब्लॉकहाउस में किसी ने आँकड़े पढ़ने में गलती कर दी होगी। अब 40 मिनट की दूरी शेष रह गई थी। ब्लॉकहाउस के लोगों ने बिलकुल समय पर गैंट्रीज और रॉकेट के चारों ओर चलने के स्थान से थोड़ा पीछे हटने का संकेत दिया। प्लेटफॉर्म जिस पर इवानोवस्की और उसके चार साथी खड़े हुए थे, वह वोस्टोक से दूर हटने लगा। किसी भी क्षण यह घूमकर नीचे जाते। एक नाटकीय मोड़ उस समय आया, जब उन्हें गैंट्री टेलीफोन का प्रयोग कर पीछे हटने में कुछ विलंब करने हेतु अनुरोध करना पड़ा। उन्होंने जल्दी से वोस्टोक की बॉल को सौभाग्यसूचक के तौर पर थपथपाया और तेजी से गैंट्री के नीचे उतर गए। उनके पैर जमीन पर अभी पड़ने को ही थे कि हाइड्रोलिक मोटर प्लेटफॉर्म को दूर करने के लिए पुन: शुरू हो गई।

इवानोवस्की सबसे निकट के कंट्रोल बंकर की तरफ बढ़ गया जबकि कैमरामैन व्लादीमीर सुवोरोव ने खुले में ही रुके रहने का विकल्प चुन लिया, क्योंकि वह अपने जीवन की सबसे अहम् फोटोग्राफी का अवसर हाथ से नहीं जाने देना चाहता था। वह और उसके सहायकों ने कई कैमरे (मैनुअल और ऑटोमैटिक दोनों) पैड के चारों ओर तैयार कर लिये, जिसके चलते उन्हें सैनिकों द्वारा धक्के भी खाने पड़े। सैनिकों को कठोर आदेश दिया गया था कि प्रक्षेपण से पहले सारा क्षेत्र खाली करा लिया जाए। किसी फिल्म बनानेवाली टीम को अनुमति नहीं थी। अंतत: येन-केन-प्रकारेण सुवोरोव ने उन ऐतिहासिक क्षणों को अपने कैमरे में कैद कर ही लिया।

कर्मचारियों की बस पैड से वापस हट गई और टिटोव को एक अवलोकनार्थ निर्मित बंकर में ले जाया गया, ताकि वह अपनी पोशाक उतार सके। गाई सेवेरिन के टेक्नीशियन उसके पास परजीवभक्षियों की तरह पहुँचकर उसके दस्ताने खोलने

लगे, उसकी वायु नलिकाएँ इत्यादि निकालने लगे। तभी वे बंकर के बाहर की ओर भाग खड़े हुए। प्रक्षेपण शुरू हो गया था, जिसे वे बाहर जाकर देखना चाहते थे। टिटोव बड़े दुःख के साथ उस घटना की याद करते हुए बताता है, "मेरे बारे में तो उन्हें खयाल ही न रहा। मैं बिलकुल अकेला पड़ गया था।" वह भी धीरे-धीरे सबके पीछे निकास की ओर बढ़ा, सीढ़ी चढ़कर बंकर की छत पर अवलोकन-प्लेटफॉर्म पर आ गया।

अगले ही क्षण टिटोव ने जो देखा और महसूस किया, वह सबकुछ आज भी उसे स्पष्ट याद है। कम्बसन चेंबर में ईंधन सप्लाई करनेवाले फ्यूल पंप के चलने की तेज आवाज इस तरह सुनाई दे रही थी मानो कोई सीटी बजा रहा था। इंजन स्टार्ट किए जाने पर हर तरह की आवाजें (तेज और धीमी) लगातार सुनाई पड़ती हैं। उसे मालूम था कि आर-7 आग की लपटों की खाई के ऊपर लटकी हुई गैंट्री की चार बाँहों के आधार पर टिकी हुई थी। इंजन कुछ सेकंडों के लिए अपनी गति से चल रहे थे। "मैंने देखा कि इंजन को इग्नाइट करने पर रॉकेट के आधार से आग निकलने लगी और आसपास चारों ओर विस्फोट के कारण हवा में कंकड-पत्थर उड़ रहे थे।"

उसने देखा कि रॉकेट के चारों ओर होल्ड-डाउन क्लंप (जिसकी पकड़ से रॉकेट स्थिर खड़ा रहता है) दूर हटने लग गए। इसके कुछ समय बाद इतने तेज धमाके की आवाज हुई, जिसे कान से सुनना नामुमकिन ही है। "इस आवाज से आपके अस्थि पंजर हिल जाएँ, आपकी साँस बाहर ही अटकी रह जाए। अंदाजा इसी बात से लगा सकते हैं कि ठोस कंकरीट से निर्मित बंकर भी इसकी आवाज से हिल गया। रॉकेट के एक्जास्ट से निकलनेवाला प्रकाश अत्यधिक चमकीला होता है। मैंने रॉकेट को ऊपर उठते व धीरे-धीरे इसे एक ओर से दूसरी ओर डोलते देखा। इससे मुझे मालूम हो गया कि सेकंडरी स्टीयिरिंग नोजल्स अपना काम सही ढंग से कर रहे थे। रॉकेट प्रक्षेपण का वर्णन करना ठीक नहीं है, क्योंकि हरेक कुछ-कुछ अलग सा ही होता है और मैंने तो ऐसे कई देखे हैं। रॉकेट प्रक्षेपण को शब्दों में वर्णित करना एक निराशाजनक काम ही है। आपको इसे देखना ही पड़ेगा। हर बार यह पहली बार जैसा ही लगता है।"

टिटोव ने अग्निपुंज को तेजी से ऊपर उठकर एक चिनगारी में बदलते हुए देखा, अंततः यह धुएँ की लकीर में तब्दील हो गया। अचानक वहाँ छाई हुई चुप्पी इससे पूर्व हुए विस्फोट से ज्यादा हिला देनेवाली लगने लगी। इसके बाद वहाँ उपस्थित सभी लोग जो उसकी ओर पीठ करके खड़े थे, उसकी ओर मुड़ गए।

इसके बाद नीचे बंकर में यूरी रेडियो लिंक से संपर्क बनाए हुए अंतरिक्ष से रिपोर्ट कर रहा था। "यूरी की आवाज बड़ी विचित्र लग रही थी···अभी आधे घंटे पहले ही हम यहाँ साथ-साथ बैठे थे और अब वह ऊपर ऊँचाइयों में कहीं था। कुछ समझ में ही नहीं आ रहा था। मेरे लिए तो मानो समय का आयाम ही खो गया हो। मुझे ऐसा ही कुछ लगा।"

टिटोव को जमीन पर भुला दिया गया। वहीं ऊपर यूरी प्रथम अंतरिक्ष यात्री, मानवता के अस्तित्ववान रहने की सीमा तक अमर हो गया। आज सफेद दाढ़ीधारी टिटोव जो पेशे से व्यवसायी व राजनीतिज्ञ है, कभी-कभार बैकोनुर के समरहाउस जाता है, जहाँ उससे वह दिन छीन लिया गया था। टिटोव से भी ज्यादा निराश कॉस्मोनॉट यदि कोई था, तो वह शायद ग्रिगरी नेल्यूबोव था, जो तकरीबन यूरी की उम्र का ही था। बीस लोगों के पहले समूह का कॉस्मोनॉट बनने से पहले, उसने ब्लैक सी फ्लीट के कार्यभार पर उन्नत मिग-19 लड़ाकू विमान उड़ाया था। उस मेधावी और बुद्धिमान व्यक्ति की एकमात्र सबसे बड़ी गलती यही थी कि हर समय वह आकर्षण का केंद्र बना रहना चाहता था। हालाँकि कई क्षेत्रों में उसे प्रथम अंतरिक्ष यात्री बनाने के लिए बहुत ज्यादा समर्थन मिल रहा था। टिटोव के बाद तीसरा स्थान हासिल करने पर उसे बहुत निराशा हुई थी।

नेल्यूबोव का अंतरिक्ष कैरियर ज्यादा समय नहीं रहा। वस्तुतः वह कभी अंतरिक्ष (पृथ्वी की कक्षा) में गया ही नहीं। 4 मई, 1963 को, निकोलेई कामानिन ने उसे शराब के नशे में रेलवे प्लेटफॉर्म पर एक सैनिक से झगड़ा करने के कारण अंतरिक्ष यात्री दल से बरखास्त कर दिया। उस गश्ती सैनिक ने उसके बदतमीजी पूर्ण रवैये के कारण उसे गिरफ्तार कर लिया। जिस पर उसने झल्लाकर कहा, "आप ऐसा नहीं कर सकते। मैं एक अहम् कॉस्मोनॉट हूँ।"

सैनिक अधिकारी माफी माँगने की शर्त पर उसे रिहा करने को तैयार हो गए, लेकिन उसने माफी माँगने से इनकार कर दिया। दो अन्य अंतरिक्ष यात्री एनिकेयेन व फिलाटेयेव इस ड्रामे के मूकदर्शक थे, लेकिन कामानिन ने उन्हें भी हटा दिया।

नेल्यूबोव मिग उड़ाने के लिए सुदूर एयर स्टेशन चला गया, जहाँ स्क्वाड्रन में उसने अपने साथी पायलटों को यह समझाने की पुरजोर कोशिश की कि वह कभी कॉस्मोनॉट रह चुका था और महान् यूरी गागरिन के बैक-अप के तौर पर अपनी सेवाएँ दी थीं, लेकिन किसी ने उसका यकीन नहीं किया। 18 फरवरी, 1966 को गहरे अवसाद की स्थिति में उसने चलती ट्रेन के सामने कूदकर आत्महत्या कर ली।

□

6

108 मिनट

प्रक्षेपण के एक घंटे पहले कोरोलेव रेडियो लिंक पर आया—''यूरी एलेक्सेयेविच, तुम्हें मेरी आवाज तो साफ सुनाई दे रही है? मैं तुम्हें कुछ जरूरी बात बताना चाहता हूँ।''

''आपकी आवाज तेज और साफ सुनाई दे रही है।''

''मैं तुम्हें याद दिलाना चाहता हूँ कि एक मिनट की तैयारी (रेडीनेस) का ऐलान होने के बाद तुम्हारे पास उड़ान से पहले लगभग छह मिनट का समय होगा; इसलिए चिंता मत करना।''

''मैं आपकी बात समझ रहा हूँ। मैं बिलकुल चिंतित नहीं हूँ।''

हर तरह की बातों के लिए छह मिनट का समय होगा। उसका मतलब था एक छोटी सी उपकरणीय खामी निकल आई थी, जिसके कारण प्रक्षेपण क्रम में छह मिनट की देर होनी थी।

फिर कॉस्मोनॉट पोपोविच लाइन पर आया—''अरे, बताओ तो जरा, मैं कौन बोल रहा हूँ?''

''तुम 'लिली ऑफ द वेली,' हो न!''

''यूरी, क्या तुम अंदर ऊब रहे हो?''

''यदि कुछ संगीत की व्यवस्था होती तो मैं इसे बेहतर झेल सकता।''

कोरोलेव (जो उड़ान की हर अंतिम बात की परवाह कर रहा था।) ने व्यक्तिगत तौर पर अपने टेक्नीशियनों को किसी टेप या रिकॉर्ड की तुरंत व्यवस्था करने के लिए कहा।

"क्या उन्होंने अभी तक तुम्हारे लिए किसी संगीत की व्यवस्था नहीं की है?" उसने कुछ मिनटों बाद पूछा।

"अब तक तो ऐसा कुछ भी नहीं।"

"अब उन्होंने व्यवस्था कर दी है। उन्होंने प्यार का एक गीत रखा है।"

"मेरे खयाल से अच्छी पसंद है।"

8:41 बजे यूरी दूर वॉल्वों के बंद होने की आवाज से सिहर उठा; ईंधन लाइनों के खींचकर अलग किए जाने से रॉकेट हिलने लगा।

"यूरी हम बंकर कंट्रोल करने के लिए नीचे जा रहे हैं। पाँच मिनट का ठहराव होगा, इसके बाद मैं तुमसे फिर से बात करूँगा।"

8:51 पर संगीत रुक गया। रेडियो लिंक पर कोरोलेव की गहरी व कठोर आवाज उभरती है। पूरी गंभीरता की स्थिति—"यूरी! पंद्रह मिनट का दायरा।" यह यूरी के लिए उसके दस्ताने बाँधने और हेलमेट का अग्रभाग नीचे कर लेने का संकेत था। उड़ान से पहले के इन अंतिम मिनटों में नासा शैली से उलटी गिनती—5,4,3,2,1 का प्रयोग पब्लिक एड्रेस सिस्टम पर नहीं अपनाया गया (वस्तुत: पब्लिक एड्रेस सिस्टम था ही नहीं)। रॉकेट को सुबह 9 बजकर 6 मिनट (मॉस्को टाइम) के निर्धारित समय पर छोड़ा जाना था। वोल्टोक के मार्गदर्शन विशेषज्ञ यूरी माझोरिन का कहना है—"अमेरिकावाले उलटी गिनती का प्रयोग अपने टेलीविजन में ड्रामा जोड़ने के लिए करते हैं। जमीन पर यूरी के अंतिम क्षण लगभग एंटी-क्लाइमेटिक थे।"

"लॉन्च की टू 'गो' पोजिशन।"

"एयर पर्जिंग।"

"आइडल रन।"

"इग्निशन।"

अब हर तरह के कंपन, भारी सनसनाहट व गड़गड़ाहट में कमी। किसी समय बिंदु पर यूरी को उड़ान शुरू करने का आभास हो गया होगा, लेकिन बिलकुल सही समय की पहचान थी गैंट्री की होल्ड-डाउन आर्म्स का रॉकेट के पास से सेकंड के सौवें भाग की गति से एक-दूसरे से हटना। यूरी अपनी सीट पर दृढ़ होकर लेटा हुआ था और उसकी पेशियाँ तनावयुक्त थीं। किसी भी क्षण बूस्टर में कोई खराबी आ सकती थी। उसके सिर के ऊपर का हैच उखड़कर दूर जाकर गिर सकता था और उसके इंजेक्शन चार्ज आसमान की तरफ उसे कारतूस की तरह उछाल सकते थे। 'जीवन रक्षक' के झटके से उसकी मौत हो सकती थी।

इन सबके लिए उसे तैयार रहना था।

जी-लोड चढ़ रहा है। अब तक इंमरजेंसी इंजेक्शन नहीं, उसे यह सब बाद में याद नहीं था, लेकिन कहा जाता है कि उसने जोर से 'पोयेखाली' (छोड़ो!) की आवाज लगाई थी। लिफ्ट ऑफ (उड़ान की शुरुआत) के प्रति उसका जोश 'द रोड टू स्टार्स' में वर्णित आधिकारिक तौर पर स्वीकृत तथ्यों से जान पड़ता है :

"मैंने सीटी बजने की आवाज सुनने के साथ निरंतर बढ़ता हुआ कोलाहल सुना, साथ ही संपूर्ण विशालकाय रॉकेट के कंपन को महसूस किया, जो बिलकुल धीरे-धीरे लॉन्चिंग पैड से हटकर ऊपर उठने लगा। इसका शोर हालाँकि जेट प्लेन के बराबर ही था, लेकिन इसमें संगीत की ऐसी लयें थीं, जिसे कोई भी संगीतकार तैयार नहीं कर सकता व जिसे कोई भी संगीत वाद्ययंत्र या मानव आवाज पैदा नहीं कर सकती।"

"टी प्लस सेवेंटी।"

"मैंने तुम्हें पढ़ लिया, सेवेंटी। मुझे बहुत अच्छा महसूस हो रहा है। उड़ान जारी है। जी-लोड बढ़ रहा है। सबकुछ ठीक है।"

"टी प्लस वन हंड्रेड। तुम्हें कैसा लग रहा है?"

"मुझे अच्छा लग रहा है। आप कैसे हैं?"

उड़ान के दो मिनटों में यूरी को अपने रेडियो माइक्रोफोन पर बात करने में कुछ कठिनाई लग रही थी। जी-फोर्स का खिंचाव उसके चेहरे की पेशियों पर पड़ रहा था, "लेकिन यकीनन यह इतना कठिन नहीं था। मिग के मोड़ लेने में जितना दबाव पड़ता है, उसकी तुलना में काफी कम था।" उसे आगे खयाल आया। वे क्षण उसे बहुत विचित्र महसूस हुए, जब सारा-का-सारा वजन तेजी से ऊपर की ओर उठा। उसे जो सिहरन महसूस हुई, उससे मालूम हो गया कि आर-7 के चार किनारे के बूस्टर अलग हो रहे थे। 'लिटिल सेवन' का गतिवर्धन ठहर गया मानो अंतिम झटके के लिए लंबी साँस ले रहा हो। तत्पश्चात् सेंट्रल कोर ने गति पकड़ ली और विशाल वजन की संवेदना लौट आई।

तीन मिनटों में ही नोज फैरिंग से निकलनेवाली आतिशी आग बॉल को एक्सपोज करते हुए रॉकेट को ऊपर खींचती चली गई। यूरी को काफी ऊँचाई पर गहरे नीले रंग के आसमान की झलक पार्टहोलों से दिखाई पड़ी। टेलीविजन लैंप की चमक से वह झुँझलाने लगा।

ऊपर पाँच मिनट पूरे हुए। समाप्त हो चुके सेंट्रल कोर के गिरने से दूसरा झटका। लाखों रूबल की कीमतवाली इस जटिल मशीन को बिना कुछ सोचे एक

ओर इस तरह उछाल दिया गया मानो खर्च की हुई माचिस की तीली हो। वोस्टोक ने कक्षा (ऑर्बिट) का बाकी रास्ता एक ठूँठ से नजर आनेवाले ऊपरी भाग पर केवल एक छोटे से रॉकेट इंजन के साथ पूरा किया। कंपन रुक गई, फिर भी वहाँ निस्तब्धता की संवेदना जैसी कोई बात नहीं थी।

ऐसे लोग जिन्होंने कभी भी अंतरिक्ष की यात्रा नहीं की है, उन्हें ही 'बाह्य अंतरिक्ष में भयावह निस्तब्धता' का वर्णन करने की आदत होती है। यान में लगे पंखे, वेंटिलेटरों, लाइफ सपोर्ट सिस्टम के पंपों और वॉल्वों और पीछे की ओर उपकरण पैनलों के पीछे विद्युत सर्किटों को ठंडा करने के लिए लगे अतिरिक्त पंखों की आवाज से शोर बना हुआ था, किंतु यूरी के कान तो माइक्रोफोन से ढके हुए थे जिससे ग्राउंड कंट्रोल द्वारा खबरों हेतु लगातार जारी माँग की सिसकारी सी आवाज उभर रही थी। उसने (यूरी ने) रिपोर्ट किया, "भारहीनता (वेटलेसनेस) शुरू हो गई है। इससे बिलकुल खराब नहीं लग रहा है। मुझे अच्छा महसूस हो रहा है।"

वोस्टोक आराम से परिभ्रमण कर रहा था जिससे कुछ हद तक अनावश्यक संचालनों से थ्रस्टरफ्यूल बरबाद नहीं हो रहा था और आंशिक रूप से यान के किसी भी सतह को सूर्य उष्मा से ताप को रोकने में सहायता मिल रही थी। अचानक यूरी ने पॉर्टहोल से आकाश का ऐसा नीला रंग देखा जैसा उसने पहले कभी नहीं देखा था। पृथ्वी का नजारा एक बॉल के पॉर्टहोल से गुजरकर दूसरे पॉर्टहोल में दिखाई पड़ने लगा और नीचे बढ़ते हुए आँख से ओझल हो गया। आकाश अब एकदम काला नजर आ रहा था। यूरी ने तारों की ओर देखने की कोशिश की, लेकिन केबिन का टेलीविजन लैंप सीधे आँखों में पड़ रहा था। अचानक एक पॉर्टहोल से सूर्य दिखाई पड़ा, जिसकी चमक बुरी तरह से चकाचौंध कर देनेवाली थी, तभी फिर से पृथ्वी का नजारा क्षितिज सीधा न होकर किसी बड़ी गेंद के वक्र की तरह, जिस पर वायुमंडल की अत्यधिक पतली परत नजर आ रही थी। लगातार पूर्व की ओर आठ किलोमीटर प्रति सेकंड की रफ्तार से यान बढ़ रहा था। डायलों में 28,000 कि.मी. प्रति घंटे की गति का संकेत था। हालाँकि यूरी को गति का कोई अनुभव नहीं हो रहा था।

"कैसा लग रहा है?"

"उड़ान लगातार सही चल रही है। मशीन सामान्य तरीके से काम कर रही है। आवाज बहुत अच्छी आ रही है। मैं पृथ्वी का अवलोकन कर रहा हूँ। मुझे बादल नजर आ रहे हैं। मैं सबकुछ देख पा रहा हूँ। कितना खूबसूरत है यह सब।"

प्रक्षेपण के बीस मिनटों से भी कम समय में जब वोस्टोक साइबेरिया के

ऊपर से तेजी से गुजरा, तो इसकी सीधी झुकावयुक्त कक्षा आर्कटिक वृत्त की ओर चली गई, फिर उत्तर-पूर्व गोलार्द्ध से और उत्तरी पैसिफिक की ओर। सोवियत उपमहाद्वीप के लगभग सुदूर अंतिम पूर्वी छोर पर कामचटका पेनिनसुला पर पेट्रोपावलोवस्क में स्थापित सुदूर रेडियो मॉनिटरिंग स्टेशन इनकमिंग टेलीमेट्री से वोस्टोक की गति और ऊँचाई की गणना कर रहा था। एलेक्सेई लिओनोव कामानिन से एक या दो दिन पहले पेट्रोपावलोवस्क पहुँच गया था और बैकोनुर की स्टेट कॉमिटी ने प्रथम उड़ान के कॉस्मोनॉट का अंतिम चयन किया था। जब लिओनोव अपने केबिन के भीतर वोस्टोक के संकेतों के साथ-साथ टेलीविजन पिक्चरों का इंतजार कर रहा था, तो उसे यह आभास नहीं था कि उसके मित्रों में से कौन वहाँ होगा। "जब यूरी ने अंतरिक्ष में उड़ान भरी, उस समय आज की तरह (जैसे मॉस्को के उत्तर-पूर्व स्थित कालिनिंग्राड में) सेंट्रल मिशन कंट्रोल कॉम्प्लेक्स उपलब्ध नहीं था, इसीलिए मिशन के सभी पहलुओं से परिचित बहुत से कॉस्मोनॉट सोवियत यूनियन के सभी प्रमुख श्रवण पोस्टों के कारण बाधा महसूस करते थे और उसी ऑपरेशन के हिस्से के कारण मैं पेट्रोपावलोवस्क आया था। मेरे पास एक छोटा सा टेलीविजन मॉनिटर था और उस पर जब मैंने वोस्टोक से आती तसवीर देखी, तो मुझे पता नहीं था कि यह घर्मन था या यूरी, लेकिन तभी मुझे कुछ शारीरिक हलचल नजर आई जो यूरी जैसी लगी। ज्यों ही हमने उससे संपर्क स्थापित किया, उसने मेरी आवाज सुनी और मुझसे बातें की।"

पेट्रोपावलोवस्क वोस्टोक से टेलीमेट्री रिसीव करता, तत्पश्चात संकेतों को बड़ी मेहनत से सुरक्षित कोड में कुंजीबद्ध कर लिया जाता, उसके बाद मॉस्को के ग्राउंड लिंक में प्रसारित कर दिया जाता था, जहाँ यूरी माझोरिन, एकेडमीशियन केल्डिश व कंप्यूटर ऑपरेटरों के एक दल द्वारा कोडों को व्यवस्थित किया जाता था और आँकड़ों को विशालकाय मशीनों में रख दिया जाता था।

पेट्रोपावलोवस्क का रेडियो संपर्क का अवसर काफी संक्षिप्त था। बैकोनुर से भोर में प्रक्षेपित होने के तीस मिनटों से भी कम समय में, वोस्टोक पैसिफिक के ऊपर से गुजरा, जहाँ रात थी और दुनिया के आधे लोग सो रहे थे। रात के अँधेरे में ढके महाद्वीप उत्तर और दक्षिण यान के नीचे तेजी से गुजर गए। अब इस भीषणतम अँधेरेवाले हिस्से में उसे तारे दिखाई पड़ रहे थे। वे तीक्ष्ण चमकीले थे और टिमटिमा नहीं रहे थे। तारों की संख्या उतनी जमीन से नहीं दिखी थी, शीत ऋतु की स्वच्छतम रातों के दौरान भी नहीं।

जब झुकी हुई कक्षा से वोस्टोक दक्षिणी गोलार्द्ध होकर गुजरा तो दक्षिण

अटलांटिक से होकर केपहार्न की ओर बढ़ गया। जमीन के नियंत्रणकर्ताओं ने रि-एंट्री प्रक्रिया हेतु यूरी को स्विचों की सेटिंग करने का निर्देश दिया। उसने सिस्टम द्वारा यान को सही पंक्तिबद्ध किए जाने की पुष्टि करने के लिए 'वजोर' (Vzor) की जाँच यात्रा की दिशा के विपरीत संकेत करनेवाले रिट्रो-रॉकेट्स से की और क्षितिज के ऊपर एक निश्चित कोण में लक्ष्य केंद्रित किया, लेकिन यूरी के पास बदलने के लिए कई स्विच नहीं थे। जिस यान में वह था, वह अपने आप जैसा था इस बात को धरती पर बैठे नियंत्रकों को बताने का विषय कहीं ज्यादा था। किसी भी प्रकाशित विवरण के मुताबिक उसने कंट्रोल्स को कभी हाथ भी नहीं लगाया, न ही अपनी की-पैड के सीक्रेट नंबरों को कभी पंच किया।

मॉस्को समय 10:25 बजे उनयासी मिनट की उड़ान के बाद वोस्टोक के रिट्रो-रॉकेट्स समय पर गति कम करने लगे। उस समय यान दक्षिण अफ्रीका के ऊपर तेजी से गुजरते हुए ठीक 48 सेकंडों के लिए फायर कर ठीक-ठीक शट डाउन कर रहा था। बॉल के पीछे लगे रिट्रो-पैक मॉड्यूल और उपकरण का यह अंतिम कार्य था। बॉल को अपनी सही स्थिति में रखनेवाले चार मैटल रैप-अराउंड स्ट्रेप्स विस्फोट के साथ खुलकर अलग-अलग हो गए। जब बॉल दूर हटी तो यूरी ने तेजी से इसके मुड़ने का झटका महसूस किया।

कक्ष-प्रतिरोधी (डि-ऑर्बिट) दहन (बर्न) का पहला चरण योजनानुसार चला। स्वचालित प्रणाली अभी अपनी गति से संचालित थी, तभी नीरवता के एक क्षण में यूरी को महसूस होने लगा कि उसने कितना बड़ा काम किया है।

- मुझे ताज्जुब हुआ, ''जब धरती पर लोग मेरी उड़ान के विषय में सुनेंगे तो वे क्या कहेंगे।'' मैंने अपनी माँ के बारे में सोचा कि वह किस तरह मेरे सोने के वक्त मुझे चूमा करती थी। क्या उसे मालूम है कि अभी मैं कहाँ हूँ। क्या वाल्या ने उसे मेरी उड़ान के विषय में बताया था?

नहीं, गोपनीयता से घिरे इस सारे मिशन के कारण उसके परिवार को इस समाचार के लिए तैयार नहीं किया गया था। हालाँकि यूरी को इस विषय में वाल्या को सूचित करने की अनुमति थी, किंतु उसने 14 अप्रैल को उड़ान की बात कहकर उसे गुमराह कर रखा था, ताकि वह प्रक्षेपण के वास्तविक दिन चिंतित न रहे।

जोया गजाट्स्क में उस दिन मैन हॉस्पिटल की अपनी शिफ्ट के लिए तैयार हो रही थी, तभी विस्फोट की तरह समाचार आया। उसने बताया, हमारे लिए यह बहुत कठिन था। हमें रेडियो से पता चला, यूरी ने तो माँ से बताया था कि वह काम धंधे

से बाहर जा रहा था। जब माँ ने पूछा, ''कितनी दूर?'' तो उसने कहा, ''बहुत दूर।'' इसलिए हमें पता ही नहीं था कि वह कहाँ और कब जा रहा था। वस्तुत: उस दिन सुबह रेडियो बजाने का उनका कोई इरादा नहीं था। जोया का बेटा (दूसरा यूरी) तब घर में होमवर्क कर रहा था और उसे एकाग्र रहने की जरूरत थी। अन्ना चुपचाप भोजन पका रही थी। जोया को स्मरण है, ''अचानक वैलेंटिन की बीवी मारिया ने हाँफते हुए तेजी से घर में प्रवेश किया। 'यूरा!' वह चीखी। माँ के तो होश ही उड़ गए। 'क्या हुआ-क्या विमान दुर्घटना में…?' और मारिया ने कहा, 'नहीं, अभी तक तो नहीं।' आज सोचते हैं, यह बड़े मजे की लगती है। हालाँकि तब हम बड़े बेचैन हो गए थे। अंतत: मारिया ने बताया, 'वह अंतरिक्ष में है।' मैं तो बिना कुछ सोचे-समझे भड़क उठी। 'हे भगवान्, उसकी दो नन्हीं बेटियाँ हैं। उसने यह करने को सोच भी कैसे लिया? पागल ही हो गया होगा!' मैंने कहा।''

लेकिन अन्ना बिलकुल शांत थी। उसने अपना कोट उठाया और कहा, 'मैं वाल्या से मिलने मॉस्को जाऊँगी। बच्चों के साथ वह अकेली होगी।'

वह शांत थी, लेकिन उसकी सोचने-समझने की शक्ति लड़खड़ा गई थी। वह घर के दरवाजे से निकलकर मॉस्को नहीं जा सकती थी। सबसे पहले उसे कई किलोमीटर की दूरी पारकर रेलवे स्टेशन पहुँचना था। शायद वैलेंटिन उसके लिए कोई वाहन की व्यवस्था कर सकता था।

तभी उन्होंने रेडियो चालू कर लिया।

अन्ना ने अपना गद्देदार कोट पहना और ट्रेन की टिकट लेने चली गई। जोया ने अपने अस्पताल में संपर्क करके उन्हें बता दिया कि वह बहुत ज्यादा बीमार है, इसलिए ड्यूटी पर नहीं आ सकती। ''एक पड़ोसी हमारे घर बैठने के लिए आया और हम रेडियो सुनने लगे। समाचार के साथ चल रहा संगीत प्रफुल्लित कर देनेवाला था। जिससे हमें कुछ सुकून मिला, फिर संगीत रुक गया और उद्घोषक ने कहा कि मेजर यूरी एलेक्सेविच गागरिन का नाम कोमसोमल सेंट्रल कमेटी रोल ऑफ ऑनर में शामिल किया जाना है। 'शहीद हुए लोगों के साथ ऐसा ही तो करते हैं,' मैंने सोचा।''

तास रेडियो ने फिर से अपनी प्रफुल्लित करनेवाली लय शुरू कर दी, जिससे जोया को कुछ चैन मिला। संगीत देशभक्ति के मार्च के साथ पुन: शुरू हो गया। उद्घोषक ने बताया कि यूरी सुरक्षित जमीन पर उतर गया है। जोया याद करते हुए कहती है, ''ऐसा लगा मानो मुझे मेरे कंधों पर भारी चट्टान के बोझ से छुटकारा मिल गया हो।''

बगल के घर में ही रहनेवाला वैलेंटिन गागरिन घर में एक घंटा बिताने के बाद काम पर जा रहा था, तभी उसने किसी से यह समाचार सुना। अचानक उसकी नन्हीं सी बेटी आल्या ने उसे पीछे से आवाज दी, ''पापा! जल्दी वापस आओ। माँ रो रही है।''

एक घर से दूसरे घर आना-जाना व शोर-शराबा जारी था। यूरा अंतरिक्ष में था और अन्ना को स्टेशन ले जाने के लिए किसी की जरूरत थी, ताकि वह मॉस्को पहुँच पाती।

वैलेंटिन को खड़ी हुईं ट्रकें देखकर कुछ सही महसूस होने लगा। वह मोटर पूल में काम करता था। जब वह ऑफिस पहुँचा तो उसने पाया कि कुछ विचित्र सा ही सबकुछ चल रहा था। ''हमेशा की तरह सभी ट्रकें हमेशा की तरह पंक्तिबद्ध खड़ी थीं।''

मैंटेनेंस शेड के दरवाजे खुले हुए थे, लेकिन ड्राइवरों में से कोई भी अपनी लारियों में नहीं बैठा था। सभी इंजन बंद थे। दूसरे छोर पर बैठे रास्तों के प्रबंधक भार इत्यादि के विषय में कोई शिकायत नहीं कर रहे थे। वैलेंटिन कुछ समय की छुट्टी लेने के लिए अपने फोरमैन के पास गया, ताकि वह अपनी माँ को स्टेशन छोड़ने जा सके। मेरे बॉस ने कहा, ''देख नहीं रहे हो, आज कोई भी ड्राइवर काम नहीं कर रहा है। वे सभी तुम्हारे छोटे भाई के बारे में रेडियो में सुन रहे हैं। वह अंतरिक्ष में है।'' मैंने पूछा, ''क्या एक घंटे के लिए मैं एक ट्रक ले जा सकता हूँ?'' जोश-ही-जोश में उसने कहा, ''तुम्हें जो भी ट्रक चाहिए, ले जाओ। सबसे नजदीक वाला ले जाओ।'' मैं एक ईंधन टैंकर में सवार हो गया, क्योंकि यह पहला वाहन था जिसकी चाबी इग्निशन में लगी हुई थी।

वैलेंटिन ने पुराने विद्युत उपकेंद्र के पास से अन्ना को साथ ले लिया। अभी मॉस्को ट्रेन के छूटने में 15 मिनट का समय बॉकी था। जब वे स्टेशन पहुँचे, तो एक स्थानीय पुलिस के सिपाही को इस बात को लेकर उलझन सी हो गयी कि वैलेंटिन को इतनी जल्दबाजी किस बात की थी। जब उसे मालूम हुआ कि उसके साथ ट्रक में प्रथम अंतरिक्ष यात्री की माँ थी, तो बाकी सबकुछ आसान हो गया। ट्रेन प्लेटफॉर्म से पहले ही छूटकर जा रही थी, लेकिन स्टेशनमास्टर ने जल्दी से इसे रुकने का संकेत दे दिया। ''माँ ट्रेन में सवार हो गई और टिकट अधिकारी भी डिब्बे की ओर भागा, क्योंकि अपनी उलझन में वह शेष पैसे लेना भूल गई थी।''

इधर यूरी के पिता एलेक्सेई गागरिन सुबह तड़के ही घर से निकल गए थे। उनके पुराने गृह ग्राम क्लुशिनो के निकट सामूहिक कृषि फार्म में काम चल रहा

था। वह आराम से अपना काम कर रहा था, तभी एक दूसरा कृषि फार्म कर्मचारी उसके पास आकर उसके बेटे यूरी के विषय में विचित्र प्रश्न पूछने लगा।

''तुमने सुना नहीं? रेडियो पर बताया गया कि मेजर गागरिन अंतरिक्ष में उड़ रहा है।''

''नहीं, मेरा बेटा तो वरिष्ठ लेफ्टिनेंट है, फिर भी हमारे हमनाम के लिए बधाई।''

यह एक बड़ा विचित्र संयोग था। एलेक्सेई ने सोचा कि वह लोकल सोवियत (चुने हुए कॉउंसिल) के पास कुछ मिनटों के लिए जाकर देखें कि बात क्या है। वहाँ जाकर जब उसने देखा तो पाया कि वहाँ भीड़-भाड़ व शोर-शराबा मचा हुआ था। स्थानीय चेयरमैन, वासिली बिरयूकोव, गमैक के डिस्ट्रिक पार्टी अधिकारी से टेलीफोन पर बात करने में व्यस्त था।

वह अधिकारी कह रहा था, ''हमें पता करना होगा कि इस अंतरिक्ष यात्री का जन्म कहाँ हुआ था, क्या वह तुम्हारे गाँव के रिकॉर्ड में है?''

''मुझे किसी रिकॉर्ड की जरूरत नहीं है!'' बिरयूकोव जोश में चीखा, ''कमरे में मेरे साथ उनके पिताजी हैं! यहाँ मैं उन्हें लाइन देता हूँ।''

विस्मित और बिना किसी तैयारी के एलेक्सी ने रिसीवर उठा लिया। अब चूँकि जो कुछ हो रहा था, उस विषय में उन्हें पता लग चुका था, इसलिए भावावेश में वह कुछ बोल नहीं पा रहा था।

गजाट्स्क के अधिकारी चाहते थे कि एलेक्सेई सीधे वहाँ पहुँचे, लेकिन गजाट्स्क और क्लुशिनो अभी एक-दूसरे से बिलकुल कटे हुए थे। हाल ही आई बाढ़ में सड़कें जाम हो चुकी थीं। एलेक्सेई अपने पैर की अपंगता व असामान्य स्वास्थ्य की वजह से इतनी दूर पैदल चलकर नहीं जा सकता था। इसलिए बिरयूकोव ने कीचड़युक्त मार्ग से जाने के लिए घोड़ागाड़ी का इंतजाम कराया। इसके बाद उसे ट्रैक्टर के पीछे बैठाकर खेतों के शॉर्टकट मार्ग से गजाट्स्क लाया गया। वह वहाँ एक स्थानीय पार्टी के कार्यालय में पहले ही उपस्थित वैलेंटिन और बोरिस के साथ हो लिया। वे सभी लगातार फोन कॉलों का जवाब दे रहे थे।

वैलेंटिन को याद है, ''हममें से प्रत्येक को एक-एक कार्यालय व फोन दिए गए थे। क्षेत्रीय सोवियत के एक सेक्रेटरी ने हमसे पूछा, ''भगवान् के लिए, क्या आप उसके जीवन से जुड़े प्रश्नों का उत्तर दे सकते हैं? हम आनेवाले फोन कॉलों को नहीं निबटा पा रहे थे। आप जानते हैं, लोग ऐसे प्रश्न पूछ रहे होंगे जिनके उत्तर केवल आप ही दे सकते हैं। हमारे पास मॉस्को, लेनिनग्राड, कीव, ब्लाडीवोस्टक

व कई अनेक ऐसे शहरों से फोन आ रहे थे, जिनका हमने कभी नाम भी नहीं सुना था। विदेशों से बहुत से फोन आ रहे थे जिसमें रोमानिया, पोलैंड, हंगरी जैसे प्रजातांत्रिक देश भी थे। स्विच बोर्ड ऑपरेटरों को दो या तीन मिनटों तक प्रत्येक कॉल को समय देना पड़ रहा था। दो बजे टेलीविजन की टीम आ गई। डिस्ट्रिक सोवियत बिल्डिंग में सारे दिन भरपूर गहमागहमी बनी रही।''

अब तक दुनिया भर में कोई भी स्मोलेंस्क क्षेत्र के फार्मबॉथ पायलट यूरी एलेक्सेविच का नाम नहीं जानता था।

जोया को स्मरण आता है, ''हमें आराम तो मिल ही नहीं पा रहा था। सभी जगहों से पत्रकार हमारे पास पहुँच रहे थे।'' कैमरा, टेपरिकॉर्डरों के साथ पहुँचनेवाले पत्रकारों का ताँता लगा हुआ था। वे वोल्गा कारों से, चैका व जिल से गजाट्स्क पहुँचने का प्रयास कर रहे थे, लेकिन इस शहर के आस-पास की सड़कों पर जो हाल ही में आई बाढ़ के कारण कीचड़ से लथपथ थीं, ट्रैक्टर ही आसानी से चल सकते थे। मॉस्को के पत्रकारों को गागरिन परिवार के मकान से कई सौ मीटर की दूरी पर रुकना पड़ता था, फिर कीचड़ से होकर अपने शहरी जूतों के साथ उनके घर की ओर चलना पड़ता था। उस दिन सुबह अन्ना ने वसंत की शीतल हवा के प्रवेश के लिए खिड़कियाँ खोल रखी थीं, लेकिन ऐसा करके वह गलती कर गई थी। कुछ पत्रकारों ने विनम्रतापूर्वक दरवाजे पर दस्तक देकर आने का अनुरोध किया, लेकिन बहुत से दूसरे पत्रकार तो खिड़की से कूदकर अंदर आ गए। अचानक मकान पत्रकारों से भर गया। वे उस परिवार की हर चीज को स्पर्श करके, जाँच करके, उन्हें उठाकर यहाँ-वहाँ रखकर देख रहे थे। वे निजी पारिवारिक फोटोग्राफों को माँगकर ले गए और लौटा देने के उनके वादे के बावजूद कभी वापस करने नहीं आए। जोया कहती है, ''हमें सभी जगहों से फोन कॉल आ रहे थे। वे जानना चाहते थे कि यूरी कौन था और वह कहाँ से आता था। उन्हें मालूम नहीं था।''

गागरिन परिवार में निजी टेलीफोन नहीं था। निकट ही सोवियत कम्युनिटी हॉल में हैंडसेट्स उपलब्ध थे, जहाँ वैलेंटिन व एलेक्सेई फोन कॉलों से जूझते रहते थे। इन्हीं फोन कॉलों में बाद में एक कॉल यूरी का होता जो उन्हें अपनी राजी-खुशी की खबर देता। उस दिन मॉस्को आने के बाद अन्ना को उससे बात करने का मौका मिला। ''लेकिन उससे मिले बिना हमें सबकुछ ठीक होने का विश्वास ही नहीं हो पा रहा था।''

जोया कहती है, ''आपको मालूम है, हम रूसियों में एक कहावत है, छूकर विश्वास करना चाहिए।''

बहुत से प्रकाशित विवरणों से ज्ञात होता है कि यूरी को धरती पर उतरने में कोई परेशानी या गंभीर बात नहीं हुई। स्वयं यूरी ने भी इस बात का समर्थन किया। उसके उड़ान के आधिकारिक विवरण 'द रोड टू द स्टार्स' कुछ तकलीफ की ओर संकेत करते हैं जो इतने नगण्य थे कि पश्चिमी विशेषज्ञ इस पर ध्यान नहीं देते।

"रॉकेट को स्वयमेव ब्रेक लग गया, मेरी भारहीनता समाप्त हो चुकी थी और जी-लोड के बढ़ते दबाव के चलते मैं अपनी सीट पर ही जमा हुआ था। जी-लोड बढ़ते ही जा रहे थे। उड़ान के समय से भी ज्यादा यान घूमने लगा जिसकी जानकारी मैंने ग्राउंड कंट्रोल को दी। यान के जिस मोड़ लेने को लेकर मैं चिंतित था, जल्द ही रुक गई और सामान्य तरीके से उतरना संभव हो गया।"

यान के जिस मोड़ लेने के प्रति मैं चिंतित था, जब कोरोलेव, कामानिन और केल्डिश की प्रमुखतावाली स्टेट कमेटी के समक्ष उसका साक्ष्य लिया गया, तो वह एकमात्र ऐसा अवसर था जब यूरी को सच बात बतानी पड़ी। यह मीटिंग वोस्टोक की उड़ान के दौरान संपूर्ण कार्यसंपादन पर खुलकर रिपोर्ट करने का निजी अवसर था। बाहर के लोगों को इससे जुड़े संवेदनशील तकनीकी विवरणों की जानकारी देने को उपयुक्त नहीं समझा गया। निश्चित तौर पर यूरी का दुनिया को यह बताना आवश्यक नहीं था कि उसकी मौत हो चुकी होती।

बॉल के रि-एंट्री के ठीक पहले ही पिछले उपकरण मॉड्यूल के प्रमुख जोड़ (लिंकेजेस) सही तरीके से अलग हो गए, लेकिन बॉल को ऊर्जा और आँकड़े स्थानांतरित करनेवाला अम्बिलिकल केबल स्पष्ट रूप से अलग नहीं हुआ। कई मिनटों तक बॉल और रियर मॉड्यूल ऐसे बंधे रहे मानो जूतों की एक जोड़ी एक-दूसरे से बिना प्रयोजन के उनके लेसों से बँधे हुए हों। सारा-का-सारा यंत्र धरती पर सीधे उतरने के समय बुरी तरह लड़खड़ाने लगा।

बॉल को विशेष रूप से वजनदार बनाया गया था, ताकि यूरी के पीछे ताप अवरोधी अपेक्षाकृत मोटी परत पृथ्वी के वायुमंडल के अत्यधिक तेज आक्रमण का सामना करने के लिए स्वयमेव मुड़ जाए। उपकरण मॉड्यूल के हवा के बहाव को करप्ट करने व इकट्ठे वितरण को विकृत करने के कारण यह पंक्तिबद्धता संभव नहीं थी। यूरी ने गोपनीय स्टेट कमेटी को बताया, "यान तेजी से घूर्णन करने लगा। अलगाव (सेपरेशन) चाहता था, लेकिन व्यर्थ। जब रॉकेट शट-डाउन हुआ तो कंसोल की सभी संकेत बत्तियाँ बुझ गईं। वे फिर से जलने लगीं। अलगाव (सेपरेशन) हो ही नहीं रहा था। मैंने तय किया कि कुछ तो जरूर गड़बड़ है। यान का घूर्णन धीमा होने लगा था। मैं यान के दोलित होने और इसकी बॉडी पेंट के

जलने को महसूस कर रहा था। कहीं से चट-चट की आवाज भी आ रही थी। या तो इसकी संरचना चटक रही थी या तपने के कारण ताप आवरण का फैलाव हो रहा था, लेकिन चटकने की आवाज साफ-साफ सुनाई दे रही थी। मुझे तापमान बढ़ता हुआ महसूस हो रहा था।''

री-एंट्री के ताप के कारण बॉल के चारों ओर आयनीकरण निर्मित हो गया और रेडियो संदेश की आवाज नहीं आ रही थी। जमीन पर कोरोलेव और उसके नियंत्रक यूरी की इस समस्या से उसके उतरने तक रू-ब-रू नहीं हुए थे।

वायुमंडलीय ताप ने अंततः तार (केवल) को जलाकर इक्विपमेंट मॉड्यूल को अलग कर दिया, लेकिन इसके प्रभाव से बॉल एकदम से दूर जा छिटका और इसका घूर्णन बुरी तरह बढ़ गया। एक समय तो घूर्णन इतना बढ़ गया था कि यूरी की चेतना जवाब देने लगी थी। इंस्ट्रुमेंट पैनल पर लगे संकेत धुँधले हो गए और सब कुछ उजड़ता सा महसूस हुआ।

शायद इस समस्या पर स्टेट कमेटी के विचार-विमर्श की जानकारी इंजीनियरों को नहीं थी, ताकि वे इसके बाद घर्मन टिटोव के अंतरिक्ष मिशन के दौरान उचित सुधार कर सकते। 6 अगस्त, 1961 को संपन्न उड़ान में उसे भी ऐसी ही कठिनाई का सामना करना पड़ा। सेपरेशन फेलियर से संबंधित यूरी की उड़ान के पश्चात् की जानकारी का वर्णन बिलकुल सामान्य था, लेकिन टिटोव कहता है कि यदि उसके अनुभव की बात की जाए तो उसे हैरानी इस बात की थी कि कैप्सूल व अन्य मॉड्यूल में ज्यादा मजबूत क्या था। पहले कौन टूटता? तुम्हें पृथ्वी का छोटा सा ग्लोब घूमता हुआ और घड़ी अब भी चलती हुई नजर आती है जिसका तात्पर्य यह है कि तारों से होकर सूचना अब भी इक्विपमेंट मॉड्यूल से आ रही है। कैप्सूल बहुत तेज घूर्णन करता है, फिर यह तेजी से हिलता है। दोनों कंपार्टमेंट एक-दूसरे से टकरा रहे होते हैं। क्या यह डरावना है? यह बड़ा रोचक प्रश्न है। मैं तो झुलसकर रह गया होता, लेकिन तो क्या हुआ? इसी तरह की बातें हुईं। अंत में यूरी ने अधिक सघन वायु सरसराहट के साथ बॉल के पास से गुजरती हुई सुनी और उसका भँवर जैसे घूर्णन की तीव्रता में कुछ कमी आ गई। जले हुए पार्टहोल से उसे धुँधला नीला आकाश दिखाई दिया। वह हिलकर रह गया था साथ ही उसे आगामी किसी तनावपूर्ण स्थिति का अंदेशा भी था। सात किलोमीटर की ऊँचाई पर उसके सिर के ऊपर लगा हैच हवा के जोर से उड़ गया। आवाज की तीव्रता बहुत ज्यादा बढ़ गई। अचानक केबिन खुली हुई सी लगने लगी। यूरी के प्रकाशित विवरण के अनुसार एक क्षण के लिए वह चकरा गया—''क्या वह मैं ही था? क्या तभी मैं बाहर निकला?''

उसका (यूरी का) विवरण, कोरोलेव के मेडिकल प्रिपरेशंस के डायरेक्टर व्लादीमीर याजडोवस्की के स्मरण से मेल खाता हुआ प्रतीत नहीं होता। वह उस समय ग्राउंड कंट्रोल टीम का सदस्य भी था। उसे यूरी द्वारा स्वयं इंजेक्शन का ट्रिगर दबाना याद है।

संपूर्ण प्रक्रिया स्वचालित मानी गई थी। जब दबाव संकेतों ने सात किलोमीटर की ऊँचाई के अनुरूप वायुमंडलीय दबाव दर्ज किया, यूरी उछलकर बॉल से बाहर आ गया। चार किलोमीटर इंजेक्शन सीट का प्रॉपुल्जन पैक और विशाल पैराशूट कैनोपी उसे रिलीज करते हुए दूर जा पड़े, ताकि वह अपने व्यक्तिगत पैराशूट से ज्यादा आराम से नीचे उतर सके। यदि वह सीट सही समय पर अपने आप ही नहीं छूटती तो उसके पास इंजेक्शन को स्वयं ट्रिगर करने का विकल्प था। लेकिन बिना उचित कारण के उसे ऐसा नहीं करना था।

जैसे-जैसे बॉल की गति सघनतर वायुमंडल में धीमी होने लगी व प्रारंभिक रि-एंट्री का ताप धुँधला पड़ने लगा, ग्राउंड कंट्रोल की रेडियो लिंक यूरी से जुड़ गई। याजडोवस्की के अनुसार, "उसने रिपोर्ट किया कि जी लोड अब भी बहुत भारी थे, जिनकी वजह से वह अलग-अलग दिशाओं में खिंचा जा रहा था। हमने कहा, 'वहीं बने रहो।' हमने उसे बहुत जल्दी इंजेक्ट न करने की सलाह दी, लेकिन एक अनिश्चित ऊँचाई से पहले ही इंजेक्ट कर गया।"

ऐसा लगता है कि ग्राउंड कंट्रोलर यूरी के सेपरेशन की कठिनाई से अवगत नहीं थे। उन्होंने यह भी महसूस नहीं किया कि वह बहुत ज्यादा घूर्णन व जी-लोडिंग की शिकायत क्यों कर रहा था। शायद यूरी के पास इतना समय नहीं था कि वह विस्तार से इसके विषय में बात कर सकता या शायद उसे मालूम था कि सेपरेशन की कठिनाई की चर्चा उसे वॉयस लिंक पर नहीं करनी चाहिए। पश्चिम देशों के श्रवण पोस्ट इसे चोरी छिपे सुन सकते थे। इस मिशन के अंतिम चरण के संवाद को कभी प्रकाशित नहीं किया गया, किंतु इतिहासकार फिलिप क्लार्क का मानना है कि वह बॉल इक्विपमेंट मॉड्यूल के अंततः अलग होने के बाद अब भी अत्यधिक तेज गति से घूर्णन कर रही होगी। पहले इंजेक्ट करने का यूरी का निर्णय भयाक्रांतता की प्रतिक्रिया नहीं थी। उसे विश्वास हो गया होगा कि उसके कैप्सूल के घूर्णन करने से उसके इंजेक्शन में बाधा पड़ेगी व जितनी जल्दी वह करता, उतना ही अच्छा होता।

उस घटनाक्रम में यूरी का इंजेक्शन और नीचे आने की प्रक्रिया आराम से संपन्न हुई। ज्यों ही इंजेक्शन सीट के रॉकेट चार्ज खत्म हुए, एक बड़ा सा पैराशूट

खुल गया। वह धीरे से नीचे आने लगा, तभी योजनानुसार सीट दूर जा पड़ी और वह अपने पैराशूट के नीचे ज्यादा आसानी से नीचे उतरने लगा।

बैकोनुर के सुबह के वक्त वाशिंगटन में रात थी। ईस्टर्न स्टैंडर्ड टाइम के 1:07 बजे अमेरिकी राडार स्टेशनों ने आर-7 रॉकेट के प्रक्षेपण को रिकॉर्ड किया था। इसके पंद्रह मिनट बाद अलेशियन आइलैंड्स ऑफ अलास्का की रेडियो मॉनिटरिंग सेवा ने किसी कॉस्मोनॉट के साथ जारी बातचीत का पता लगाया। व्हाइट हाउस के विज्ञान सलाहकार जेरोम विस्नेर ने प्रेसीडेंट कैनेडी के प्रेस सचिव पियरे सैलिंजर को फोन पर इस समाचार की जानकारी दी। सैलिंजेर ने पहले ही एक बयान कैनेडी को पढ़कर सुनाने के लिए तैयार कर लिया था। प्रेसीडेंट कुछ घंटे पहले ही सोए थे। विस्नेर ने उनसे पूछा कि क्या रॉकेट के प्रक्षेपण के समय वे स्वयं को जगाया जाना पसंद करते, तो प्रेसीडेंट ने जवाब दिया, ''नहीं! यह समाचार मुझे सवेरे सुनाया जा सकता था।''

वाशिंगटन समय के अनुसार सुबह 5:30 बजे, मॉस्को न्यूज रेडियो चैनल ने यूरी की सफल लैंडिंग और रिकवरी का समाचार प्रसारित किया। एक सचेत पत्रकार ने फ्लोरिडा के नासा प्रक्षेपण केंद्र में फोन करके पूछा कि क्या अमेरिका इस काम की बराबरी कर सकता है? प्रेस अधिकारी जॉन 'शार्टी' पावर्स अपने ऑफिस में कुछ आराम कर रहा था। व बहुत से दूसरे कर्मचारी दिन में सोलह घंटे काम करके एस्ट्रोनॉट एलन शेपर्ड की पहली उड़ान मरक्यूरी कैप्सूल में सुनिश्चित करने में जुटे हुए थे। जब भोर के पहले की निस्तब्धता को भंग करते हुए फोन की घंटी बजी, तो उसे काफी खीज हुई। ''अरे यह क्या है।'' वह फोन पर चीखा—''हम सभी यहाँ सोए हुए हैं!'' दूसरे दिन की हेडलाइन थी, ''सोवियत ने अंतरिक्ष में इनसान भेज दिया। प्रवक्ता ने बताया यू.ए. सो रहा है।''

12 अप्रैल की दोपहर को प्रेसीडेंट कैनेडी ने वाशिंगटन में एक प्रेस कॉन्फ्रेंस आयोजित की। आम तौर पर आत्मविश्वास से लबरेज रहनेवाले प्रेसीडेंट की बातों में दमखम की कमी महसूस हो रही थी। ''मिस्टर प्रेसीडेंट!'' कांग्रेस के एक सदस्य ने आज कहा, ''अंतरिक्ष के क्षेत्र में अमेरिका की रूस के बाद दूसरे नंबर की स्थिति देख-देखकर हम थक गए हैं। हमारी उनस् बराबरी करने की क्या प्रत्याशा है?''

''कोई कितना भी थका-हारा हो और मुझसे ज्यादा दूसरा कोई और नहीं थका है, इसमें कुछ वक्त तो लगेगा। बेहतर होने से पहले यह समाचार बदतर हो जाएगा। मुझे उम्मीद है, अन्य दूसरे क्षेत्रों में हम प्रथम हो सकते हैं, जिससे मानवता को शायद अत्यधिक दूर का फायदा होगा, लेकिन हम पीछे हैं।'' □

7

घर वापसी

कोरोलेव, माझोरिन व ओ.के.बी.-1 के ट्रैजेक्टरी मैपर्स अच्छी तरह जानते थे कि यूरी का बॉल वायुमंडल से होकर किस दिशा में धरती पर गिरेगा, लेकिन जो बात उन्हें नहीं मालूम थी, वह यह कि उस दिशा में कितनी दूर जाकर वह रुकेगा। मटिस्लेव केल्डिश के कंप्यूटरों की कुछ ही किलोमीटर की गणनाएँ सटीक रहीं। बाहरी अंतरिक्ष की व्यापकता को दृष्टिगत रखते हुए यह स्वीकार्य होने से भी बढ़कर था। वापस लौटते समय वोस्टोक बॉल के खाली मैदान में बिना किसी क्षति के एवं किसी मकान की छत पर धराशायी होकर अपने नीचे कई लोगों को कुचलकर मारने की लैंडिंग में काफी फर्क हो सकता था। वोस्टोक के इनकमिंग रूट का चयन करते समय इस बात को ध्यान में रखा गया था कि संभवतः कम-से-कम मकान ही खतरे की राह पर हों।

आज रूसी कैप्सूल कजाखिस्तान के विशाल स्टेपीज के मैदान में उतरते हैं। यह स्थान उनके उड़ान भरने के स्थान से ज्यादा दूर नहीं है। तीन दशकों से कैप्सूल लोकेशन की प्रक्रिया को व्यवहार में लाया जा रहा है। सन् 1961 में, कोरोलेव उसके मिशन की योजना बनानेवाले अपने प्रथम अंतरिक्ष यात्री को खतरे में डालना नहीं चाहते थे। यूरी ने जिस जगह से करीब 6 साल पहले याक-18 यान में सारातोव एयरो क्लब में उड़ान भरी थी, अंतरिक्ष से वापसी पर वह इसी स्थान से कुछ दूरी पर उतरा। उसके जमीन पर आने (टचडाउन) का बिलकुल सही स्थान सारातोव प्रांत के ईगल्स शहर के 26 कि.मी. दक्षिण-पश्चिम में, स्मेलकोवका नामक गाँव के बाहर था।

जमीन स्तर से बॉल के हैच के खुलकर दूर जा गिरने या यूरी के इंजेक्शन के अचानक झटके का अवलोकन करने की संभावना नहीं थी। 7 कि.मी. की ऊँचाई पर होनेवाली इन घटनाओं को नहीं देखा जा सकता था। याकोव लीसेंको नामक एक ट्रैक्टर ड्राइवर को अपने सिर के ऊपर आकाश में होनेवाली धमाके की आवाज साफ सुनाई पड़ी थी। उसका ऊपर देखना स्वाभाविक था। हैचवे के विस्फोटक बोकट की हलकी गूँज को उस तक पहुँचने में 20 सेकंड का समय लगा, तब तक यूरी व उसका यान धरती से तीन किलोमीटर की दूरी पर आ गया था और उसके पैराशूट खुल गए थे। अब उन्हें नंगी आँखों से देखा जा सकता था। संभव है कि लीसेंको ने जमीन के आस-पास का कोई दूसरा धमाका तब सुना हो जब बॉल का पैराशूट हैच 4 कि.मी. की ऊँचाई पर धमाके के साथ अलग हुआ। लीसेंको कहता है, "विस्फोट की आवाज किसी विमान होने की स्थिति में सुनी जा सकती है, लेकिन विमान तो मुझे नजर ही नहीं आया। इंजन के शोर-शराबे की आवाज भी नहीं थी। मैं खड़ा होकर ताक रहा था, तभी ऊपर मुझे कुछ नजर आया। पैराशूट से कुछ नीचे आ रहा था। मैंने सोचा कि यह कोई पायलट होगा, जो विमान से उतरकर नीचे आ रहा था।"

लीसेंको भागकर स्मेलकोवका गाँव लौट गया, ताकि वहाँ इस घटना के विषय में दूसरों को बता सके। उसने अपने कुछ मित्रों को इकट्ठा कर लिया और खेतों से होते हुए वे उस स्थान की ओर भागते हुए आए, जहाँ उसने पायलट को उतरते हुए देखा था। आम लोगों को सामने देखकर यूरी खुश सा लगा। "हम उस जगह पहुँच गए और देखा कि वह हमारी तरफ चला आ रहा है।" वह बहुत खुश था, खासकर सफलतापूर्वक उतरने के बाद वह जंपसूट या जो भी इसे कहा जाता है, पहने हुए था, तभी उसने कहा, 'लड़को! आओ हम आपस में परिचित हो लें। मैं दुनिया का पहला अंतरिक्ष यात्री हूँ। मेरा नाम यूरी एलेक्सेविच गागरिन है।' उसने हम सभी से हाथ मिलाया। मैंने स्वयं का परिचय भी दिया। उसने कहा, 'अभी मत जाना। किसी भी क्षण मेरे सभी अधिकारी यहाँ पहुँच जाएँगे। वे कार से आएँगे। बहुत सारे लोग। आओ अपनी तसवीरें खींच लें, ताकि हम इस मुलाकात को यादगार बना सकें।' लेकिन उनके आने के बाद हमारी तरफ ध्यान ही नहीं दिया गया। वे मिलिटरी गाड़ी में आए और उसे बैठाकर ले गए और तब से हमने उसे कभी नहीं देखा।"

तभी अचानक शासकीय स्वागत दल भी मानो कहीं से प्रकट हो गया हो। जनरल स्टुचेंको क्लोज रेंज राडार से सुबह से ही आकाश में नजर जमाए बैठा था।

यूरी व उसकी रि-एंट्री कैप्सूल का पता जमीन छूने से काफी पहले लगा लिया गया था और तद्नुसार स्टुचेंको ने सैनिकों को फैला रखा था। लीसेंको बताता है, ''सेना विमान से आई थी। उनमें से कुछ तो पैराशूटों से भी उतर रहे थे। यह पूरी आक्रामक फोर्स थी। उन्होंने हमें बहुत नजदीक आने की अनुमति नहीं दी। बड़े विचित्र होते हैं ये लोग।''

लीसेंको एक सीधा-सादा व्यक्ति हो सकता है। वह एक साधारण ट्रैक्टर चालक हो सकता है, लेकिन उस दिन उसने जो भी देखा, उससे अंतरराष्ट्रीय राजनीति के प्रति उसका रुझान झलकता है। उसने बताया, ''सोवियत यूनियन ने यूरी एलेक्सेविच गागरिन के माध्यम से अंतरिक्ष में पहला अंतरिक्ष यान भेजा। सारा देश खुशी से फूला नहीं समा रहा है। विदेशी मुल्कों के लिए तो यह शर्म से सिर नीचा हो जानेवाली बात है। अमेरिका शक्तिशाली देश है, लेकिन वह इस क्षेत्र में प्रथम न हो सका। जैसा कि कहा भी जाता है, 'देखनेवाली बात यह है कि कौन पहले दलदल पार करता है।' मैं तो इससे यही समझता हूँ।''

केवल लीसेंको और उसके मित्रों ने ही कॉस्मोनॉट को उतरते नहीं देखा था, यह बात यूरी द्वारा अपने उतरने के विषय में दी गई जानकारी से भी स्पष्ट होती है।

''जमीन पर कदम रखते हुए मैंने एक औरत और एक छोटी बच्ची को एक बछड़े के पास खड़े होकर अपनी ओर देखते हुए पाया। मैं तब अपनी भड़कीले नारंगी रंग की अंतरिक्ष पोशाक में था, जिसे देखकर वे कुछ सहमे हुए थे। 'मैं तुम्हारा दोस्त हूँ, साथियो!' अपना हेलमेट हटाते हुए मैं चिल्लाया। उस औरत ने पूछा, 'ऐसा भी तो हो सकता है कि तुम अंतरिक्ष से आए हो?'

'यकीनन ऐसा ही है।' मैंने उत्तर दिया।''

नर्वस होने का भाव—सोवियत यूनियन में अमेरिकी जासूस गैरी पावर्स के विषय में सभी को जानकारी थी। पिछली मई में उसे रूसी अंचल में गोली मार दी गई थी। शायद नारंगी पोशाकधारी यह पायलट कोई दूसरा विदेशी जासूस हो, जो अपने क्षतिग्रस्त विमान से पैराशूट लेकर कूदा हो। बहुत से पश्चिमी एरोस्पेस विशेषज्ञों का मानना है कि खेत में काम करनेवाले कुछ श्रमिक यूरी की तरफ पाँचा, औजार उठाकर दौड़े, लेकिन जब उन्होंने उसके सफेद रंग के अंतरिक्ष हेलमेट पर 'सी.सी.सी.सी.' चमकता हुआ देखा तो उन्होंने औजारों को नीचे रख दिया। आज सोवियत के अंतरिक्ष पत्रकार-यारोस्लेव गोलोवानोव यह स्वीकार करने के लिए तैयार हैं कि ''जब उन्होंने यूरी की नारंगी सुरक्षात्मक पोशाक देखी तो महिलाएँ डर गईं, क्योंकि साल भर पहले ही पावर्स (अमेरिकी जासूस) का

हादसा हो चुका था। उन्होंने कहा, 'तुम कहाँ जा रहे हो? तुम कहाँ पहुँचना चाहते हो?' उन्होंने उसे जासूस समझ लिया था।''

यूरी के उतरने की प्रामाणिक जानकारी का प्रसारण तास रेडियो द्वारा किया जा चुका था। पूरी संभावना है कि खेतिहर मजदूरों ने पहले चिंतित भाव से उसका अभिनंदन किया हो, लेकिन एकदम दुश्मन जैसा रवैया नहीं अपनाया होगा। यह भी संभव है कि उनमें से कुछ सुबह जल्दी खेतों में काम करने निकल गए हों और अंतरिक्ष उड़ान विषयक रेडियो बुलेटिन न सुन पाए हों…।

तो वह कौन था जिसे प्रथम अंतरिक्ष यात्री का स्वागत करने का अवसर सबसे पहले मिला? क्या लीसेंको और उसके मित्रों को या उस औरत और बच्ची को जिसकी चर्चा यूरी ने की? लीसेंको कहता है, ''मैं उसके बारे में भूल सा गया। हाँ, जब हम उस जगह, तख्तारोवा पहुँचे, जहाँ वह उतरा था, तब स्थानीय फॉरेस्ट वार्डन की पत्नी अपनी पोती के साथ आलू गुड़ाई का काम कर रही थी। नजदीक ही उनकी छोटी सी कृषि भूमि थी। जब वह उतरा, तब हम वहाँ नहीं थे। वह डरकर भाग जाना चाहती थी, तभी उसने हमें देखा।''

बाद में उसी दिन उस जगह पर एक साधारण सा साइनपोस्ट खड़ा कर दिया गया। तकरीबन उसी जगह जहाँ यूरी के पैर पड़े थे।

डू नॉट रिमूव!
12.04.1961
10:55 मॉस्को टाइम

दो दिन बाद एक स्थायी शिला स्मारक उसी जगह स्थापित कर दिया गया, जिसके ऊपर लिखा था, ''वाय.ए. गागरिन यहाँ उतरा था।'' जहाँ उसका खाली अंतरिक्ष यान गिरा था, उस जगह पर ऐसे ही किसी चिह्न से पहचान नहीं बनाई गई है। समकालीन प्रलेख समस्त मुद्दे को अस्पष्ट कर देते हैं। कैप्सूल के उतरने के स्थान को रिकॉर्ड करने का मतलब प्रथम कॉस्मोनॉट का अपने पैराशूट के नीचे अलग से नीचे आने की निषिद्ध गोपनीयता की स्वीकारोक्ति होती, किंतु सही स्थान गैर आधिकारिक तौर पर ही सही की जानकारी है, क्योंकि बच्चों का एक समूह वोल्गा नदी की एक सहायक नदी के किनारे घास के मैदान में खेल रहा था। उन्होंने खाली बॉल को एक खाई के नजदीक गिरते देखा था। इसके गिरने से उस स्थान पर एक गड्ढा बन गया है। आज वह गड्ढा वहाँ आस-पास के घास के मैदानों के बहुत से गड्ढों के समान ही नजर आता है।

तमारा कुचालायेवा और तशियाना मकारिचेवा नाम की दो स्कूली छात्राएँ इस

विस्मयकारी चीज को देखने के लिए दौड़ती हुई आईं। ''तब हमें स्कूल में होना चाहिए था, लेकिन सभी लड़के भाग खड़े हुए। उन्होंने एक बॉल उड़ती हुई देखी थी।'' तशियाना बताती है, ''यह भारी भरकम थी। यह नीचे गिरी, उछली और फिर गिरी और एक ओर टिक गई। जमीन पर एक बड़ा छेद था, जहाँ यह पहली बार गिरी। लड़के दौड़ते-भागते इसके करीब आए और चढ़कर अंदर की ओर चले गए। वे कॉस्मोनॉट के खाने-पीने की कई छोटी-छोटी नलियों को उठाकर वापस स्कूल ले गए और उन्होंने ही हमें बताया कि एक बॉल वहाँ उतरी थी।''

उन लड़कों ने बड़े गर्व से वहाँ मिली भोजन की नलियों को सभी को दिखाया। तशियाना कहती है, ''हममें से कुछ की किस्मत अच्छी थी, क्योंकि हमें चॉकलेट मिली थी। दूसरों को आलू के पेस्ट मिले। मुझे याद है मैंने कुछ चखे और थूक दिए।''

अब तक तो बच्चे व कुछ बड़े चढ़-चढ़कर बॉल के अंदर-बाहर व ऊपर-नीचे कर रहे थे। सैनिक सुरक्षा दल भी पहुँच गया था, हालाँकि उनकी संख्या पर्याप्त नहीं थी। तमारा के अनुसार, ''उन्होंने हमें डराकर भगाना चाहा। 'भाग जाओ यहाँ से,' उन्होंने कहा, 'इसमें विस्फोट भी हो सकता है।' उनकी धमकियों का हम पर कोई असर नहीं हुआ।''

वस्तुतः सारातोव के नागरिकों के पास निशानी एकत्र करने के अवसर बहुत थे। जमीन पर उतरने के बाद शीघ्र ही यूरी ने स्वयं को पैराशूट से अलग कर लिया था। उसे इस बात की चिंता थी कि हम उसे उड़ाकर ले जा सकती हैं। उसके शीघ्र बाद शीघ्र ही वह पैराशूट गुम हो गया, जबकि बॉल के अपेक्षाकृत बड़े वितान के स्मृतिचिह्न रखनेवालों ने टुकड़े-टुकड़े करके अपने पास रख लिये थे। केबिन का भारी हैच कहीं नीचे आ गिरा था। उसी तरह डिटैचिबल रेडियो ट्रांसरिसीवर व सरवाइवल गियर की अन्य वस्तुएँ और बॉल के पैराशूट कंपार्टमेंट को ढकने वाला दूसरा हैच।

वोस्टोक के सभी सामानों की बरामदगी के साथ एक-न-एक कहानी जुड़ती गई। चूँकि यूरी ने योजना के अनुसार रूस में ही लैंडिंग की, इसलिए रॉफ्ट उसके बचाव बक्से में ही बंद रखा रहा। यदि वह समुद्र में उतरता तो उसे इसकी जरूरत पड़ी होती। जाहिर तौर पर किसी ने बिना कोई आधिकारिक अनुमति लिये इसे निकाल लिया था और एक-दो दिन के बाद वह इसे मछली पकड़ने के लिए वोल्गा नदी में ले गया। के.जी.बी. अधिकारियों का एक बड़ा दल वहाँ पहुँचा और उन्होंने वोस्टोक की रॉफ्ट समेत चोरी गई चीजों को लौटाने के लिए कहा। उन्होंने

सभी स्मेलकोवकावासियों को गुम हुई चीजें न मिलने की सूरत में कठोर कानूनी काररवाई का शिकार बनाने की भी धमकी दी। विशेष पुलिस बल भी बुलाया गया। पुलिस ने कहा, ''ये सभी चीजें शासन की हैं। हम उन्हें लेकर रहेंगे।'' उन्होंने सभी घरों में जाकर लोगों पर दबाव बनाना शुरू किया।

यारोस्लेव गोलोवानोव ने बताया, अंततः के.जी.बी. अधिकारियों ने एक मछुआरे से रॉफ्ट बरामद कर लिया। मझुआरे ने डरते हुए कहा, 'मुझे खेद है कि नाव टूट-फूट गई है।' के.जी.बी. अधिकारी मछुआरे की बात को सुधारना चाहते थे। उन्होंने कहा, 'नाव अच्छी हालत में है। इसमें कोई टूट-फूट नहीं हुई है।

बात साफ थी, के.जी.बी. के अधिकारी अपने उच्चाधिकारियों को यह नहीं बताना चाहते थे कि प्रथम अंतरिक्ष यात्री की ऐतिहासिक वस्तुओं से उनकी बरामदगी के पहले कोई छेड़-छाड़ की गई थी।

यूरी ने ज्यों ही अंतरिक्ष से उतरकर जमीन पर पैर रखा, उसका सामाजिक दायित्व शुरू हो गया। उसे बूढ़ी औरत और छोटी सी बच्ची को आश्वस्त करना पड़ा कि वह दुश्मन का जासूस नहीं था। स्मेलकोवका के लड़के जो उससे आकर मिले थे, उन्हें वह याद रखना चाहता था, क्योंकि वे उसके साथ काफी मित्रवत् पेश आए थे। इसके बाद वहाँ सेना पहुँच गई थी और सेना के अधिकारी मेजर गासिव उसके पास चलकर आए। यूरी ने मुस्तैदी से उसे सलामी देते हुए कहा, ''कामरेड मेजर! यू.एस.एस.आर. कॉस्मोनॉट वरिष्ठ लेफ्टिनेंट गागरिन रिपोर्टिंग।''

मेजर ने कहा, ''सुनो, तुम भी मेजर हो। क्या तुम्हें नहीं मालूम! तुम्हारी उड़ान के दौरान तुम्हारी पदोन्नति कर दी गई थी।'' दोनों एक-दूसरे से सहदयतापूर्वक गले मिले, दोनों समान वर्ग के अधिकारी थे। गासिव ने प्रश्नों की झड़ी लगा दी।

इसके बाद ऊँचाई के कीर्तिमान की बात थी। स्पोर्ट्स अधिकारी इवान बोरिसेंको यूरी से कुछ प्रलेखों पर उसके हस्ताक्षर चाहता था। सन् 1978 में प्रकाशित एक विवरण में बोरिसेंको ने बताया, ''डिसेंट मॉड्यूल की बगल में यूरी खड़ा मुसकरा रहा था।'' यह असंभव सा लगता है, क्योंकि कैप्सूल लगभग 2 कि.मी. दूर पड़ा था और बोरिसेंको की यूरी से मुलाकात उसके अलग टचडाउन साइट पर हुई होगी या फिर स्मेलकोवका के बाहरी छोर पर किसी दूसरे खेत में, जहाँ एक विशाल हेलीकॉप्टर यूरी को नजदीक ही ईगल्स एयर बेस ले जाने के लिए तैयार खड़ा था। लैंडिंग के कुछ ही देर बाद प्रथम अंतरिक्ष यात्री ने खुशी-खुशी बोरिसेंको के दस्तावेजों पर हस्ताक्षर कर दिए।

हेलीकॉप्टर में यूरी ने साथ बैठे सैनिक अधिकारियों के पूछे प्रश्नों का बड़ी

विनम्रता और उत्साह से उत्तर दिया। धरती कैसी दिखती थी? भारहीनता? वह जानता था कि जहाँ कहीं भी जाएगा, ऐसे ही प्रश्न पूछे जाएँगे, लेकिन बात करते वक्त वह कुछ क्षणों के लिए शांत हो गया। गोलोवनोव के अनुसार, उसने कहा, "जानते हो, अपने पॉर्टहोल से मैं चंद्रमा का नजारा नहीं देख पाया...कोई बात नहीं, अगली बार मैं इसे जरूर देखूँगा। इसके साथ ही उसने खुशी से दूसरे प्रश्नों का उत्तर दिया।"

जनरल स्टुचेंको ईगल्स की हवाई पट्टी पर यूरी से मिला। इस मुलाकात ने गोलोवनोव की उपस्थिति में इस प्रथम अंतरिक्ष यात्री के सामने एक और जटिल सी सामाजिक चुनौती पेश कर दी। स्टुचेंको ने पूछा, "यूरी एलेक्सेविच, गजाट्स्क डिस्ट्रिक को स्वतंत्र कराने की लड़ाई में एक ही कमांडर था। तुम्हें मेरी याद तो होगी?"

"नहीं, मुझे याद नहीं है।" यूरी से ऐसे उत्तर की प्रत्याशा उसे कतई नहीं थी। उसे बड़ा खराब लगा, फिर यूरी ने कुछ सोचकर कहा, "मेरा मतलब है, मुझे आपका चेहरा याद नहीं है, लेकिन मुझे यह बात याद है कि एक कमांडर उस लड़ाई में था। अरे तुम्हीं थे क्या? हैरानी की बात है। तुम तो मेरे दोहरे संरक्षक निकले। एक बार तुमने नाजियों से मेरे जीवन की रक्षा की थी और अब अंतरिक्ष से मेरी वापसी पर मुझसे मुलाकात हो गई।"

यह उत्तर ज्यादा संतोषजनक था। तत्पश्चात् स्टुचेंको ने पूछा, "यदि तुम्हारी पत्नी को मॉस्को से तुम्हारे पास लेकर आने के लिए एक विमान भेज दिया जाए तो कैसा लगेगा? वैलेंटिना यहाँ आ जाए और फिर तुम दोनों साथ-साथ घर के लिए उड़ान भरो।"

एक और विचित्र समस्या—एक वरिष्ठ अधिकारी की ओर से किए गए ऐसे सहृदय प्रस्ताव को कैसे इनकार किया जाए! यूरी ने कहा, "ऐसा सोचने के लिए आपका बहुत धन्यवाद, जनरल! लेकिन खेद है ऐसा संभव नहीं है। वाल्या इस वक्त हमारी नवजात बेटी की सेवा में लगी है।"

स्टुचेंको गागरिन को एयरबेस अधिकारी के क्वार्टर में ले गया, जहाँ उसे अपने परिवार से फोन पर बात करने और फोन पर ही अपने फर्स्ट सेक्रेटरी को अपनी कामयाबी की रिपोर्ट देने का अवसर मिल गया। यूरी ने काफी सावधानीपूर्वक बातें की, क्योंकि उसे अच्छी तरह मालूम था कि उसका प्रत्येक शब्द आनेवाली पीढ़ी के लिए इतिहास में दर्ज होगा।

"तुम्हारी आवाज सुनकर खुशी हुई गागरिन एलेक्सेविच।"

"निकिता सर्जेयेविच, मुझे रिपोर्ट करते हुए खुशी हो रही है कि पहली अंतरिक्ष उड़ान सफलतापूर्वक पूरी हो चुकी है।"

ख्रुश्चेव कुछ देर तक तो अधिकारी के लहजे में बात करता रहा, लेकिन बहुत देर तक वह अपने-आपको आम स्तर के प्रश्न पूछने से नहीं रोक सका। "उड़ान के दौरान तुम्हें कैसा लगा? अंतरिक्ष में कैसा लगता है?"

"मुझे अच्छा लगा। मैंने काफी ऊँचाई से धरती को देखा। मुझे समुद्र, पर्वत, बड़े शहर, नदियाँ और जंगल नजर आ रहे थे।"

ख्रुश्चेव काफी खुश लगा। उसने कहा, "इस खुशी को हम सभी सोवियतवासियों के साथ मिलकर मानएँगे। अब दुनिया हमारी तरफ देखे और समझ ले कि हमारा देश कितना सक्षम व समर्थ है। हमारे महान् लोग और हमारे सोवियत का विज्ञान क्या कर सकता है।"

यूरी ने भी कर्तव्यनिष्ठतापूर्वक इसी भाव की प्रतिक्रिया दी, "अब दूसरे देश कोशिश करें और हमसे आगे बढ़ने की सोचें।"

"बिलकुल! अब पूँजीवादी देश हमसे मुकाबला करें।"

उसके वरिष्ठ सहायक फ्योडोर बर्लाट्स्की के मुताबिक, ख्रुश्चेव यूरी के जवाबों की प्रफुल्लता व उत्साही स्वभाव से काफी प्रभावित था। मॉस्को में दो दिवसीय शानदार सार्वजनिक समारोह के दौरान यूरी से मिलने की प्रतीक्षा थी।

यूरी ने कहा, "धन्यवाद निकिता सर्जेयेविच! मुझ पर विश्वास करने के लिए मैं आपको एक बार और धन्यवाद देता हूँ और विश्वास दिलाता हूँ कि अपने देश के लिए आगे भी कार्य करने के लिए तत्पर रहूँगा।"

शायद वह चंद्रमा के विषय में सोच रहा था। आखिर कोरोलेव ने उसकी उड़ान से पहले उसके हाथ में चंद्रमा अंतरिक्ष यान का एक स्मृतिचिह्न रखकर कहा था कि एक दिन वह वास्तविक अंतरिक्ष में पहुँच सकता था।

ईगल्स में ठहरने के दौरान उन जरूरी फोन वार्त्ताओं के बाद यूरी ने कुछ देर आराम किया। तत्पश्चात उसने इल्युशिन—14 विमान से कुइबिशेव (आज समारा) के लिए उड़ान भरी, जो वोल्गा नदी पर सारातोव से 350 कि.मी. उत्तर-पूर्व स्थित है। यहाँ एक या दो दिन आराम करने के बाद 14 अप्रैल को वह मॉस्को के लिए रवाना होगा।

यूरी की रॉकेट के लॉन्च पैड छोड़ने के ठीक एक घंटे बाद टिटोव गलाई, कामानिन और प्रतिनिधिमंडल बैकोनुर से एंटोनोव-12 विमान से कुइबिशेव के लिए रवाना हो चुके थे। इस विमान में कोरोलेव नहीं था। वह एक सुदूर रेडियो

स्टेशन से संचार (कम्युनिकेशन्स) की मॉनिटरिंग करते हुए उन यानों के विषय में सुन रहा था, जो वोस्टोक की कक्षा (ऑर्बिट) और उतरने के अंतिम चरण को ट्रेक कर रहे थे। (उसने और इवानोवस्की ने सारातोव क्षेत्र से बॉल की बरामदगी का निरीक्षण करने के लिए बाद में उड़ान भरी।)

टिटोव का मिजाज कुछ उखड़ा हुआ था। ''हम कुइबिशेव एयरबेस पर उतरे, जो कि यात्री विमान बनाने का एक बड़ा कारखाना था। इसके बाद इल्युशिन-14 से यूरी आ गया। उसे सारातोव क्षेत्र से लाया गया था। वह सेना के जनरलों से घिरा था और मैं उनके सामने मात्र एक वरिष्ठ लेफ्टिनेंट था, लेकिन मैं यह जानने के लिए उत्सुक था कि भारहीनता कैसी होती है। यूरी गैंगवे पर चलकर आगे बढ़ रहा था, मैंने सभी को धकेलकर किनारे कर दिया। सभी ने मेरी तरफ देखा। 'यह पागल लेफ्टिनेंट कौन है?' उन्होंने कहा। हम अन्य कॉस्मोनॉट्स बड़े गोपनीय (अज्ञात) लोग थे, लेकिन मैं यूरी के पास पहुँच ही गया। 'भारहीनता का अनुभव कैसा था?' मैंने पूछा। 'ठीक था, उसने कहा।' उसकी उड़ान के बाद यही हमारी पहली मुलाकात थी।''

एयरफील्ड घेराव के बाड़े उत्सुक दर्शकों के वजन से झुके जा रहे थे; जिन्हें मालूम था कि क्या होनेवाला था। जब यूरी की कार एयरबेस से निकलकर, मोटरसाइकिल सवार पुलिस की सुरक्षा में शहर के प्रमुख मार्ग से गुजरी, तब सारा कुइबिशेव शहर उत्साही भीड़ की गहमागहमी से भरा था। भीड़ में से ही किसी ने यूरी की कार के पहियों के बीच एक साइकिल फेंक दी, क्योंकि वे लोग चाहते थे कि यूरी रुककर उनसे कुछ बोले। टिटोव कार में ही था। वह कहता है, मैं नहीं जानता कि कार क्षतिग्रस्त हुई थी या नहीं, लेकिन लोग उसे देखना चाहते थे।

कुइबिशेव की सीमा पर, वोल्गा के किनारे एक विशेष 'ढाँचा' तैयार किया गया था, ताकि यूरी का चिकित्सीय परीक्षण हो सके और एक दिन आराम करने के बाद 14 अप्रैल की सुबह मॉस्को के लिए रवाना हो सके। ओलेग इवानोवस्की को उससे वहाँ की हुई मुलाकात और गले मिलना याद है। ''मैंने उससे पूछा, 'तुम्हें कैसा लग रहा है?' उसने जवाब दिया, 'अपना तो बताओ। जब लॉन्च पैड पर तुमने हैच खोला, तब तुम्हें अपने आपको देखना चाहिए था। तुम्हारे चेहरे पर तो इंद्रधनुष के सारे रंग उभर आए थे।' हर कोई उसकी तरफ भागा चला आ रहा था, लेकिन मैंने अपना आपा नहीं खोया। मैंने उस दिन सुबह प्रथम पेज पर छपे उसके हेलमेट पहने फोटोग्राफ की बगल में कुछ शब्द लिख दिए। वोस्टोक से जुड़ा हर व्यक्ति उसके पास आता जा रहा था और पूछता, क्या वह वोस्टोक के

उनके अपने विशेष उपकरण के विषय में कुछ कहना चाहता था।

किसी तरह यूरी ने स्नान करने का समय निकाला। तत्पश्चात वोल्गा नदी के किनारे टहलता रहा। इस दौरान वह बीच-बीच में साथ चल रहे लोगों से भी काफी खुशमिजाजी व सहयोगात्मक अंदाज में बात करता जा रहा था। एक प्रारंभिक प्रेस कॉन्फ्रेंस में उसने अंतरिक्ष से पृथ्वी के नजारे के विषय में अपने अनुभव सुनाए—

''पृथ्वी का दिनवाला भाग साफ नजर आता था—महाद्वीपों के तट, टापू, बड़ी नदियाँ, जल की विशाल सतहें। मैंने पहली बार अपनी आँखों से पृथ्वी का गोलाकार रूप देखा। मुझे बताना ही होगा कि क्षितिज का दृश्य अनुपम व खूबसूरत था।'' इसके बाद उसने कक्षा (ऑर्बिट) से सूर्यास्त के नजारे के विषय में और पृथ्वी के वायुमंडल की एक छोर से देखी गई अविश्वसनीय नाजुकता के विषय में बतलाया—''आप पृथ्वी के चमकीलेपन से अंतरिक्ष के अँधेरेपन के रंगीन परिवर्तन को एक पतली विभाजन रेखा के रूप में देख सकते हैं, जो ऐसा महसूस होता है मानो फिल्म की एक परत में पृथ्वी की गोलाई को लपेट दिया गया हो। यह हलके नीले रंग की दिखाई पड़ती है और इसका परिभ्रमण अत्यंत धीमा और प्यारा लगता है। जब मैं पृथ्वी की छाँव से बाहर आया, तो क्षितिज के साथ-साथ चमकीली नारंगी रंग की पट्टी नजर आई, जो नीले और फिर गहरे काले रंग में तब्दील हो गई।''

कुछ पत्रकार (और कुछ कॉस्मोनॉट्स भी) 90 मिनट (वोस्टोक का आधारभूत कक्षीय काल) के अंतरिक्ष काल में सूर्योदय और सूर्यास्त विवरण से सहमत होने में संकोच प्रकट कर रहे थे। न ही बहुत से लोग पृथ्वी की छाँव के प्रति उसके तात्पर्य को समझ सके। अंतरिक्ष उड़ान का साहसिक अभियान, जो आज इतना सामान्य माना जाता है, सन् 1961 में काफी जादुई और विचित्र लगता था।

शाम को जब उसके सभी सहकर्मियों को भेजा जा चुका था, यूरी कॉस्मोनॉट-2 (घर्मन टिटोव) के साथ बिलियर्ड्स में रमा रहा। टिटोव स्वीकार करता है, ''मुझे अभी भी ईर्ष्या होती है, बिलकुल अभी तक। मेरा चरित्र बहुत ही विस्फोटक है। मैं आसानी से रूखे शब्दों का प्रयोग कर सकता हूँ, किसी की भावनाओं को आहत कर चलता बन सकता हूँ, लेकिन यूरी एलेक्सेविच सभी से खुलकर बात करता है, चाहे वे स्काउट के लड़के, कर्मचारी, वैज्ञानिक, कृषक, कोई भी हों। वह उनसे घुल मिल जाता है। इन बातों से मुझे ईर्ष्या होती थी।'' फिर भी दोनों पायलट थे। दोनों में हमेशा यह बात बराबरी की रहेगी और एक-दूसरे

के प्रति प्रेम नहीं तो सम्मान रहेगा ही। वे बिलियड्र्स खेल रहे थे। उस दौरान यूरी अपनी यात्रा के विषय में जो कुछ बता रहा था, घर्मन बड़ी रुचि से सुन रहा था। उस सफलता (जिसे आज इतिहास के पन्नों में हमेशा के लिए रख दिया गया है) से कम-से-कम अगले कुछ महीनों में कॉस्मोनॉट-2 अंतरिक्ष में उड़ान का अवसर निश्चित हो सकता था। वोस्टोक सफल हो चुका था और अब कोरोलेव के 'लिटिल सेवन' के अब ज्यादा विश्वसनीय तरीके से काम करने की संभावना थी, किंतु 'डाचा' के बिलियर्ड कक्ष के सार्वजनिक स्थल होने के कारण इक्विपमेंट मॉड्यूल्स के असफल होने के विषय में यूरी पूरे विवरण नहीं दे पाया होगा। यही एक कमी रह गई जिसका पता स्वयं यूरी को लगाना पड़ा हो। उसे यूरी द्वारा विशेष रूप से इसके बारे में दी गई चेतावनी याद नहीं है।

एक अड़ियल पत्रकार ने बिलियर्ड की हलकी रोशनी में यूरी के जाने से पहले उसकी कुछ तसवीरें खींच लीं। टिटोव ने कहा, ''निश्चय ही वही तसवीरें मेरे लिए अब काफी हैं। शायद ये तसवीरें पर्याप्त नहीं थीं।''

अगले दिन कोरोलेव, कामानिन, केल्डिश व स्टेट् कमेटी के अन्य सदस्य डाचा पहुँचे और यूरी से उसकी उड़ान के साक्ष्य लिये। बंद कमरे में उसने रिट्रो-पैक की समस्या को खुलकर विस्तारपूर्वक बतलाया। आज तक इस बात का कोई स्पष्टीकरण नहीं है। 6 अगस्त को टिटोव की उड़ान के समय पर इस मुद्दे को हल क्यों नहीं किया गया।

पीछे के इक्विपमेंट मॉड्यूल्स से डाटा केबलों को सत्रह पिनवाले प्लग से होकर बॉल पर लगी बड़ी गोल प्लेट पर घुसेड़ा जाता है। प्रत्येक पिन में छोटी पिनों का संग्रह होता है जिससे कुल मिलाकर अलग-अलग 80 कनेक्शन तैयार किए गए थे। ऐसे जटिल प्लग को इंजेक्ट करना साधारण बात नहीं थी। रूसी अंतरिक्ष प्रयास के प्रारंभिक वर्षों में इसी तरह की आधारभूत तकनीकी समस्याएँ आ जाती थीं।

अमेरिका में नासा के इंजीनियरों ने भी उड़ान के बाद रि-एंट्री कैप्सूलों के अलग होने की कठिनाई को पहचाना। रूस की तरह उन्होंने भी कैप्सूलों को उनके सपोर्ट मॉड्यूल्स से जोड़ने के लिए वायर के मोटे-मोटे बंडलों पर भरोसा किया। इसमें खास अंतर यह है कि उनके प्लगों के काम न करने की स्थिति में वह विस्फोटक बोल्ट से ऊर्जा ग्रहण करनेवाली जिलोटिन ब्लेड अम्बिलिकल बंडलों को स्लाइस कर सकते हैं। यदि वह ब्लेड भी काम न करे तो दूसरे से काम चलाया जा सकता है। भारी प्लगों की अपेक्षा लचीले तारों से ज्यादा आसानी से निजात

पाई जा सकती है। अपनी फितरत से हटकर कोरोलेव के दिमाग में यह समाधान नहीं टकराया और वोस्टोक की कनेक्टर कैपें ड्राप-अवे क्लिप्स, मिनी एक्सप्लोसिव बोल्ट्स व अन्य मैकेनिज्म से कुछ ज्यादा सुसज्जित थीं।

14 अप्रैल की सुबह यूरी मॉस्को के लिए रवाना हो गया। वह लंबी उड़ान में सक्षम इक्युशिन-18 एयर लाइनर के गैंगवे पर चढ़ गया। कुछ हफ्ते पहले तक वह इसे आई.एल.-18 कतई न कहता था।

मॉस्को की उड़ान के दौरान उसका ज्यादातर समय पत्रकारों के प्रश्नों का जवाब देने में बीत गया। कॉकपिट पर लगे रेडियो के माध्यम से लगातार बधाई संदेश आ रहे थे और एयरक्राफ्ट के स्टाफ बारी-बारी से उससे कुछ बात करने के लिए यात्री केबिन में आ रहे थे। ज्यों ही चार घंटे की लगातार उड़ान के बाद विमान अपने गंतव्य पर पहुँचा, यूरी ने आराम से खिड़की से बाहर झाँककर देखा तो पाया कि उसकी पुरानी जिंदगी तो ऊपर आकाश में गुम हो गई और धरती पर एक नई जिंदगी उसका इंतजार कर रही थी।

"हमें लड़ाकू विमानों के दस्ते के साथ मॉस्को में हमारी लैंडिंग तक ले जाया गया। ये सभी मिग विमान थे, वही जिन्हें मैं पहले उड़ाया करता था। ये विमान हमारे इतने नजदीक आ गए कि मैं पायलटों के चेहरों की स्पष्ट पहचान कर सकता था। वे खुशी से मुसकरा रहे थे। मैं भी उनकी ओर देखकर मुसकराया। मॉस्को की सड़कों पर लोगों की भारी भीड़ जमा थी। शहर के प्रत्येक हिस्से से मानो लोगों की नदियाँ बह रही थीं और उनके ऊपर क्रेमलिन की दिशा में लाल बैनर लहरा रहे थे।"

इल्युशिन अपेक्षित समय से पहले वनुकोवो एयरपोर्ट पर उतर गया। यूरी को कुछ समय तक विमान में ही तब तक बैठे रहना पड़ा, जब तक पूर्व निर्धारित समारोह शुरू नहीं हो गए। यूरी को खुशी के साथ-साथ झिझक भी महसूस हुई।

नीचे धरती पर वैलेंटिन, बोरिस, जोया व एलेक्सेई मॉस्को में निकिता ख्रुश्चेव व उसकी पत्नी नीना से मिल चुके थे। वहीं उन्हें अन्ना व वाल्या भी मिल गए थे। जोया को फर्स्ट सेक्रेटरी व उसकी पत्नी का व्यवहार बहुत ही सहानुभूतिपूर्ण लगा। "वह हमारे प्रति बिलकुल साधारण व अनौपचारिक था और उसने (नीना) अपना सारा समय हमारे साथ गुजारा। हमने मॉस्को में चार दिन बिताए और प्रतिदिन सुबह नीना हमारे पास आ जाया करती और दोपहर को लौटती। यह बड़ी अच्छी स्थिति थी।"

सबसे पहली औपचारिक घटना एयरपोर्ट पर संपन्न हुई। "हम कुछ आराम

करने के लिए मॉस्को में ठहरे। तत्पश्चात 14 तारीख को हमें यूरा से मिलने के लिए वनुकोवो ले जाया गया। हम पहुँचे ही थे कि हमें लड़ाकू विमानों की अगवानी में एक विमान नजर आया लेकिन लैंडिंग के बाद कुछ देर जब वह बाहर नहीं आया। तो हमें चिंता होने लगी। नीना ख्रुश्चेव ने कहा, 'चिंता मत करो। विमान निर्धारित समय से कुछ पहले पहुँच गया है। जैसे ही समय पूरा होगा, तुम्हारा यूरा बाहर आ जाएगा।' और सचमुच कुछ ही मिनट में वह बाहर आ गया।''

उन्होंने एक लंबी लाल कालीन बिछा रखी थी। नीना ख्रुश्चेव ने वैलेंटिन को बताया, ''सामान्यतः यह नीले रंग का होता है।'' यूरी गैंगवे से नीचे उतरकर कालीन पर आ गया। मेजर की नई वरदी और हरे रंग के कोट में वह हर नजरिए से हीरो नजर आ रहा था, लेकिन तभी जोया को कुछ अजीब सा महसूस हुआ। ''मुझे जमीन पर उसके पीछे कुछ खिंचकर आता हुआ महसूस हुआ। यह उसके एक जूते का लेस था।'' यूरी को भी इसका आभास हो गया था, लेकिन उसने चुपचाप शेष दूरी इसी तरह यह प्रार्थना करते हुए तय की कि कहीं उसमें फँसकर वह गिर न पड़े और ऐसे संजीदा मौके पर लोगों की हँसी का शिकार हो। बाद में उसने वैलेंटिन को बताया कि उसे अंतरिक्ष उड़ान के दौरान उतनी निराशा नहीं हुई जितनी उस दिन कालीन पर चलने के दौरान हुई थी, लेकिन संयोगवश उस (लेस) पर उसका पैर नहीं पड़ा। उसके जूते के लेस को आज भी उस दिन तैयार किए गए, अनेक स्मरणोत्सव चलचित्रों में देखा जा सकता है। अंतरिक्ष यात्रियों के अधिकृत कैमरामैन व्लादीमीर सुवोरोव ने अपनी डायरी में लिखा है कि उस जूते के खुले लेसवाले दृश्य को हटाने व यथास्थिति में रखने के संबंध में बाद में बहुत ज्यादा तर्क-वितर्क हुआ। अंततः यूरी की जिद पर, उन दृश्यों को उसकी मानवता की पहचान के रूप में रहने दिया गया।

यूरी मुसकराते हुए फूलों से सजे स्वागत मंच पर पहुँचा, जहाँ निकिता ख्रुश्चेव व पार्टी के अन्य वरिष्ठ अधिकारियों ने उसका स्वागत किया। तत्पश्चात वह अपने परिवार के लोगों से मिला। वाल्या पंक्ति में खड़ी होकर उसे आलिंगन करने व चुबंन लेने के इंतजार में थी। एलेक्सेई और अन्ना साधारण ग्रामीण शैली के वस्त्र पहने हुए थे। उन्हें कुछ शहरी अंदाज की पोशाक पहनने के लिए भी मना लिया गया होगा, लेकिन ख्रुश्चेव की इच्छा थी कि वे सीधे-सादे खेतिहर किसान तबके के ही नजर आएँ। अन्ना की आँखों में गर्व व खुशी के आँसू छलक आए थे। यूरी को यह आभास था कि अंतिम दिन जब उसे यह खबर मिली होगी तो वह कितनी सहम गई होगी। उसने रूमाल से उसकी आँखें पोंछीं और बचकानी

सी आवाज बनाते हुए कहा, ''रोओ मत माँ, मैं दुबारा ऐसा नहीं करूँगा।''

वनुकोवो का समारोह कुछ ही देर का था। उस दिन का ज्यादा अहम समारोह मध्य मॉस्को में रखा गया था। गागरिन व ख्रुश्चेव परिवार काली जिल लिमोसीन में सवार होकर रेड स्क्वेयर की ओर बढ़ गए। जोया सोच रही थी कि यदि उसके ख्यातिलब्ध भाई को आराम मिल जाता तो हमेशा की तरह वह खूबसूरत व ऊर्जावान नजर आता।

उस दिन यूरी को बड़ा दुर्लभ विशेषाधिकार दिया गया था। एक निजी ड्राइवर फ्योडोर ड्येमचुक ने अधिकारियों से ब्रांड न्यू वोल्गा-21 कार हासिल कर ली थी, जो आधुनिकतम व सर्वाधिक फैशनवाली एक्सेसरीज से परिपूर्ण थी। ए थर्ड फॉगलैंप अब से वह (ड्राइवर) और वोल्गा स्थायी रूप से मेजर गागरिन के पास रहनी थी।

सरजेई कोरोलेव की उतनी अच्छी तरह आवभगत नहीं हुई थी। उसने भी गागरिन से वनुकोवो में मुलाकात की थी, लेकिन चीफ डिजाइनर प्रमुख स्वागत समूह की ओर खड़ा था। ख्रुश्चेव ने उस व्यक्ति की सेवा को मान्यता देने के लिए कोई खुलेआम घोषणा नहीं की थी, जबकि इस कामयाबी के पीछे किसी भी दूसरे व्यक्ति की अपेक्षा उसका योगदान कहीं बढ़कर था। कोरोलेव को चमचमाती हुई नई वोल्गा कार नहीं दी गई। उसने एक विदेशी दूतावास से एक पुरानी चैका लिमोशिन खरीदी, ताकि कम-से-कम एक शैलीगत तरीके से वह वनुकोवो पहुँच सके, क्योंकि किसी और को उसे इस अंदाज में पेश करने की चिंता नहीं थी। वह एक स्टेट सीक्रेट (शासकीय तौर पर गोपनीय व्यक्ति) था। उसके विषय में खुलकर बोला भी नहीं जा सकता था, तो सार्वजनिक तौर पर सामने लाना तो बहुत बड़ी बात है। उसे उसके अपने तमगे पहनने की भी मनाही थी। दुर्भाग्यवश, उसकी सेकंड हैंड चैका का फेन बेल्ट टूट जाने के कारण मॉस्को के रास्ते में ही इसने धोखा दे दिया। हारकर उसे रेड स्क्वेयर के लिए एक साधारण से वाहन में लिफ्ट लेनी पड़ी। इस महान् समारोह में शिरकत करनेवाले वैज्ञानिकों, सैनिक अधिकारियों, शिक्षाशास्त्रियों व राजनेताओं जैसी बड़ी हस्तियों की सूची में कोरोलेव का नाम नहीं था।

उसका सहकर्मी सरजेई बलोट्सरकोवस्की आज कहता है, ''कोरोलेव की स्थिति बहुत ज्यादा अनुचित थी और यूरा को इसका दुख भी था। नोबेल पुरस्कार की समिति ने भी जानना चाहा कि क्या वे दुनिया का पहला उपग्रह बनानेवाले व अंतरिक्ष में प्रथम मानव भेजनेवाले व्यक्ति को पुरस्कृत कर सकते हैं, लेकिन आधिकारिक तौर पर इस प्रश्न का कोई जवाब नहीं दिया गया। आज भी इस

अन्याय की क्षतिपूर्ति नहीं की गई है।''

रेड स्क्वेयर में यूरी और उसका परिवार ख्रुश्चेव व अन्य पार्टी नेताओं के साथ कम्युनिस्ट शक्ति के पारंपरिक शीर्ष पर खड़ा था। लेनिन के विशाल स्मारक के ऊपर बने स्टैंड पर ऊपर हेलीकॉप्टरों से शहर के प्रमुख मार्गों पर लीफलेट्स गिराए जा रहे थे। रेड आर्मी स्क्वेयर के खाली हिस्से में मार्चपास्ट कर रही थी, लेकिन उससे भी बड़ा हिस्सा वहाँ पहुँचे खुशी से मदमस्त भारी समुदाय के लिए रखा गया था। जी.यू.एम. डिपार्टमेंट स्टोर के सामने के हिस्से को लेनिन के विशाल पोर्ट्रेट से ढककर यह नारा लिखा गया था—'साम्यवाद के विजय की प्रस्तावना।' आज वह विजय कम-से-कम संभावनाओं की सीमाओं के अंदर है।

उस दिन की गरिमा के लिए केवल इतना ही प्रचार बहुत नहीं था, बल्कि और भी बहुत कुछ किया जाना था। सोवियत यूनियन ने एक इनसान को अंतरिक्ष में भेजा था। निकिता ख्रुश्चेव का वरिष्ठ एवं भाषण लेखक फ्योडोर बर्लाट्स्की अपने संस्मरण में बतलाता है, ''मेरी आँखों में आँसू थे और सड़कों पर अनेक लोगों की आँखें नम थीं—ये खुशी के आँसू थे, सर्वप्रथम तो एक इनसान आकाश में, ईश्वर के प्रदेश में उड़ रहा था और जो सबसे अहम् था वह यह कि वह रूसी था। उस दिन उत्सव का मिजाज स्वाभाविक लग रहा था। आम तौर पर रूस में स्टालिन के समय और ख्रुश्चेव के समय भी लोकप्रिय भावनाओं के इन आयोजनों का बड़े जोर शोर से प्रदर्शन किया जाता था, किंतु इस आयोजन में ऐसा नहीं था। यह तो स्वाभाविक व सोवियत यूनियन के 90 प्रतिशत लोगों के दिलों के भावों की अभिव्यक्ति थी।''

टिटोव व प्रथम समूह के कई कॉस्मोनॉट्स ने सादे लिबास में इन समारोहों में शिरकत की थी। उन्हें लेनिन के स्मारक के शीर्ष पर यूरी के साथ खड़े होने का मौका नहीं दिया गया था, इसलिए वे जमीन पर ही रहे। ''मैंने लोगों को, इस सैलाब को शोर करते, मुसकराते हुए देखा। उन्होंने छोटे बच्चों को मंच की झलक दिखाने के लिए कंधों पर उठा रखा था। यूरा बड़ी शासकीय हस्तियों के बीच स्मारक के शीर्ष पर खड़ा था।''

टिटोव बताता है, ''उसे वहाँ देखकर बड़ा आश्चर्य होता था। केवल इसी समय मुझे इस घटना की अहमियत का अहसास हुआ। हर एक व्यक्ति भावुक हो उठा था। सभी खुश थे। सारी दुनिया ही खुश थी, आखिर इनसान के कदम अंतरिक्ष में जो पड़ चुके थे। यह एक असामान्य घटना थी।''

यूरी ने मंच से अपना भाषण दिया। उसके भाव वैसे ही थे जैसे कि आम

तौर पर ऐसे अवसरों पर देखे जाते हैं, लेकिन उसकी शैली में वही स्वाभाविक प्रसन्नता व निष्ठा झलकती थी जो सदा से उसके व्यक्तित्व का हिस्सा रही थी। उसके उद्‌बोधन से साम्यवादी धारणाएँ एक पल के लिए जीवंत हो उठी थीं। निष्कर्ष में यूरी ने कहा, ''मैं निकिता सर्जेयेविच ख्रुश्चेव द्वारा हम सोवियतवासियों के प्रति जताए गए पिता तुल्य प्रेम को विशेष रूप से व्यक्त करना चाहूँगा। मेरी लैंडिंग के कुछ मिनट बाद ही मेरी अंतरिक्ष उड़ान की कामयाबी पर आपने ही मुझे सबसे पहले बधाइयाँ दीं। निकिता सर्जेयेविच ख्रुश्चेव के नेतृत्व में बढ़ रही साम्यवादी पार्टी को ख्याति मिलती रहे।'' यूरी के आभार प्रदर्शन का उद्‌बोधन काफी निपुणता व निष्ठापूर्वक खुशी से झूमते विशाल जनसमूह को दिया गया था। यह बिलकुल वैसा ही था जैसा फर्स्ट सेक्रेटरी सुनना चाहता था। उसी क्षण से यह युवा कॉस्मोनॉट उसका पक्का राजनैतिक चहेता बन गया। गर्व और खुशी से फूला न समाते हुए व अपनी आँखों से खुशी के आँसू पोंछते हुए ख्रुश्चेव बार-बार यूरी को गले लगाते नहीं थक रहा था, फिर उसने अपना भाषण दिया जिसे वहाँ उपस्थित जनता ध्यानमग्न होकर सुन रही थी। भाषण के बीच जोरदार तालियाँ व उसके समर्थन में नारे लगाए जाते रहे।

हम कल्पना कर सकते हैं कि 14 अप्रैल, 1961 को सोवियत यूनियन ने सचमुच स्वयं पर यकीन किया। इधर ख्रुश्चेव को ऐसे प्रदर्शनों से जनता की निष्ठा हासिल करने का तरीका मालूम हो चुका था। उसके नेतृत्व की आशावादी शैली में समाजवादी क्रांति का रक्तरंजित संघर्ष काफूर सा हो गया, महसूस होता था। जोसेफ स्टालिन ने मौत के दर्द के आधार पर लोगों में आज्ञाकारिता का भाव पैदा किया था, लेकिन ख्रुश्चेव बिना कष्ट दिए प्रेम का पात्र बनने की मनोवृत्ति के कारण स्टालिन से कई गुना कम कठोर था। सत्ता में आने के बाद उसने स्टालिन की क्रूरताओं की भर्त्सना करने से भी परहेज नहीं किया था। यह अपने आप में बहुत बड़ा राजनैतिक जोखिम था, क्योंकि पुराने साम्राज्य के बहुत से रह गए प्रशासकों में अब भी पार्टी को प्रभावित करने का दमखम था और वे यह बात सुनना कतई पसंद नहीं करते कि स्टालिनवाद के झंडे के नीचे उनके प्रयास गलत थे। आज यूरी की दुनिया को हिलाकर रख देनेवाली उपलब्धि के श्रेय के बाद ख्रुश्चेव का कोई बॉल भी बाँका नहीं कर सकता था।

अब इस बात में जरा भी शक की गुंजाइश नहीं थी कि वह युवक, जिसने यह हैरानी में डाल देनेवाली जीत उसे हासिल कराई थी, उसे आगामी महीनों और सालों में फर्स्ट सेक्रेटरी से खुशी-खुशी व्यक्तिगत आभार के तौर पर लाभ होंगे।

दुर्भाग्यवश बतौर मित्र ख्रुश्चेव का विश्वास हासिल करने के साथ ही यूरी के प्रतिस्पर्धी दुश्मन भी बढ़ने लग गए। जब ख्रुश्चेव के डिप्टी लिओनिड इलीच ब्रेझनेव ने वनुकोवो एयरपोर्ट पर यूरी को बधाई दी और रेड स्क्वेयर पर स्मारक के शीर्ष पर उसका स्वागत किया, तो औपचारिक रूप से उसने कॉमरेडशिप और निष्ठा तो दिखाई, लेकिन उनके शारीरिक हावभाव जो उस घटना पर बनी डॉक्यूमेंट्री फिल्म के रूप में संरक्षित हैं, उसके मन के विपरीत मनोभाव को दरशाते हैं। अक्तूबर 1964 में उसके प्रथम अंतरिक्ष यात्री के साथ मतभेद शीघ्र ही ख्रुश्चेव के सत्ता पर पकड़ के साथ खत्म हो जाते हैं।

शाम को क्रेमलिन के जार्जयेवस्की हॉल में शाही भोज आयोजित किया गया था। यह भोज आशा के विपरीत 6 घंटे तक चलता रहा। भीड़ का उत्साह व गर्वयुक्त संयम की कोई सीमा ही नहीं थी और ख्रुश्चेव ने इस समारोह का पूरा फायदा उठाया था।

भोज के दौरान भूखा और फटेहाल वैलेंटिन उत्साह में खोकर भोजन व शराब पर टूट पड़ा। एक बड़ी गोलमेज पर सभी तरह के पकवान रखे गए थे। यूरी को गोल्डेन स्टार और ऑर्डर ऑफ लेनिन से नवाजा गया था। सबसे आखिरी में उसे होली फादर्स के द्वारा बधाई दी गई। उनमें से एक ने पूछा, ''यूरी एलेक्सेविच! क्या तुमने धरती के काफी ऊपर जीसस क्राइस्ट को देखा?'' उसका जवाब था, ''होली फादर, आप मुझसे अच्छा जानते होंगे, कि मैंने उन्हें देखा होगा या नहीं।''

यकीनन यौन्मत्त निकिता ख्रुश्चेव की अपनी अभी तक की सबसे बड़ी उत्साही दिनचर्याओं में से यह एक थी। कॉस्मोनॉट एलेक्सेई लिआनोव ने आशावादिता के उस मिजाज को अपने संस्मरण में लिखा है, ''उसने घोषणा कर दी कि हमारी पीढ़ी सच्चे साम्यवाद में रहने जा रही थी। हम एक-दूसरे से गले मिल रहे थे। जयघोष कर रहे थे, हुर्रा चिल्ला रहे थे। सचमुच हमें उसका यकीन हो रहा था, क्योंकि उस वक्त हमारे देश की कामयाबी दुनिया को साफ नजर आ रही थी। आगे चलकर काफी बाद में, जब हम बड़े हुए और हमें आर्थिक वास्तविकताओं की कुछ जानकारी हुई, तब जाकर कहीं हमें समझ में आया कि ख्रुश्चेव की घोषणाओं में उतनी परिपक्वता नहीं थी।''

अप्रैल के अंत तक यूरी की चेकोस्लोवाकिया, बुलगारिया, तत्पश्चात फिनलैंड की विदेश यात्रा में व्यस्त दिनचर्या चलती रही। जून 1961 में वह वाल्या व बच्चों के साथ एक जरूरी अवकाश पर मॉस्को लौट आया। यद्यपि अब भी वह लगातार पहुँच रहे पत्रकारों को साक्षात्कार देने का समय निकाल लेता था। एक भारतीय

लेखक ख्वाजा अहमद अब्बास ने यूरी का अवलोकन इन शब्दों में किया—

"उसे हर जगह 'मैन ऑफ मोमेंट' कहकर संबोधित किया जा रहा था, लेकिन जब मेरा उससे आमना-सामना हुआ, तो हमारी मुलाकात नीरस रही। दरवाजा खुला और दुनिया के सबसे ज्यादा पब्लिसिटी हासिल करनेवाले शख्स ने अंदर कदम रखा। मैं उसे पहचान भी न सका। उससे हाथ मिलाते वक्त मुझे यकीन नहीं हो रहा था कि यह छोटे कद-काठी का इनसान अंतरिक्ष युग का हीरो हो सकता है! अपनी आकर्षक वरदी में भी वह एक जूनियर अधिकारी ही नजर आता था, जो मानो असली हीरो की घोषणा करने के लिए आगे आया हो।"

यूरी के व्यक्तित्व के आकर्षण का अब्बास पर शीघ्र ही असर हुआ और यूरी के प्रति उसका रुख सकारात्मक हो गया। उस पत्रकार को शुरू में निराशा हुई होगी, लेकिन प्रथम अंतरिक्ष यात्री के स्वाभाविक रवैये से वह बहुत प्रभावित हुआ था। आखिर ख्रुश्चेव और उसके सलाहकारों ने भी यूरी को कुछ देख-सुनकर ही इस ऐतिहासिक कार्य के लिए चुना था।

9 जून को दो ब्रिटिश पत्रकार विल्फ्रेड बर्चेट और एंथनी पुर्डी ने मॉस्को में फॉरेन कॉरेस्पॉन्डेंट क्लब में यूरी से मुलाकात की और उसके उत्साह, गर्मजोशी से हाथ मिलाने और अपने प्रश्नों के मिले विश्वासपूर्ण उत्तरों से वे तत्क्षण प्रभावित हुए बिना न रह सके।

उन्होंने यूरी को बताया कि वे उसके साहसिक कार्य व उपलब्धियों पर किताब लिखने जा रहे थे। यूरी ने उन पत्रकारों की प्रशंसा करते हुए कहा कि यदि लेखक के रूप में उनके निश्चय में कुछ करने का जज्बा है तो, "अंतरिक्ष में पहुँचने वाले दूसरे व्यक्ति को लेखक ही होना चाहिए।"

इसके बाद नासा के अभियानों के विषय में चर्चा होने लगी। यूरी ने मरक्यूरी प्रोजेक्ट पर सतही तौर पर चुटकी ली जिसने 5 मई को अंतरिक्ष में एस्ट्रोनॉट एलन शेफर्ड के साथ मात्र 15 मिनट उप-कक्षीय उछल-कूद की थी। दोनों पत्रकारों ने कहा कि अमेरिकी कैप्सूल में कंट्रोलर्स, थ्रस्टर्स और नेविगेशन सिस्टम ज्यादा नवीनतम प्रणाली के प्रयोग किए गए थे, ताकि येफर्ड इस यंत्र को वोस्टोक के पायलट की अपेक्षा ज्यादा विस्तार से चला सकता। यह बात बिलकुल सही थी, लेकिन यूरी ने मरक्यूरी मिशन द्वारा तय की गई कम अवधि पर ध्यान केंद्रित करते हुए इस सवाल को टाल दिया। उसने चुनौती देते हुए कहा, "आखिर पाँच मिनट में आप कितनी डायविंग कर सकते थे और मैनुअल कंट्रोल की बात ही क्या रह जाती? यदि मैं चाहता तो मैं वोस्टोक को अपने हिसाब से चला सकता था। उसमें

दोहरी नियंत्रण प्रणाली थी, लेकिन मैनुअल विकल्प जरूरी या अहम् नहीं था।'' किसी पायलट के लिए ऐसे बात करने का मतलब है कि आवश्यक कौशल का कोई मतलब नहीं था।

पत्रकारों ने इस बात को बदलते हुए कहा कि मरक्यूरी के केबिन के उपकरण वोस्टोक के केबिन उपकरणों से बेहतर थे। यह बात भी काफी हद तक सच थी। यूरी ने कहा, ''दोनों की आपस में तुलना करना कठिन है। वोस्टोक का केबिन काफी बड़ा है और इसके इंजन का थ्रस्ट अपेक्षाकृत काफी अधिक है। हमने इसकी (मरक्यूरी) तुलना में अधिक ऊँचाई पर ज्यादा गति से और ज्यादा अवधि तक यात्रा की।''

बर्चेट और पुर्डी ने पूछा कि उसकी उड़ान के दौरान सबसे बुरा क्षण कौन सा था? 'रि-एंट्री का'—उसने बेहिचक उत्तर दिया, फिर एक क्षण के लिए उसने अपने विचार जुटाए और कुशलता से अपनी बातें कहीं—''लेकिन 'सबसे बुरा' एक तुलनात्मक शब्द है। वस्तुतः कोई खास बुरा क्षण ही नहीं था। सबकुछ अच्छा था, हरेक चीज सही तरीके से व्यवस्थित की गई थी, कुछ भी गलत नहीं हुआ। वस्तुतः यह पैदल सैर की तरह ही था।''

रूसी अंतरिक्ष के इतिहास के आज के विशेषज्ञ, ब्रिटिश पत्रकार फिल क्लार्क का मानना है कि यदि वोस्टोक का रिट्रो-पेक सेपरेशन प्रणाली की असफलता की बात सन् 1961 में पता लग गई होती तो इससे सनसनी की फैल गई होती, लेकिन यूरी ने बड़ी कुशलता से अपने जवाबों में उन गलतियों को नजरअंदाज कर दिया।

हमेशा की तरह, उसके लैंडिंग का तरीका सर्वाधिक संवेदनशील मुद्दा था। मॉस्को में उसके वापसी के समारोह के उपरांत, यूरी पर कुछ विदेशी पत्रकारों द्वारा दबाव बनाकर इस विषय में पूछा गया। 17 अप्रैल को लंदन टाइम्स के एक संवाददाता ने लिखा—

> ''लैंडिंग के तरीके के विषय में कोई विवरण नहीं दिए गए हैं। पत्रकारों से ठसाठस भरी प्रेस कॉन्फ्रेंस में इस विषय पर सीधे-सीधे प्रश्न दागने पर मेजर गागरिन ने अन्य जवाबों की अपेक्षा कुछ अधिक झिझकते हुए अपना पल्ला झाड़ने के लिए अपने जवाब में कहा, 'हमारे देश में लैंडिंग की कई तकनीकें विकसित की गई हैं। उनमें से एक है पैराशूट तकनीक। इस उड़ान में हमने वह प्रणाली अपनायी जहाँ पायलट केबिन में ही होता है।' प्रेस द्वारा प्रकाशित तसवीरों में भी अंतरिक्ष यान की

संरचना के विषय में बहुत कम तथ्य नजर आते हैं, लेकिन जब 'प्लेन' शब्द को प्रेस कॉन्फ्रेस के दौरान प्रयोग करने में झिझकने के प्रति मेजर गागरिन के गर्व से यह तथ्य कुछ हद तक स्पष्ट हो गया।''

जुलाई, 1961 में स्पोर्ट्स अधिकारी इवान बोरीसेंको इंटरनेशनल एस्ट्रोनॉटिकल द्वारा वोस्टोक से तय की गई ऊँचाई के दावों के संबंध में उठाए गए प्रश्नों का जवाब देने के लिए पेरिस गए। आई.ए.एफ. के डायरेक्टर जनरल ने बोरिसेंको के प्रतिनिधि मंडल से सीधे यह प्रश्न पूछा, लौटने पर पायलट कहाँ था (अंतरिक्ष यान के संबंध में)? बोरिसेंको ने धृष्टतापूर्वक कहा, ''अमेरिकियों से पूछिए कि क्या उन्हें यकीन है कि यूरी के इन कीर्तिमानों को वस्तुतः हासिल किया गया। दुनिया भर के लोगों ने यूरी की उड़ान का पहले ही समर्थन कर इसे बतौर तथ्य स्वीकार किया है।''

यह नोंक-झोंक कई घंटों तक जारी रही, किंतु अंततः आई.ए.एफ. ने सोवियत प्रतिनिधिमंडल पर बेहतर साक्ष्य के लिए दबाव डाले बिना हार मान ली। इसके बाद से बोरिसेंको आई.ए.एफ. से हासिल प्रमाणन को बतौर सबूत इस विषय पर संदेह करनेवाले लोगों के समक्ष पेश करता रहा कि यूरी अपने यान में ही उतरा था और पूरे अधिकार के साथ ऊँचाई के रिकॉर्ड का दावा किया।

11 जुलाई, 1961 को यूरी अपने सहचरों के साथ टुपोलेव-104 एयरोफ्लॉट एयरलाइनर से लंदन पहुँचा। वाम-समर्थक लंदन समाचार पत्र 'डेली मिरर' ने उसके आवागमन का उत्साहपूर्वक अभिनंदन करने के साथ ही अनमने ढंग से किए गए आधिकारिक स्वागत की खबर छापी। आज उस समाचार को आनेवाली घटनाओं के भयंकर संकेत के रूप में पढ़ा जा सकता है, क्योंकि तत्कालीन कंजरवेटिव सरकार सन् 1960 के दशक में आधुनिकता के दबाव में ढहना शुरू हो गई थी।

गागरिन एक बहादुर व्यक्ति है। वह अभी तक हासिल किए गए महानतम वैज्ञानिक चमत्कारों का प्रतीक है। सही प्रक्रिया को लेकर दो दिनों की रस्साकशी के बाद ब्रिटिश सरकार अंततः इस दुनिया भर के हीरो के स्वागत के तरीके का निर्णय कर सकी है। जिन्हें सारे ब्रिटिश लोगों की ओर से स्वागत के लिए भेजा जा रहा है, वे लोग हैं कौन? वे न तो प्रधानमंत्री मैकमिलन हैं, न विदेश सचिव लॉर्ड होम हैं और न ही विज्ञान मंत्री लॉर्ड हैशम हैं। इस अद्वितीय अवसर पर ब्रिटेन के प्रवक्ता होंगे, 56 वर्षीय एक अज्ञात नौकरशाह मिस्टर फ्रांसिस फियरन टर्नबुल, सी.बी.ई.। इसकी वजह, बताई गई है कि गागरिन उस राष्ट्र के प्रमुख नहीं हैं।

अंतत: हैरोल्ड मैकमिलन ने यूरी से मुलाकात (एयरपोर्ट पर नहीं) की और उसे एक खुशमिजाज इनसान बताया। वस्तुत: यूरी की यात्रा मुख्य रूप से फॉउंड्री वर्कर्स यूनियन द्वारा प्रायोजित की गई थी, न कि सरकार द्वारा, किंतु ब्रिटेन की आम जनता बड़ी तादाद में उसके स्वागत के लिए उमड़ पड़ी। 'द टाइम्स' ने लिखा कि 'उसका ऐसा स्वागत किया गया, जो कभी-कभी उन्माद की स्थिति तक आ जाता है।' प्रफुल्लित उत्साहित भीड़ ने एयरपोर्ट से शहर के अंदर तक रास्ते के किनारे कतारें बना रखी थीं।

वह वाहनों के काफिले के साथ वेस्ट लंदन के अलर्स कोर्ट एक्जिबीशन सेंटर तक छात्रों को संबोधित करने के लिए आया। तत्पश्चात ब्रिटेन व दुनियाभर से आए हुए लगभग दो हजार पत्रकारों के समक्ष प्रेस वार्ता में भाग लिया। देखते-ही-देखते सरकार ने अपनी योजना में संशोधन किया। उसे एडमिरल्टी, एयर मिनिस्ट्री और रॉयल सोसायटी द्वारा व अंतत: क्वीन से मिलने बकिंघम पैलेस आमंत्रित किया गया। यारोस्लेव गोलोवानोव नामक पत्रकार, जो एक सहचर पत्रकार की तरह हमेशा साथ रहता था, उसका कहना है कि यूरी के कार्यक्रम में एक अतिरिक्त दिन जोड़कर इस मुलाकात की व्यवस्था की गई थी जिससे यह जाहिर होता है कि शाही स्वागत दिए जाने की पूर्व योजना नहीं थी। बल्कि यह माहौल-माँग के मुताबिक जल्दबाजी में किया जानेवाला इंतजाम था। 'द टाइम्स' की यह रिपोर्ट इस बात की पुष्टि करती सी लगती है। ''शाही महल के आमंत्रण के चलते मेजर गागरिन अब पूर्व निर्धारित कार्यक्रम शुक्रवार के बदले शनिवार को स्वदेश लौट सकेंगे।''

15 जुलाई को एक अनौपचारिक भोज में क्वीन का रवैया विनम्र रहा, विशेषकर तब जब यूरी को भोजन के तौर-तरीके में अभ्यस्त न होने की समस्या का सामना करना पड़ा। गोलोवानोव उस दृश्य का स्मरण दिलाते हुए कहता है, 'महारानी साहिबा, यह पहली बार ग्रेट ब्रिटेन की महारानी के साथ भोजन का मौका है। मुझे तो कटलरी का सही प्रयोग भी नहीं आता।' ऐसा कहकर मुसकराने लगा। क्वीन ने कहा, 'आप तो जानते हैं कि मैं इस महल में जन्मी थी, लेकिन अब भी मैं कटलरी के प्रयोग में भूल कर जाती हूँ।' इसके बाद मुलाकात बहुत ही उत्साह व निष्ठापूर्वक चलती रही।

बातचीत के दौरान क्वीन ने यूरी से सभी तरह के सवाल किए—सामान्य मानवीय उत्सुकता, तड़क-भड़क से हटकर सामने आ रही थी और एक बात पर उसने काफी चतुराई से कहा, ''शायद-आपने मुझे किसी और के साथ मिलाकर रख दिया है। मुझे यकीन है कि मेरे जैसे कई पायलट आपके रॉयल एयर फोर्स में

हैं।'' कुल मिलाकर प्रथम अंतरिक्ष यात्री सोवियत कूटनीति के लिए एक असामान्य परिसंपत्ति सिद्ध हो रहा था, लेकिन जैसा कि उसने फुर्सत के क्षणों में गोलोवानोव से स्वीकारा कि एक पूर्ण राजदूत की भूमिका निभाने के तनाव से वह थकान महसूस करने लगा था। 'प्रथम उड़ान के विषय में बहुत से लेख लिखे जा रहे हैं। इससे मैं सहज नहीं रह पाता हूँ, क्योंकि वे मुझे सुपर हीरो निरूपित करने में लगे हैं। वस्तुतः हर किसी व्यक्ति की तरह मुझसे भी गलतियाँ हुई हैं। मुझमें भी कमजोरियाँ हैं, लोगों का आदर्शीकरण नहीं किया जाना चाहिए। इस तरह एक अच्छे खूबसूरत छोटे से बच्चे की तरह बनाया जाना भद्दा सा लगता है। किसी को बीमार करने की ये तो हद है।'

जब वह पत्रकार वार्ताओं में अपनी प्रशंसा से ऊब गया, तो उसने अपने श्रोताओं के लिए एक युक्ति अपनायी कि सोवियत यूनियन में उसके तमगे पर 11,175 नंबर का ठप्पा लगता है।

इसका मतलब है कि 11,174 लोग मेरे से पहले कुछ उल्लेखनीय कार्य कर चुके हैं। मैं लोगों को सामान्य और सेलेब्रिटी वर्गों में बाँटे जाने से इत्तेफाक नहीं रखता। मैं अब भी एक सामान्य व्यक्ति हूँ। मैं बिलकुल भी नहीं बदला (एक बार मॉस्को में जब भीड़ में से एक महिला को उसने यह कहते हुए सुना, ''अरे, देखो तो, उसने अब शेविंग करना छोड़ दिया है,'' तो वह खुशी से हँसने लगा।)

अगस्त में यूरी का भ्रमण दल फाइनेंसर साइरस ईटन के निमंत्रण पर कनाडा पहुँचा। हैलीफेक्स से 200 कि.मी. की यात्रा के बाद वे पुगवाश, नोवा स्कोटिया पहुँचे, जहाँ ईटन ने उनके ठहरने की शानदार व्यवस्था की थी। उसने दार्शनिक बर्ट्रेंड रसेल के साथ विख्यात परमाणु निरस्त्रीकरण सेमिनार का, जिसे पुगवाश कॉन्फ्रेंस के नाम से जाना जाता है, आयोजन किया था।

शाम को उसे मालूम हुआ कि घर्मन टिटोव अंतरिक्ष उड़ान पर गया है। उसने पूछा कि क्या वह बधाई टेलीग्राम भेज सकता है, इसका प्रबंध निकोलाई कामानिन के द्वारा कर दिया गया। टिटोव ने अपनी छठवीं कक्षा के दौरान यूरी का संदेश पढ़ा, जो कि उसके ग्राउंड कंट्रोलर के द्वारा प्रसारित किया गया था। साइरस ईटन ने विनम्रतापूर्वक आगामी उत्सवों को कम कर दिया, ताकि यूरी अपने सहकर्मियों के साथ शीघ्र ही रूस वापस लौट सके। अचानक रूसी प्रतिनिधिमंडल ने देश के महत्त्वपूर्ण कार्यक्रमों से स्वयं को अलग-थलग महसूस किया। कामानिन ने कहा, ''जहाँ भाषण देते हुए हम व्यस्त हैं, वहीं अमेरिकी अंतरिक्ष यान तैयार कर रहे हैं। हमें आगे बढ़ना है।''

यूरी की यात्रा तीन हफ्तों के अंदर ही शुरू हो गई। 24 अगस्त को उसका क्यूबा आना राजनीतिक रूप से महत्त्वपूर्ण घटना थी, फीदेल कास्त्रो के दो वर्षीय साम्राज्य के साथ सोवियत एकजुटता का अहम संकेत। सफेद रंग की ग्रीष्म पोशाक में यूरी और कामानिन विमान से उतरे। उनके राजनैतिक परिदृश्य देखने पर बे ऑफ पिग्स पराजय के बदले विजय ही रही। कास्त्रो के सहयोगियों ने बड़े हर्ष से यूरी को बताया, '' 'बिअड्र्स' ने दुश्मनों को पीछे धकेल दिया।'' और यूरी ने जवाब दिया, ''जो लोग अपने कार्य की अधिकारपूर्णता में गहरा विश्वास करते हैं, उन्हें घुटने टेकने पर मजबूर नहीं किया जा सकता।'' प्रायः वह इस बात को जानता था कि बिना तत्परता के कब क्या बोलना होता था। एक सामूहिक आम रैली में उसने घोषणा की, ''समूचे दो करोड़ बीस लाख सोवियतवासी क्यूबा के सच्चे और समर्पित मित्र हैं।''

सन् 1967 तक, जो उसके जीवन का अंतिम वर्ष था, यूरी सोवियत साम्राज्य की प्रशंसा में अधिक तत्पर नहीं होता था या इसकी किसी विजयोन्मत्त घोषणा पर बहुत अधिक यकीन नहीं करता था।

□

8

अंतरिक्ष की दौड़

यूरी गागरिन की संक्षिप्त अंतरिक्ष यात्रा बीसवीं शताब्दी की सर्वाधिक अहम् घटनाओं में से एक थी, न केवल रूस के लिए, बल्कि अमेरिका के लिए भी, जहाँ इसके जवाब में विशाल अनुपातों में औद्योगिक विकास शुरू किया गया।

अंतरिक्ष दौड़ के परिणामस्वरूप न केवल वेलक्रो फैब्रिक व नॉन स्टिक फ्राइंग पैन जैसी चीजें उभरकर आईं, बल्कि आधुनिक तकनीक के समूचे फैब्रिक देखने को मिले। माइक्रोशिप का विकास किया गया, क्योंकि 1950 के दशक की रक्यूटरी इतनी छोटी नहीं थी कि उसे रॉकेटों व मिसाइलों के अंदर रखा जा सके।

इंटरनेट का उदय ए.आर.पी.ए. (एडवांस्ड रिसर्च प्रोजेक्ट्स एजेंसी) द्वारा बिछाए आक्रमण रोधी संचारवहन के नेटवर्क द्वारा हुआ, जो नासा से पहले का अंतरिक्ष में अमेरिकी भविष्य की योजना बनानेवाला विभाग था। आधुनिक रोग निदान क्रिया (डायग्नोस्टिक) औषधि अंतरिक्ष चिकित्सकों द्वारा किए गए अनुसंधान की भारी ऋणी है। अंतरराष्ट्रीय संचारवहन उद्योग का विकास साइंस फिक्शन जैसे स्वप्न साकार करने की दिशा में उपग्रहों के आविष्कार के बाद द्रुत गति से हुआ। इन तकनीकों के आने से ही इसकी पूरी संभावना थी, लेकिन जितनी तेजी से ये बढ़ी, उतनी तेजी से और कुछ भी नहीं बढ़ा। इसकी सारी वजह थी स्मोलेंस्क के एक किसान लड़के द्वारा दुनिया के सर्वाधिक शक्तिशाली राष्ट्र को चुनौती दिया जाना।

वाशिंगटन डी.सी. में स्पेस पॉलिसी इंस्टीट्यूट के प्रमुख डॉ. जॉन लॉग्सडन, जो कई राष्ट्रपतियों के सलाहकार रह चुके हैं, उन्होंने अमेरिकी मानसिकता पर

यूरी की अंतरिक्ष उड़ान का उल्लेख इस तरह किया है, "यह सोवियत यूनियन के साथ शक्ति संबंध का एक अचानक हुआ पुनर्संतुलन था। जिसकी वजह बना उनका ऐसा जाहिर प्रदर्शन कि यदि वे चाहें तो अंतरमहाद्वीपीय दूरियाँ लाँघते हुए 'फोर्ट्रेस अमेरिका' के ठीक बीचो-बीच परमाणु युद्ध के मिसाइल दाग सकते हैं। एक शोरगुल सा मच गया। हम इस पिछड़े समझे जानेवाले देश से मात कैसे खा गए?"

अब तक राष्ट्रपति कैनेडी ने अंतरिक्ष को खास तौर पर गंभीरता से नहीं लिया था, लेकिन 14 अप्रैल, 1964 की शाम को यूरी की अंतरिक्ष उड़ान को मिले अंतरराष्ट्रीय समर्थन से वह बुरी तरह खिन्न हो गए थे। वे व्हाइट हाउस में अपने कदमों से अपने दफ्तर की तरफ बढ़ रहे थे। उन्होंने सलाहकारों से पूछा, "हम क्या कर सकते हैं? हम बराबरी कैसे कर सकते हैं?" कैनेडी के विज्ञान सलाहकार जेरोम वीजनर ने स्थिति का मूल्यांकन करने के लिए तीन महीने की अवधि के अध्ययन का सुझाव दिया, किंतु प्रेसीडेंट ज्यादा जरूरी प्रत्युत्तर चाहते थे। "कोई मुझे बराबरी करने का तरीका मात्र बतला दे। किसी ऐसे को खोजें, किसी को भी। भले ही वह किसी जूनियर पद पर हो, कोई फर्क नहीं पड़ता; लेकिन यदि वह कोई तरीका जानता है, तो उसका स्वागत है।" उसने जान-बूझकर यह टिप्पणी 'लाइफ मैग्जीन' के पत्रकार हघ सिडे को सुनाकर कही। अचानक प्रेसीडेंट अंतरिक्ष के पक्ष में दलील देनेवाले समर्थक के रूप में देखे जाना चाहते थे।

तीन दिन के बाद कैनेडी को एक दूसरी गंभीर पराजय का सामना करना पड़ा। 1,300 निर्वासित क्यूबाइयों की शक्तिशाली सेना जिन्हें सी.आई.ए. का समर्थन प्राप्त था, क्यूबा के बे ऑफ पिग्स में फिडेल कास्त्रो के साम्यवादी साम्राज्य को उखाड़ फेकने के लिए उतर गई। कैनेडी ने व्यक्तिगत तौर पर इस योजना की स्वीकृति दी थी, लेकिन कास्त्रो की सैन्य टुकड़ियों को इस ऑपरेशन की जानकारी समय से काफी पहले हो गई थी और वे समुद्र तट पर छुपकर उनके इंतजार में थे। विद्रोहियों का आक्रमण पूरी तरह से असफल रहा, क्योंकि सी.आई.ए. वादा किए हुए समर्थन देने की अपनी बात से पीछे हट गया। सारी उम्मीदों के विपरीत क्यूबा की अधीनस्थ जनता ने कास्त्रो के तख्तापलट में भाग लेने के प्रति अपनी इच्छा जाहिर नहीं की। सी.आई.ए. को इस बात से काफी निराशा थी कि आक्रमणकारियों के बचाव का कोई प्रयास नहीं किया गया।

अपने प्रथम 100 दिनों के दौरान कैनेडी प्रशासन लड़खड़ाता महसूस हो रहा था। इस पारंपारिक शुरुआती अवधि में, जिसमें एक नए प्रेसीडेंट से व्यवस्थाओं को

उलट-पलटकर सँभालने व अपनी पहचान छोड़ने की उम्मीद की जाती है, अपनी विश्वसनीयता को पुनर्जीवित करने की कवायद में कैनेडी ने एकदम से अंतरिक्ष की ओर अपना रुझान बना लिया। 20 अप्रैल को जारी एक अहम मेमो में उन्होंने वाइस प्रेसीडेंट लिंडन जॉनसन से अमेरिकी रॉकेट प्रयास का संपूर्ण सर्वेक्षण तैयार करने के लिए कहा।

1. क्या अंतरिक्ष में अपनी प्रयोगशाला स्थापित करके हमारे पास सोवियत को मात देने का अवसर है या चंद्रमा पर मानव सहित रॉकेट भेजकर और वहाँ से वापस आकर ऐसा किया जा सकता है? क्या कोई ऐसा अंतरिक्ष कार्यक्रम है जिसमें हमारे जीत सकने के लिए नाटकीय नतीजों की उम्मीद हो?
2. इसका अतिरिक्त व्यय भार कितना होगा?
3. क्या संचालित अस्तित्ववान कार्यक्रमों में दिन के 24 घंटे काम हो रहा है? यदि नहीं तो क्या आप इस बात की अनुशंसा देंगे कि कार्य की गति कैसे बढ़ाई जा सकती है?
4. बृहत् बूस्टर बनाने में क्या हमें परमाणु, रसायन या द्रव ईंधन पर जोर देना चाहिए या इन तीनों के समन्वय पर?
5. क्या हम अधिकतम प्रयास कर रहे हैं? क्या हमें आवश्यक परिणाम मिल रहे हैं?

इस एक पेज के प्रलेख को या तो 20वीं सदी के सर्वाधिक संवेदनशील नीति निर्देशक तत्त्व के रूप में पढ़ा जा सकता है या व्हाइट हाउस में गुजरे मनहूस सप्ताह के प्रत्युत्तर में जल्दबाजी में लिखाए गए आदेश के तौर पर, लेकिन इस बात में कोई शक नहीं कि युद्धकालीन मैनहट्टन अणु बम के विकास के समय के बाद से यह विशालतम तकनीकी परियोजना थी। अपोलो ल्यूनर लैंडिंग प्रोजेक्ट।

नासा के प्रमुख प्रशासक जेम्स वेब को पूरा यकीन था मेमो में उल्लिखित अंतरिक्ष स्टेशनों की स्थापना जैसे लघुकालिक लक्ष्यों में सोवियत अमेरिका को पीछे छोड़ सकता था। उसने चंद्रमा पर कदम रखने के अपेक्षाकृत दीर्घकालिक लक्ष्य का सुझाव रखा, जिसमें संसाधनों व तकनीकी विकास के इतने विशाल इनपुट की आवश्यकता थी कि सोवियत किसी भी तरह इस मामले में अमेरिका की बराबरी नहीं कर सकता। वेब ने कैनेडी और जॉनसन को अपेक्षाकृत दीर्घकालिक दृष्टिकोण अपनाने के लिए मनाया, क्योंकि रॉकेट सर्वोच्चता की अल्पकालिक लड़ाई में पहले ही पराजय मिल चुकी थी।

अंतिम निर्णय नासा द्वारा संचालित मानव अंतरिक्ष कार्यक्रम पर निर्भर था। 5 मई को यूरी की उड़ान के मात्र 23 दिनों के बाद, अमेरिकी एस्ट्रोनॉट एलन शेपर्ड को एक छोटे से रेडस्टोन बूस्टर के शीर्ष पर अंतरिक्ष में पृथ्वी की कक्षा में भेजा गया। उसकी उड़ान पूर्ण कक्षा में नहीं थी, अपितु मात्र 15 मिनट की बैलिस्टिक उछाल थी। वोस्टोक की 25,000 कि.मी. प्रति घंटे की गति की तुलना में शेफर्ड की मरक्यूरी ने मात्र 8,300 कि.मी. प्रति घंटे की गति हासिल की। वोस्टोक ने पृथ्वी के चारों ओर चक्कर लगाया, जबकि मरक्यूरी एटलांटिक में इसके प्रक्षेपण स्थल से मात्र 510 कि.मी. की दूरी पर गिरा, लेकिन तोप के गोले सरीखी इस उड़ान से नासा की आधारभूत क्षमताएँ सिद्ध हो गईं।

शेपर्ड की कामयाब उड़ान के बाद शीघ्र ही वेब ने इस अवसर का सदुपयोग नासा की स्थिति सुदृढ़ करने के लिए किया। अंतरिक्ष एजेंसी के अंदर उसके बजट सलाहकार ने सुझाव दिया कि चंद्रमा की परियोजना हेतु उसे अपना लागत अनुमान संभवत: कम-से-कम रखना चाहिए, तभी इसके लिए प्रेसीडेंट का अनुमोदन प्राप्त हो सकता था। वेब इस बात से सहमत नहीं हुआ, बल्कि उसने एक अपूर्व प्रशासनिक कदम उठाते हुए लागत को दोगुना करके प्रेसीडेंट के समक्ष प्रस्तुत कर दिया। इसके लिए विशाल वित्त की आवश्यकता थी। 1960 के दशक के 20 डॉलर से भी बढ़कर, जिसे अगले 8 वर्षों के लिए प्रस्तावित किया गया था।

इतनी विशाल राशि का प्रोजेक्ट होने के बाद भी कैनेडी ने अपोलो का समर्थन करने का निश्चय किया। 25 मई, 1961 को कांग्रेस के समक्ष दिए गए अपने भाषण में उसने कहा, ''मेरा मानना है कि इस राष्ट्र को लक्ष्य प्राप्ति इस दशक के समाप्त होने से पहले निश्चित करनी चाहिए। लक्ष्य होगा चंद्रमा पर इनसान को उतारने का और उसे धरती पर वापस लाने का। इस अवधि में एक भी कोई दूसरा अंतरिक्ष प्रोजेक्ट मानवता के लिए प्रभावशाली नहीं रहेगा या अंतरिक्ष के सुदूरवर्ती अनुसंधान के लिए अहम रहेगा और कोई भी इतना कठिन और इतना खर्चीला नहीं रहेगा जिसे हासिल न किया जा सके।''

इसी बीच वेब और जॉनसन एयरोस्पेस ठेके की नेटवर्क निर्माण योजनाओं और चालीस राज्यों में अपोलो के लिए वित्त अनुमोदन कराने के लिए राजनैतिक संरक्षण का सूक्ष्म व दूरगामी नेटवर्क तैयार करने में लग गए। चार साल के अंदर नासा का खर्च देश के संपूर्ण वार्षिक फेडरल बजट का 5 प्रतिशत होना था और देश के एक छोर से लेकर दूसरे छोर तक तकरीबन 2,50,000 लोगों को नियुक्त किया जाना था। आधुनिक नासा का निर्माण वेब की इस मान्यता पर था कि एजेंसी

के पास अंतरिक्ष अनुसंधान की गति धीमी पड़ने से पहले स्वयं को राष्ट्रीय जनजीवन की स्थायी विशेषता के तौर पर स्थापित करने का केवल यही मौका था। उसका मानना बिलकुल ठीक था। कैनेडी के बाद से पिछले चार दशकों के दौरान कोई भी प्रेसीडेंट अंतरिक्ष पर पैसा खर्च करने के प्रति इतना सहयोगी नहीं रहा, न ही इच्छुक।

यह सब इसलिए हुआ, क्योंकि यूरी की अंतरिक्ष उड़ान से महज तेईस दिनों के अंदर ही एलन शेपर्ड ने अंतरिक्ष में उड़ान भरी। जॉन लॉग्सडन का अनुमान बड़ा लुभावना है। ''गागरिन के बाद ही शेपर्ड द्वारा 5 मई, 1961 की अंतरिक्ष उड़ान का समय मार्च होना चाहिए था, लेकिन 31 जनवरी को पहलेवाले परीक्षण में 'हैम' नामक चिंपांजी को भेजा गया था। रिट्रो-रॉकेट देर से फायर हुआ और हैम सही स्प्लेश डाउन जोन से 210 कि.मी. दूर चला गया। उसे बरामद करने में कई घंटे का वक्त लग गया। इसमें तकनीकी खराबी बिलकुल साधारण थी, जिसे दूर करना बहुत आसान था, लेकिन मनुष्य को निश्चित करने से पहले उन्हें एक और परीक्षण करना था। यह बड़ा मजेदार प्रश्न है, यदि यूरी गागरिन की अंतरिक्ष उड़ान दूसरे नंबर पर होती तो क्या हो सकता था? मेरे खयाल से इतिहास ने बिलकुल अलग ही मोड़ लिया होता।''

यूरी प्रथम था और इसकी अमेरिकी प्रतिक्रिया अनिवार्य ही थी, खासकर प्रेसीडेंट की ऊर्जात्मक शख्सियत के कारण। लॉग्सडन का कहना है, ''यह सोवियत की कामयाबी न होकर अमेरिकी नाकामयाबी थी। मैं इसे यूरी के बारे में लोगों की धारणाओं के प्रति कैनेडी का प्रत्युत्तर नहीं मानता। मेरा मानना है कि यह उसकी अपनी व्यक्तिगत प्रतिक्रिया थी। वह हमेशा ही अपने देश को सबसे आगे रखने की तीव्र जरूरत समझते थे। वे बहुत ही प्रतिस्पर्धी व्यक्ति थे। शायद वह नेतृत्वशीलता के प्रदर्शन और साहसी कदम उठाने के लिए किसी अवसर की तलाश में थे।''

लंदन टाइम्स के पत्रकार ह्यूगो यंग ने सन् 1969 में कुछ ऐसा ही अवलोकन किया—''कैनेडी का प्रत्युत्तर असफलता से व्यथित व्यक्ति के किसी दृष्टिकोण से बढ़कर कुछ था। गागरिन की विजय से उस ऊर्जाशीलता को गति मिली जिसका प्रस्ताव उसने अमेरिकी नागरिकों के समक्ष रखा था। इसका बदला लगभग उतना ही स्वयं के लिए लिया जाना था जितना देश के लिए।''

विज्ञान सलाहकार जेरोम विजनर को नियति के आगे घुटने टेकने पड़े, यद्यपि अपोलो प्रोजेक्ट पर इतनी राशि खर्च किए जाने की जरूरत वे अभी भी महसूस नहीं कर पा रहे थे। उसने कैनेडी के एक वचन को स्वयं पर लादकर अपने विवेक

को मना लिया। ''मैंने उससे कहा कि चंद्रमा पर कदम रखने को सार्वजनिक तौर पर वैज्ञानिक उपक्रम का हवाला न देकर वह अपना छोटा सा योगदान दे सकता है और उसने हमेशा ऐसा किया भी।''

पश्चिम में अंतरिक्ष दौड़ के प्रति मनोग्रस्तता विकसित हो गई। इससे कॉस्मोनॉट घर्मन टिटोव और उसके मित्रों में उत्साह संचारित हो गया। ''वे किस तरह की दौड़ की बात कर रहे थे। ऐसी कोई दौड़ थी ही नहीं, क्योंकि हम रूसी लोग तो पहले से ही सारी दुनिया से आगे थे।''

निकिता ख्रुश्चेव व पोलित ब्यूरो ने तुरंत ही कैनेडी के भाषण का प्रत्युत्तर स्वयं के चंद्रमा प्रोजेक्ट से नहीं दिया, अपितु ख्रुश्चेव ने कारोलेव पर अल्पकालिक रॉकेट के प्रदर्शन के लिए जोर दिया, ताकि अमेरिकी अंतरिक्ष कार्यक्रम अनियंत्रित होने से पहले हतोत्साहित हो सके। अपेक्षाकृत दीर्घकालिक अवधि के लिए सोवियत की अर्थव्यवस्था अपोलो के लड़खड़ाते बजट की बराबरी नहीं कर सकती थी। जब तक वह वोस्टोक और अपनी परिवर्तित आर-7 मिसाइल का निरंतर परिणाम देता रहा, कोरोलेव क्रेमलिन के अंतरिक्ष अनुसंधान हेतु निरंतर समर्थन पर भरोसा कर सकता था।

कुछ समय के लिए नासा पारंपरिक तौर पर निर्मित स्पेस बूस्टरों की अपेक्षा परिवर्तित अस्त्र प्रक्षेपकों पर भरोसा कर रहा था। 21 जुलाई, 1961 के विरजिल 'गस' ग्रीसम नामक एस्ट्रोनॉट, मरक्यूरी कैप्सूल में रेडस्टोन बैलिस्टिक मिसाइल पर पृथ्वी की कक्षा में कुछ दूरी तक उड़ान भरते हुए 190 कि.मी. की ऊँचाई तक पहुँचा। उसका मिशन तकरीबन धराशायी ही हो गया, क्योंकि उसके नीचे आने के कुछ समय बाद ही कैप्सूल का छोटा हैचवे खुलकर दूर जा गिरा। वह बिना हेलमेट के पानी भरे यान से बड़ी मुश्किल से बाहर आया। उसने बचाव हेतु आनेवाले हेलीकॉप्टर को मदद के लिए संकेत करने का प्रयास किया, लेकिन उसे यह देखकर हैरानी हुई कि सीधे मदद के लिए पहुँचने के बदले वे कैप्सूल के ऊपर हेलीकॉप्टर उड़ा रहे थे। हेलीकॉप्टर के पायलटों ने सोचा कि ग्रीसम डूब नहीं रहा था, बल्कि उनकी तरफ हाथ-हिलाकर अपने लैंडिंग का संकेत दे रहा था। उन्होंने अपना ध्यान कैप्सूल को हेलीकॉप्टर से जोड़कर बाहर खींचने के प्रयास पर एकाग्र किया, लेकिन अब तक यह इतनी भारी हो चुकी थी कि हेलीकॉप्टर के ही खिंचकर नीचे आ जाने का खतरा महसूस होने लगा था। अंततः ग्रीसम को बचा लिया गया, किंतु कैप्सूल अटलांटिक के तल में चला गया, जिसकी बरामदगी की कोई उम्मीद नहीं थी। नासा ने इस तथ्य को नकार दिया और कहा कि उनका

एस्ट्रोनॉट का मिशन लगभग पूर्णतः सफल था।

6 अगस्त को घर्मन टिटोव ने बैकोनुर से उड़ान भरी और दूसरे मानव चालित वोस्टोक से पृथ्वी की कक्षा के सत्रह चक्कर लगाए। वह लगभग 24 घंटे उड़ान में रहा। इस दौरान कुछ देर तक उसने स्वयं यान को उड़ाया। ''जब मुझे प्रक्षेपित किया गया, तब मेरी पत्नी कुछ मशरूम लेने जंगल गई थी। उस दिन रविवार था और उसने जानबूझकर पत्रकारों के प्रश्नों के उत्तर देने से बचने के लिए ऐसा किया था।'' उड़ान के दौरान टिटोव को बहुत ज्यादा मितली सी महसूस हो रही थी। केबिन के तापयंत्र बिगड़ जाने से वह ठंड से लगभग जम गया था और रि-एंट्री के पहले उसका रिट्रो पैक स्पष्ट रूप से अलग नहीं हुआ था, जिससे वह चिंतित हो गया था। सारातोव क्षेत्र में उसका इंजेक्शन व लैंडिंग भी जोखिम भरे थे।

आज वह उस घटना को याद करता है, ''अपने पैराशूट के नीचे मैं एक रेलवे पटरी से लगभग 50 मीटर ऊँचाई से गुजरा और मुझे लगा कि नीचे गुजर रही ट्रेन से मैं टकरा जाऊँगा, तभी जमीन से लगभग 5 मीटर की ऊँचाई पर हवा के एक झोंके ने मुझे पीछे मोड़ दिया जिससे जमीन पर गिरते समय मैं पीछे की तरफ मुड़ गया। जमीन पर मैं तीन बार लुढ़का। हवा तेज थी और पैराशूट इसके प्रभाव में आ गया और जमीन पर मैं कुछ दूर घिसटता चला गया। जब मैंने अपना हैलमेट उतारा तो फेसप्लेट की रिम में मिट्टी खुरचकर चिपक गई थी, आप जानते हैं, उस ऋतु में सारातोव के किसानों ने अपने खेतों की अच्छी जुताई की थी, वरना मेरी लैंडिंग और भी कठिनाई भरी रही होती।''

नीचे गुजरती हुई ट्रेन एकदम से रुक गई और उसमें सवार कुछ यात्री टिटोव की ओर दौड़े। टिटोव उस समय ठीक हालत में नहीं था। मैंने उनसे कहा, ''क्या घूर रहे हो? अंतरिक्ष पोशाक उतारने में मेरी मदद करो।''

टिटोव काफी थका-हारा व चोटग्रस्त था। वह अकेला ही ऐसा व्यक्ति था जिसने सारा दिन अंतरिक्ष में पृथ्वी के चारों ओर चक्कर लगाते हुए बिताया था। शायद इस खेल में यूरी को पीछे छोड़ने से उसे कुछ अतिरिक्त संतुष्टि मिली हो। सारातोव बैकोनुर से 1,500 कि.मी. दूर है जिसका तात्पर्य है 12 अप्रैल को यूरी की ऐतिहासिक, किंतु अपूर्ण पृथ्वी की कक्षा उतनी ही दूरी से पूरी होने से रह गई। इसलिए वस्तुतः टिटोव ही वह पहला व्यक्ति था जिसने पृथ्वी की कक्षा में एक पूरा चक्कर लगाया था। यूरोस्पेस की इतिहास की किताब में यूरी की ऊँचाई के कीर्तिमान की बात तो की गई है, लेकिन यह विवरण सभी की आँखों से चूक सा गया महसूस होता है।

टिटोव उन जोखिमों के विषय में, जिसका यूरी और उसने वोस्टोक में सामना किया, कहता है, ''मैं नहीं कह सकता कि उनमें से एक के लिए भी मैं तैयार था, क्योंकि हमारे पीछे इतनी कम उड़ानें होने के कारण कोई भी नहीं जानता था कि किस तरह की चीजें खराब हो सकती थीं। यूरी और मैंने अपने स्वयं के आपात मैनुअल तैयार किए थे और हमने उन सभी बातों के विषय में सोचा था जिससे कठिनाइयाँ पैदा हो सकती थीं। मैं आपको बता सकता हूँ कि वह मैनुअल एक बिलकुल पतला प्रलेख था। जब आप कार चला रहे होते हैं तो आपको कहीं टायरों के पंचर हो जाने के लिए भी तैयार रहना पड़ता है। चलती मशीनों को बिगड़ने का अधिकार होता है।''

टिटोव की लैंडिंग के एक सप्ताह बाद बर्लिन बॉल का निर्माण शुरू हुआ। कोरोलेव के जीवनी लेखक, जेम्स हरफोर्ड के मुताबिक ख्रुश्चेव ने टिटोव की उड़ान के समय का आदेश जानबूझकर, जर्मन डेमोक्रेटिक रिपब्लिक को मॉस्को के प्रति निष्ठा कायम करने के लिए दिया था। ख्रुश्चेव और कैनेडी के संबंध पूर्व-पश्चिम की आक्रामकता से आगे भी कुछ थे। यह स्पष्ट होता जा रहा है कि इन दोनों व्यक्तियों में अंतरिक्ष की खोज हेतु सहभागिता की संभावना थी। इस मुद्दे पर अनुसंधान करनेवाले लॉग्सडन का कहना है, ''अंतरिक्ष के विषय में अपोलो की घोषणा करने के बाद भी कैनेडी मिली-जुली विचारधारा के थे। अपने उद्घाटन भाषण में उन्होंने सुझाव दिया कि यूनाइटेड स्टेट्स और सोवियत यूनियन को एकजुट होकर अंतरिक्ष अनुसंधान करना चाहिए। उसने आपसी सहयोग बढ़ाने के तरीकों की तलाश करने के लिए सलाहकारों का समूह भी निर्मित किया था। उन्होंने अपने भाई बॉबी को इस बात की टोह लेने के लिए क्रेमलिन भी भेजा था। अब हमें जानकारी हो रही है कि ख्रुश्चेव 'हाँ, आओ साथ काम करें' कहने के लिए तैयार था। यदि ये दो व्यक्ति जीवित रहते तो इतिहास कुछ और ही होता, लेकिन कैनेडी की जगह लिंडन जॉनसन आ गया, जो एक कट्टर राष्ट्रवादी था; उधर ख्रुश्चेव का तख्तापलट कर ब्रेझनेव गद्दी पर काबिज हो गया। ब्रेझनेव अपेक्षाकृत अधिक सैन्यवादी था। इतिहास की विवशता यही है कि जो कुछ हुआ है, आप उसी का अध्ययन कर सकते हैं, न कि जैसा होना चाहिए था।''

नासा ने तीसरी आंशिक कक्षा में मरक्यूरी में अपेक्षाकृत अधिक आवश्यक मिशनों की अर्हता प्राप्त करने के लिए विचार किया, लेकिन छोटे रेडस्टोन रॉकेट से ज्यादा शक्तिशाली एटलस (पूर्णरूपेण आई.सी.बी.एम.) एक कैप्सूल को अंतरिक्ष में ले जाने के लिए तैयार था। साथ ही आंशिक कक्षा की उड़ान भी रद्द कर दी

गई थी। 20 फरवरी, 1962 को जॉन ग्लेन ने पृथ्वी की कक्षा के तीन पूरे चक्कर लगाए। अमेरिका में उसका उसी तरह स्वागत किया गया, जैसा रूस में यूरी का। नासा मानवरहित प्रोटोटाइप के परीक्षण अपने विशाल सैटर्न ल्यूनर रॉकेटों के लिए करने लगा। वस्तुतः वे उन सुपर बोस्टरों के आकार से मात्र आधे हैं, जो अंततः अपोलो को चंद्रमा पर उड़ाकर ले गए, लेकिन पहले से ही वे कोरोलेव के आर-7 की शक्ति पीछे छोड़ने के निकट थे।

कोरोलेव शीघ्र ही वोस्टोक का उत्तराधिकारी विकसित करना चाहता था, जिसकी अपनी क्षमता सीमित हो, लेकिन ख्रुश्चेव हफ्तों-महीनों में और हासिल करना चाहता था।

एंडरिन निकोलायेव को 11 अगस्त, 1962 को 4 दिवसीय मिशन पर लॉन्च किया गया, और पावेल पॉपोविच को इसके ठीक दूसरे दिन तीन दिवसीय अवधि के लिए भेजा गया। पहली बार दो लोग एक ही समय पर अंतरिक्ष भेजे गए थे। कोरोलेव ने इन प्रक्षेपणों की समय सीमा तय की थी, ताकि दूसरा वोस्टोक पहले के 7 कि.मी. के दायरे पर हो। इससे सोवियत अंतरिक्ष की मुलाकात का दावा कर सका। वस्तुतः दोनों यान शीघ्र ही अलग-अलग उड़ान भरने लगे और अपनी शुरुआती नजदीकी को दुबारा कभी हासिल नहीं कर सके। उड़ान के दौरान उनकी छोटी मोटरें निष्क्रिय पड़ी रहीं, ताकि मिशन के अंत में रि-एंट्री ब्रेकिंग के लिए ईंधन संचय कर सकें, किंतु ऊपरी रूप-रंग का काफी फर्क पड़ता है। पश्चिम के एयरोस्पेस से व्यावसायिक तौर पर जुड़े बहुत से लोगों को ऐसी सोच से मूर्ख बनाया गया कि सोवियत वालों ने अंतरिक्ष में मुलाकात का असली कौशल विकसित कर लिया था। सन् 1995 में अंतरिक्ष इतिहासकार जेम्स हारफोर्ड विजिली मिशिन (जिन्हें कोरोलेव के बाद 1966 में ओ.के.बी.-1 डिजाइन ब्यूरो नियुक्त किया गया) ने कहा, ''उन दिनों गोपनीयता के कारण हमने सारी सच्चाई नहीं बताई···जैसा कि कहा जाता है कि हाथ की सच्चाई सदा धोखा नहीं होती। हमारे पश्चिम के प्रतिस्पर्धियों ने स्वयं को धोखे में रखा। बेशक हम नहीं चाहते थे कि उनके भ्रम टूट जाएँ।''

डबल वोस्टोक मिशन अमेरिकी उपलब्धियों से बढ़कर महसूस होता था। नासा ने 24 मई को एस्ट्रोनॉट स्कॉट कारपेंटर को लॉन्च किया, लेकिन सोवियत मिशन की निर्दयी मौलिकता की तुलना में मरक्यूरी को सेकंड बेस्ट नहीं कहा जा सकता। वोस्टोक की दोहरी उड़ान के बाद भी नासा का प्रत्युत्तर साधारणतः पहले से कुछ अधिक था। जिसके तहत 3 अक्तूबर के वाल्टर स्किरा का लॉन्च मात्र नौ घंटे कक्ष की उड़ान का था।

कुछ दिनों बाद अमेरिकी जासूसी विमानों ने सोवियत मिसाइलों की तसवीरें क्यूबा के गोपनीय ठिकानों में लीं। परिणामस्वरूप सन् 1962 की उस भयानक शीत ऋतु में अंतरिक्ष से हटकर अंतरराष्ट्रीय परमाणु युद्ध की तरफ लोगों का ध्यान खिंच गया। वह कोई धुँधला और सुदूर प्रत्याशा के रूप में न होकर एक ऐसा आतंक था, जो किसी भी क्षण भयंकर विभीषिका में तब्दील हो सकता था। प्रेसीडेंट कैनेडी ने सोवियत नौकायन के खिलाफ जहाज बंदी प्रारंभ कर दी। जैसा कि अभी हाल ही में व्हाइट हाउस से जारी किए गए संकट बैठकों के टेपों से स्पष्ट है: 23 अक्तूबर की रात कैनेडी और उसका स्टाफ जब अपने बिस्तरों पर सोए तो उन्हें यह नहीं मालूम था कि अगली सुबह वे या दुनिया में कोई और जीवित बचता या नहीं। कैनेडी और ख्रुश्चेव इस राह पर इतना आगे निकल आए थे कि अब वापस लौटना नामुमकिन था।

एक वरिष्ठ रॉकेट इंजीनियर बोरिस चेरटोक को जेम्स हरफोर्ड को दिए गए एक साक्षात्कार की बात याद आती है कि ''बैकोनुर से मार्स प्रोब अक्तूबर में लॉन्च करने के एक और प्रयास में तब बाधा पड़ी, जब सेना ने 'चेरटोक' के 'लॉन्च वाहन' को पैड से हटाने का आदेश दे दिया, ताकि इसके बदले वे आई.सी.बी.एम. को ला सकें। उस समय एक तरह की राष्ट्रीय आपातस्थिति निर्मित हो गई थी। सेना द्वारा सभी फोन लिंक का प्रयोग किया जा रहा था, इसलिए मैं कोरोलेव से संपर्क स्थापित कहीं कर सका, जो उस दौरान मॉस्को में सरदी से पीड़ित था। उन्होंने मुझे बताया कि यदि मैंने मार्स रॉकेट को पैड से नहीं हटाया तो मेरा कोर्ट मार्शल किया जाएगा और उन्होंने अपनी मिसाइलों की प्रणाली की जाँच शुरू कर दी। इन भयंकर निर्देशों को वापस लेने के लिए कोरोलेव ही ख्रुश्चेव को मना सकता था।''

चेरटोक ने मॉस्को के लिए उड़ान भरी और कोरोलेव के घर पहुँचा, जहाँ चीफ डिजाइनर ने क्रेमलिन को अतिशीघ्र फोन करके समस्या का समाधान कर लिया। जब ठीक क्यूबाई संकट के मध्य में 24 अक्तूबर को मार्स प्रोब को लॉन्च किया गया, तो इसमें विस्फोट हो गया जिससे यू.एस. बैलिस्टिक मिसाइल अर्ली वार्निंग सिस्टम (बी.एम.ई.डब्ल्यू.एस.) को परमाणु आक्रमण का संदेह हो गया। सौभाग्यवश, बी.एम.ई.डब्ल्यू.एस. के खोजी कंप्यूटर स्थिति को कुछ ही सेकंडों में भाँप गए और बदले की काररवाई शुरू नहीं की गई।

एक अन्य भयंकर संयोग—24 अक्तूबर, 1960 को बैकोनुर में आर-16 मिसाइल विस्फोट, जिसमें 190 लोग मारे गए, क्यूबाई संकट से पहले ही हो गए

होते। मार्शल नेडेलिन जैसे घमंडी के अलावा बड़ी संख्या में कुशल सैन्य मिसाइल इंजीनियरों की जानें उस दिन गईं, परिणामस्वरूप एक विश्वसनीय अंतरमहाद्वीपीय सोवियत परमाणु मारक क्षमता के विकास में उनकी मौत से विलंब हुआ। कुछ समय के लिए अमेरिका के व्यूह रचनात्मक लक्ष्य सोवियत यूनियन के भीतर से नहीं पहुँच सकते थे। ख्रुश्चेव के पास उपलब्ध एकमात्र पूर्णरूपेण कार्य करनेवाला आई.सी.बी.एम. के नाम से चीफ डिजाइनर का आर-7 ही था जिसे तैयार करने में इतनी देर हो चुकी थी कि उसे लॉन्च करने के लिए तैयार नहीं किया जा सका। इसके अलावा यह उतनी तादाद में उपलब्ध नहीं था, जिससे कोई बड़ी धमकी दी जा सकती। क्यूबा को भेजी गई मिसाइलें तुलनात्मक रूप से साधारण और कम शक्तिशाली जंगी परमाणु अस्त्र थे, जो छोटे, बहुतायत में और प्रक्षेपण में सरल तो हैं, किंतु कम दूरी की उड़ानों तक ही सक्षम हैं।

क्यूबाई संकट के समाप्त हो जाने के बाद ख्रुश्चेव ने सोचा होगा कि अमेरिका के साथ अंतरिक्ष का क्षतिहीन खेल खेलना ही अच्छा है, न कि जमीनी स्तर पर परमाणु टक्कर का जोखिम उठाना। जहाँ तक अनुमान लगाया जा सकता है, अगली अंतरिक्ष उड़ान का प्रचार मुख्यत: इसी विचार से प्रभावित था। वह चाहता था कि कोरोलेव ऐसे व्यक्ति को लॉन्च करे, जिसके विषय में पहले किसी ने कुछ सोचा भी न हो—कोई महिला।

सन् 1962 तक लगभग 400 महिला अभ्यर्थियों को संभाव्य अंतरिक्ष उड़ान के लिए आजमाया जा चुका था। 16 फरवरी को इनमें से पाँच का चयन प्रशिक्षण हेतु किया गया। ख्रुश्चेव के आदेश के मद्देनजर महिलाओं का चुनाव खेतिहर किसानों और फैक्टरी कर्मचारियों में से किया गया था, न कि विशिष्ट वैज्ञानिक और शैक्षणिक पृष्ठभूमि के लोगों से। सर्वाधिक उपयुक्त अभ्यर्थी वे थे जो निम्न वर्गीय पारिवारिक पृष्ठभूमि से आने के साथ-साथ अंतरिक्ष उड़ान हेतु किसी तरह की उपयुक्तता रखते हों। परिस्थितियाँ कुछ ऐसी निर्मित हुईं कि उन दिनों पैराशूट पर उड़ना लोकप्रिय रुचि था और हॉबी के तौर पर बढ़ रहा था। अंतरिक्ष प्रशिक्षण हेतु उभरकर सामने आनेवाली सर्वाधिक उपयुक्त अभ्यर्थी थी 25 वर्षीय वैलेंटिना तेरेशकोवा, जिसके खाते में पैराशूटिंग चैंपियनशिप के 58 जंपिंग का श्रेय था।

तेरेशकोवा के पिता सामूहिक कृषि फार्म पर काम करनेवाले ट्रैक्टर ड्राइवर थे। युद्धकालीन परिस्थितियों में वे मारे गए थे। उसकी माँ एक टेक्सटाइल प्लांट में बुनकर का काम करने लगी। स्वयं वेलेंटिना इस ट्रेड में प्रशिक्षित हुई। वह ख्रुश्चेव के उद्देश्य के लिए आदर्श अभ्यर्थी थी—स्वस्थ, खूबसूरत और अंतरिक्ष

प्रशिक्षण से जुड़ी बौद्धिक चुनौतियों के लिए सजग भी; लेकिन शिक्षा में इतनी आगे भी नहीं कि वह सामान्य खेतिहर और मजदूर वर्ग का प्रतिनिधित्व ही न कर सके।

घर्मन टिटोव ने अपने संस्मरण में इस बात की चर्चा की है कि किस तरह से महिला कॉस्मोनॉट्स के स्टार सिटी आने पर अविश्वास से स्वागत किया जाता है। "सच तो यह है कि हम यकीन ही नहीं करते थे कि महिला वर्ग का फ्लाइंग मशीन से कोई लेना-देना था। उस समय हमें यही लगता था कि अंतरिक्ष उड़ान से संबंधित सभी कार्य केवल पुरुष ही कर सकते थे। जब पहली महिला इस कार्य के लिए आई तो मेरी सोच नकारात्मक थी, जैसा कि सभी जानते हैं।" टिटोव सभी चीजों के बारे में अपनी राय देता है, "लेकिन अंततः हमने पाया कि महिला कॉस्मोनॉट का होना बिलकुल सही है और शीघ्र ही हम उन्हें अपनी तरह अच्छी मित्र समझने लगे।"

अंत में यूरी गागरिन को सार्थक कार्य पुनः सौंपा गया। उसे स्टार सिटी में महिला कॉस्मोनॉट्स के प्रशिक्षण कार्यक्रम का प्रमुख नियुक्त किया गया, उसके सहयोगी के रूप में उसका कॉस्मोनॉट सहकर्मी और मित्र एंड्रियन निकोलायेव भी था। 12 जुलाई, 1962 को लेफ्टिनेंट कर्नल के पद पर उसकी पदोन्नति कर दी गई और निकोलायेव व पॉपोव की अगस्त में दोहरे वोस्टोक उड़ान के दौरान वह वापस अपने असली काम में प्रमुख रेडियो संवाहक (जिसे नासा में कैपकॉम के नाम से जाना जाता था।) की हैसियत से आ गया। तत्पश्चात उसने अपनी पाँच महिला छात्रों के लिए एक सघन शारीरिक प्रशिक्षण कार्यक्रम तैयार किया (यद्यपि बीच-बीच में उसे अभी भी विदेशी दौरों पर बुला लिया जाता था)।

अब तक पूर्णतः स्वचालित वोस्टोक मिशन का प्रशिक्षण कोई खास कठिन नहीं था। 16 जून, 1963 को तेरेशकोवा की अंतिम उड़ान में बहुत ही कम नई तकनीकी चुनौतियाँ सामने आईं। उसकी सफलता से ख्रुश्चेव को मनचाहा अवसर हाथ लग गया; स्त्री-पुरुष की सामनता का राग छेड़ने का। जब इस प्रचार का प्रयोग सफलतापूर्वक संपन्न हो गया, तो चुपके से महिला कॉस्मोनॉट कार्यक्रम समाप्त कर दिया गया। 3 नवंबर, 1963 को तेरेशकोवा और निकोलायेव मॉस्को में विवाह सूत्र में बँध गए। यह कार्यक्रम सामाजिक समारोह के रूप में आयोजित किया गया था। यह उस सीजन की सामाजिक घटना थी जिसमें ख्रुश्चेव बड़ी खुशी से शामिल हुआ था। तीन दिन बाद ही गागरिन की नियुक्ति पूर्णरूपेण कर्नल के रूप में कर दी गई। ऐसा लगा कि उसके कैरियर का ग्राफ ऊपर जा रहा था,

लेकिन उसे आगे चलकर मालूम हुआ कि ज्यादा ऊँचे ओहदे की वजह से उसकी एक और अंतरिक्ष उड़ान में बाधा पड़ सकती है।

वर्तमान अटकल के मुताबिक बाइकोवस्की और तेरेशकोवा की दोहरी उड़ान वोस्टोक का अंतिम मिशन था। सन् 1963 की गरमी तक सोवियत को अमेरिका के मरक्यूरी से होड़ करने की जरूरत ही नहीं रह गई थी। 15 मई, 1963 से 34 घंटे के गोर्डन कूपर को लॉन्च करने के बाद नासा ने तय किया कि इस कार्यक्रम को कुछ सिद्ध करने को नहीं रह गया। आखिर एकल कास्मोनॉट वाली ये साधारण कैप्सूलें संभवतः कर भी क्या सकती थीं।

वस्तुतः नासा यू.एस. एयर फोर्स द्वारा विकसित एक नई मिसाइल 'टाइटन' के प्रयोग की योजना बना रहा था जिसे अनमने से लाइसेंस पर लिया गया था। टाइटन का ईंधन टैंक एवं बाह्य परत एक ही घटक थे, जो वजन की बचत करते थे। लॉन्च पैड पर यह रॉकेट इतना हलका था कि यदि उस पर अक्रिय गैस का दबाव डाला जाता तो यह सीधा खड़ा हो जाता। लेकिन अपने वजन के सापेक्ष में यह इतना शक्तिशाली था कि यह मरक्यूरी कैप्सूल से भी ज्यादा वजन उठाकर ले जा सकता था।

नासा जानता था कि इसका तीन व्यक्तियों वाला चंद्रयान और इसका विशाल सैटर्न वी रॉकेट इसकी अपनी पहली उड़ान से वर्षों दूर थे। अभी तो उनके पास डिजाइनरों द्वारा तैयार मॉक-अप्स (अनुकृतियाँ) थे, न कि वास्तविक हार्डवेयर। इस बीच एक अंतरिम वाहन तैयार किया जा चुका था—मरक्यूरी की सहजता और उभरते हुए अपोलो की जटिलता की मध्यवर्ती स्थिति। 'जेमिनी' दो व्यक्तियों वाला कैप्सूल था, जिसे टाइटन मिसाइल से जोड़ने के लिए डिजाइन किया गया था। इसमें इंजेक्शन सीटें और हैचेस शामिल थे, जिसे कक्ष में खोलकर अंतरिक्ष में चहलकदमी की जा सकती थी। नासा के खुले साहित्य के कारण इसके डिजाइन की जानकारी कोरोलेव को थी।

सन् 1963 तक जेमिनी कैप्सूलें कैलिफोर्निया के मैकडोनेल डगलस प्लांट में निर्माणाधीन थीं, लेकिन वस्तुतः उनमें से एक भी तब तक उड़ान में प्रयुक्त नहीं हुई थी। कोरोलेव वोस्टोक का उत्तराधिकारी कार्य शुरू करने के प्रति चिंतित था; जो नासा के नए डिजाइन से मेल खाता हुआ या उससे बढ़कर हो। यदि जेमिनी के लॉन्च से पहले वह मल्टी-मैन यान सा प्रतीत होनेवाला यान लॉन्च कर सकता तो उसे वास्तविक अर्थों में अधिक शक्तिशाली प्रतियोगी लॉन्च करने के लिए जरूरी राजनैतिक समर्थन मिल जाता। ख्रुश्चेव यही चाहता था कि जेमिनी को

झटका देने और अपोलो के प्रयास को निरुत्साहित करने के लिए कोरोलेव जल्द-से-जल्द तीन-शक्ति मिशन की रूप-रेखा तैयार करे; हालाँकि इस प्रोजेक्ट में जिस सीमा तक उसने कॉस्मोनॉट्स की जानें दाँव पर लगाने का जोखिम उठाया, उसका निर्णय आज नहीं किया जा सकता। ख्रुश्चेव पर प्रायः कोरोलेव पर जोखिम भरे निर्णय लेने की दिशा में दबाव डालने का दोष लगाया जाता था, लेकिन संभवतः वह सारे तकनीकी विवरणों का निर्णय नहीं ले सकता था। इस संबंध में उसे चीफ डिजाइनर के निर्णय पर भरोसा करना पड़ता था कि कोई खास अंतरिक्ष प्रोजेक्ट सुरक्षित था या नहीं।

कोरोलेव ने जोखिम उठाते हुए वर्तमान वोस्टोक के हार्डवेयर अपनाने का प्रयोग उसी बॉल में दो अंतरिक्ष यात्रियों को ले जाने के लिए किया; यदि अंतरिक्ष पोशाकें न पहनी जातीं तो तीन अंतरिक्ष यात्री भी जा सकते थे। सीट का यह नया इंतजाम पूरी तरह कामचलाऊ था; इसमें वोस्टोक में कोई सुधार नहीं किया गया था। यह पहले से अधिक सँकरा और निश्चित रूप से अधिक खतरनाक था। अतिरिक्त व्यक्तियों को इसके अंदर बैठाने के लिए इसकी भारी-भरकम इंजेक्शन सीट को हटा दिया गया था और लॉन्च पैड में यदि कोई गड़बड़ी होती तो बचने का कोई मौका ही नहीं था। इस नई योजना को 'वोस्खोड' नाम दिया गया था, जिसका शाब्दिक अर्थ है, 'सूर्योदय'।

इसके तमाम खतरों के बावजूद वोस्खोड अंततः सोवियत नेतृत्व को कायम रखने में सक्षम रहता, इससे अपोलो और कोरोलेव के अपने स्वयं के चंद्रमा पर जाने के महत्त्वाकांक्षी कार्यक्रम को गति मिली। ओ.के.बी.-1 में कोरोलेव का अंतिम उत्तराधिकारी वेसिली मिशिन इस बात पर जोर देता है कि चीफ डिजाइनर ने ख्रुश्चेव से आमने-सामने का सौदा किया। कोरोलेव ने अतिशीघ्र मल्टी-मैन कार्यक्रम को विकसित करने के एवज में ख्रुश्चेव द्वारा विशाल नए रॉकेट का अनुमोदन किया जाना, जो नासा के सैटर्न वी का समतुल्य एन-1 था।

सन् 1964 तक सुपर पावर रेखा विभाजन के दोनों ओर अंतरिक्ष प्रयास पूरी तरह स्थापित हो चुका था।

अगस्त में पोलित ब्यूरो द्वारा एन-1 के विकास के साथ-साथ कोरोलेव के प्रतिस्पर्धियों के दो प्रतियोगी प्रोजेक्टों को भी अनुमोदित कर दिया गया। अंततः इस उलझन और सन् 1966 में कोरोलेव की मृत्यु के कारण सोवियत का चंद्र कार्यक्रम असफलता की भेंट चढ़ गया। सन् 1964 की ग्रीष्म में सभी अंतरिक्ष यात्री चंद्रमा पर कदम रखने हेतु अपेक्षाकृत अधिक सुरक्षित उड़ानों की ओर लामबंद हो रहे

थे। यूरी एलेक्सेविच को निराशा में ऐसा महसूस होने लगा कि इस खेल से जुड़ने के लिए उसमें अर्हता नहीं थी।

ऐसा मात्र इस वजह से नहीं था कि उसके सार्वजनिक कर्तव्यों ने उसे स्टार सिटी से उसके वास्तविक बूतों से अलग कर दिया था। पहले सन् 1961 में भी उसने अपनी ऐतिहासिक उड़ान के कुछ महीनों बाद भी छुट्टी लेकर, मातहतों का कोपभाजन बनने का बहुत ही मूर्खतापूर्ण कार्य किया था।

□

9

फोरोस घटना

क्रीमिया तकरीबन एक टापू ही है। यह काला सागर से निकला हुआ, दो प्रायद्वीपों के माध्यम से यूक्रेन से जुड़ा हुआ है। इस टापू के सुदूर उत्तर क्षेत्र अच्छे तो हैं, लेकिन नीरस हैं। दक्षिण की बात ही अलग है। यहाँ खूबसूरत पर्वत, जंगल, आश्रयदायी समुद्री किनारा, जहाँ यत्र-तत्र ताड़ के वृक्ष खड़े हैं। मौसम अक्तूबर में भी अच्छा रहता है और बादाम के वृक्ष फरवरी तक फल-फूल जाते हैं।

इसके चारों ओर स्थित काला सागर कभी भी इतनी निजी झील नहीं रहा है जितना मॉस्को इससे होना चाहता है। दक्षिणी भाग के आधे हिस्से में एक पुराने दुश्मन टर्की का कब्जा है। रूस को इस बात का गुरेज है कि क्रीमिया के बालाकोवा में लॉर्ड कार्डिगन के लाइट ब्रिगेड ने 'वैली ऑफ डेथ' में उनके बाईं ओर, उनके दाहिने ओर तोपें दागीं, किंतु अंततः टर्की के योगदान से रूस की युद्ध में पराजय हुई। सेवास्टोपोल से काले सागर का जहाजी बेड़ा टर्की और इसके नाटो सहयोगियों पर अब भी चौकसी करता है।

याल्टा के क्रीमियन पोर्ट पर चर्चिल और रूजवेल्ट ने, 'अंकल जो स्टालिन' के साथ युद्धकालीन समय बिताया। याल्टा के पश्चिम में समुद्रतटीय भाग में निकिता ख्रुश्चेव ने अपना 'डाचा' रखा था। आज के नेता अब भी ग्रीष्मकालीन अवधि यहीं बिताते हैं। यद्यपि उन्हें अपने दुश्मनों की योजनाओं की भनक तक नहीं लगती और वे क्रेमलिन से हजारों कि.मी. दूर आराम कर रहे होते हैं। अगस्त 1991 में मिखाइल गोर्बाचोव अपने 'डाचा' में ऊँघते पाए गए।

सन् 1960 के दशक के चरमोत्कर्ष के दौरान फोरोस एक विलासितायुक्त सैनेटोरियम कॉम्प्लेक्स था, जिसे सर्वाधिक खास लोगों की बुकिंग के लिए तैयार किया गया है। मानोरम समुद्र, ताजे माँस व फल, अच्छी शराब शायद रोजमर्रा के तनावों से कुछ आजादी—ये सभी और इससे अधिक सुख वहाँ उपलब्ध थे। ऐसा प्रत्याशित नहीं था कि फोरोस में आए अतिथियों के आमोद-प्रमोद के तरीके पर कोई संबंधित अधिकारी काफी बारीकी से नजर रखता।

प्रथम कॉस्मोनॉट्स और उनके साथी अपनी पत्नियों व परिवारों के साथ छुट्टियाँ मनाने के लिए फोरोस आए। उसे 'अन्ना' कहो; शायद वहाँ दो अन्ना थे। अन्ना रूमनसेयेवा नामक एक नर्स युवती जब 19 सितंबर, 1961 को किसले सैनेटोरियम में ड्यूटी पर थी, तभी वहाँ यूरी और उसके कॉस्मोनॉट्स साथी ठहरने के लिए पहुँचे। वह फोरोस में काम करनेवाली अन्ना नामक अन्य नर्स के विषय में काफी अंतरंगता से बतलाती है। शायद ये दोनों अन्ना एक ही व्यक्ति हैं। यह बात अहम नहीं है। आज अन्ना रूमनसेयेवा एक शादीशुदा महिला, सम्मानीय दादी माँ और मेडिकल प्रेक्टिशनर है। वह कहती है, ''जीवन में कुछ ऐसे लोग, विशेषकर पुरुष होते हैं जो निरंतर साहसिक कार्यों की प्रतीक्षा करते रहते हैं। यूरी एलेक्सेविच गागरिन इसी तरह का व्यक्ति था। एक छोटी सी घटना है, छत से कूदने की। उस कहानी को मैं संक्षेप में बताऊँगी। मुझे नहीं लगता कि वह कुछ भी अपनी पत्नी वैलेंटिना से छिपाना चाहता था। नहीं, वह साधारतः बचकानी हरकत करते हुए उससे कहना चाहता था, 'यदि तुम यह सोचती हो कि वहाँ अंदर मैं कुछ गलत काम कर रहा था तो यह तुम्हारी भूल है।'''

अन्ना की कहानी का अपेक्षाकृत विस्तृत भाग ज्यादा तथ्यपरक है।

उस समूह में 28 लोग थे। यूरी व वैलेंटिना अपनी महीनेभर की दूसरी बेटी गाल्या के साथ सैनेटोरियम पहुँचे। घर्मन टिटोव एलेक्सेई लिओनोव, पत्रकार यारोस्लेव, कॉस्मोनॉट्स की भारी भीड़, कुछ तकनीकी व्यक्ति; यहाँ तक कि निकोलाई कमानिन भी वहीं था, वह लड़कों के साथ आराम से शराब पी रहा था। वहाँ कामानिन ने पाया कि यूरी और वाल्या उनका साथ नहीं दे रहे थे। वह स्वभाव से उसके प्रति रुखाई बरत रहा था। वह कार में अकेली बैठी आँसू बहाती रहती और यूरी नजारे देखने व स्थानीय क्रीमियन लोगों से मिलने व शराब पीने में मस्त रहता।

कभी-कभी वह इतने गलत ढंग से बर्ताव करता कि वाल्या फफककर रो उठती। कामानिन और उसकी पत्नी मारिया यूरी के ऐसे बर्ताव से अचंभित व विस्मित रह गए। कुछ दिनों बाद कामानिन उसे एक ओर ले गया। उसने अपनी

सदा चौकस रहनेवाली डायरी में लिखा, "मैंने उससे कहा, 'यह पहला मौका है, जब मैं तुम पर शर्मिंदा हूँ। तुमने वाल्या का मन दुखाया है।' यूरी ने स्वीकार किया कि उससे गलती हुई थी और वह आगे अपना व्यवहार सुधारेगा।"

फोरोस में टिटोव का रवैया भी अच्छा नहीं था जिसकी अनुशासनप्रियता की तारीफ करते हुए कामानिन थकता नहीं था, वही आज उससे दुःखी था। उसे अपने दोनों प्रमुख कॉस्मोनॉट्स को चेतावनी देने की जरूरत महसूस होने लगी कि उनके रवैये के लिए उन्हें गंभीर परिणाम भुगतने होंगे। उसने उन्हें चेताया भी कि वे खतरनाक रास्ते पर बढ़ते जा रहे थे।

यूरी के बर्ताव में कोई सुधार नहीं आया। दूसरे सप्ताह ही वह अपने कुछ साथियों को एक छोटी मोटरबोट से समुद्र में ले गया। फोरोस के कर्मचारी स्टाफ ने उससे अनुरोध किया कि ऐसा करना गैर-कानूनी था। उसे स्थानीय दशाओं की जानकारी नहीं थी; हवाएँ अनियंत्रित गति से चल रही थीं, मौसम खराब हो सकता था; उसे नहीं जाना चाहिए, लेकिन फिर भी उसने अपने जाने की जिद पूरी की और मोटरबोट को तट से दूर समुद्र में ले गया। वह बड़ी लापरवाही से बोट चला रहा था। अपने साथियों को पानी के छिड़काव से भिगाने के लिए वह बार-बार राइट-टर्न लेता। इसी बीच जैसी कि चेतावनी दी गई थी, लहरों का उफान बढ़ने लगा। मोटरबोट दूर क्षितिज में जाकर विलुप्त हो गई। किनारे से वह नजर ही नहीं आ रही थी। बचाव के लिए एक बड़ी मोटरबोट को वहाँ भेजना पड़ा। उसे निकालकर किनारे लाया गया और चिकित्सकीय सहायता के लिए मेडिकल स्टेशन भेज दिया गया। खराब दशाओं में उसने मोटरबोट के स्टियरिंग व्हील को इतना तेज मोड़ दिया था कि उसके हाथों से खून बह रहा था और फ्रैक्चर भी आ गए थे, लेकिन इतने दर्द व इस दुस्साहसी घटना में मिली तकलीफ के बाद भी खूबसूरत भूरे बालों वाली नर्स जो उसके घावों की मरहम-पट्टी कर रही थी, से उसका ध्यान एक पल भी नहीं हट रहा था। अन्ना कहती है, "यूरी एक अच्छा इनसान था।"

उसने पूछा, "क्या आप यहाँ काम करती हो?" मैंने कहा, "जी हाँ।"

अगले दिन टिटोव कामानिन व ग्रुप के दस अन्य लोगों ने जाने के लिए सामान बाँध लिया। आखिरी दिन उन्होंने काफी मौज-मस्ती की। "तत्पश्चात शाम को उन्होंने और भी मौज-मस्ती की" अन्ना ने बताया। कामानिन ने ताश और शतरंज के खेल की चर्चा उस दिन डायरी में की है; "लेकिन इस संभ्रांत खेल में पिछले दो हफ्तों की शराबखोरी व हो-हल्लाबाजी की वजह से बाधाएँ खड़ी हो गई थीं।"

3 अक्तूबर की घटनाओं के विषय में पत्रकार गोलोवानोव ने लिखा, ''गागरिन सेवास्टोपोल के ब्लैक सी फ्लीट के नाविकों का मेहमान था। मैं उसके और घर्मन टिटोव के साथ था। इसके बाद हम फोरोस लौट आए। अगले ही दिन हम याल्टा के निकट स्थानीय पायनियर्स (स्काउट्स के लड़कों के लिए रूसी समतुल्य शब्द) के पास चले गए। इसके बाद मसांद्रा के वाइनयार्ड पहुँचे, वहाँ से काफी खुश होकर लौटे। यूरी ने अपनी एक गर्लफ्रेंड से मिलने का निर्णय किया, लेकिन हमें यहाँ पर उसके अच्छे चरित्र के बारे में कुछ कहना है...।''

गोलोवानोव ने अपनी कहानी की दिशा बदल दी, ''आप तो जानते हैं कि यूरी की पत्नी एक जटिल स्वभाव की महिला थी। उसने यूरी को हर तरह के उन लालचों से बचाया था, जो उसकी पोजीशन के कारण उसे दिए जाते थे...खैर, वैलेंटिना को मालूम हो गया कि यूरी कहीं खो गया है और उसने उसे तलाशने का निश्चय किया। अचानक यूरी ने खिड़की से दूसरे माले में छलाँग लगा दी।''

अन्ना रूमनसेयेवा बताती है, ''पार्टी में उन लोगों के खेल और हँसी मजाक के माहौल को टालकर 'अन्ना' को जाना पड़ा। उसने बताया कि वह एक कमरे में जाकर एक सोफे पर बैठ गई। मुझे नहीं पता कि यूरी के मन में क्या चल रहा था। वह नशे में था। शायद वह बातें करना चाहता था। मुझे नहीं लगता कि उसके मन में कोई और विचार थे। खैर, वह कमरे में चला गया, दरवाजा बंद कर लिया, लेकिन इसे लॉक नहीं किया। उसके तुरंत बाद ही वैलेंटिना इवानोवना कमरे में गई। दरवाजा खुलता है...शायद वह यह कहना चाहता था कि गलती उसकी है या शायद वह अकेले रहना चाहता था। मुझे नहीं मालूम।'' इस घटना के बाद निकोलाई कामानिन ने सैनेटोरियम स्टाफ के अन्ना समेत विभिन्न सदस्यों से पूछताछ की और इन घटनाओं से अपना स्वयं का निष्कर्ष निकाला।

> नर्स अन्ना ने मुझे बताया कि अपनी शिफ्ट के बाद वह थोड़ा आराम करने के लिए अपने कमरे में गई। वह अपनी पूरी पोशाक में ही बिस्तर पर लेटी हुई थी और एक पुस्तक पढ़ रही थी, तभी यूरी कमरे के भीतर आया और अंदर से दरवाजा बंद कर उसे चूमने की कोशिश करते हुए कहने लगा, ''क्या तुम मदद के लिए पुकारोगी?'' तभी बाहर किसी ने दरवाजा खटखटाया और यूरी बालकनी से कूद गया।

शायद यूरी और वैलेंटिना के बीच कुछ कहा-सुनी हो गई थी और शायद कमरे में उसे हाँफती अस्त-व्यस्त अन्ना के अलावा वह दिखाई नहीं दिया। शायद

वैलेंटिना जानना चाहती थी कि उसका पति कहाँ था, तब अन्ना को उसे बताना पड़ता कि वह बालकनी में छिपा बैठा था। उस दृश्य का अन्ना ने एक नहीं अनेक बार विवरण दिया, जो निरा झूठ नहीं, बल्कि आवश्यक बातों की जानकारी है। दोनों औरतों ने बालकनी के छोर पर झुककर यूरी को जमीन पर छटपटाकर शांत होते हुए देखा। अन्ना रूमनसेयेवा बताती है, ''उस समय बालकनी पर भारी तादाद में अंगूर फले हुए थे। जब उसने छलाँग लगाई, उस वक्त वे उसे पकड़ सकते थे। उसका माथा पत्थर से टकरा गया था। यह अच्छी लैंडिंग नहीं थी। अंतरिक्ष से वापस लौटने पर उसकी लैंडिंग सफल थी, लेकिन यहाँ असफल हो गई। मुझे इस बात की जानकारी अन्ना से मिली। उसका भी नाम अन्ना था।''

निकोलाई कामानिन की डायरी में प्रथम संदर्भ संक्षिप्त और मुद्दे पर आधारित है—

''शराब के नशे में गागरिन ने खिड़की से छलाँग लगा दी, जिससे उसके चेहरे पर गंभीर चोट आई और भवों के ऊपर निशान पड़ गया। जल सेना के चिकित्सकों ने शल्य-क्रिया की। वह एक महीने से ज्यादा समय तक अस्पताल में ठहरा रहा, और उसे कम्युनिस्ट पार्टी कांग्रेस की याद आ रही थी।''

यूरी जहाँ गिरा था, वहाँ पहुँचनेवालों में सबसे पहला व्यक्ति कामानिन था। उसके स्वास्थ्य की स्थिति से वह खुश नहीं था। खून इतना ज्यादा बह रहा था कि पहले-पहल उसे लगा कि उसने खुद को गोली मार ली है। इसी बीच जो कुछ हुआ था, उसे देखने के लिए वाल्या सीढ़ी उतरकर भागी आई। वह कामानिन की ओर देखकर चीखने लगी। ''यहीं खड़े मत रहो! उसे बचाओ। वह मर रहा है।''

तुरंत ही सेवास्टोपोल स्टेशन से डॉक्टरों को बुलाया गया। इस दौरान फोरोस के चिकित्साकर्मियों ने कुछ जरूरी प्राथमिक उपचार मुहैया कराया। उन्होंने यूरी के हाथ-पैरों को छूकर स्पंदन महसूस किया; तदुपरांत यह तय किया कि उसे उस फोल्डिंग चारपाई पर रखना ठीक होता, जिसे कोई अपने घर से वहाँ ले आया था। उसे अंदर ले आया गया, जहाँ डॉक्टरों ने उसकी भवों को सुन्न कर दिया। उसके माथे की कुछ हड्डियाँ भी प्रभावित थीं। जब सेवास्टोपोल के सर्जन पहुँचे तो उन्होंने इलाज प्रारंभ किया। इलाज (टाँके इत्यादि लगाने की प्रक्रिया) के दौरान पूरे समय यूरी किसी का हाथ पकड़े हुए था। उसने बिलकुल आवाज नहीं की, लेकिन पकड़ा इतनी सख्ती से था कि उसके हाथ पर यूरी के नाखूनों के निशान पड़ गए थे।

यूरी को अब अहसास होने लगा था कि उसने कितनी बड़ी गलती की है। उसने एक क्षण के लिए नर्स अन्ना की ओर देखा और एक ही प्रश्न पूछा, जो उसे

अब भी याद है, "क्या मैं दुबारा उड़ान भरने लायक रहूँगा?"

उसने कहा, "हम कोशिश करेंगे।"

अन्ना रूमनसेयेवा इस बात से खुश थी कि इतने दर्द व परेशानी में भी यूरी ने अन्ना को अधिकारियों से बचाने का प्रयास किया था। "उसने एक सैनेटोरियम डायरेक्टर से कहा, 'आप तो जानते हैं कि यह उसकी गलती नहीं थी।' और ऐसा था भी। उसे एक अन्य भवन में ले जाया गया, लेकिन वह लगातार सैनेटोरियम में काम करती रही।"

सैनेटोरियम के प्रमुख भाग में एक विशेष निजी मेडिकल सुविधा की व्यवस्था की गई। अन्ना और एक अन्य नर्स अपनी-अपनी बारी में ड्यूटी करते हुए, यूरी को स्थायी चिकित्सकीय अवलोकन में रखे हुए थे, जबकि वैलेंटिना घंटों उसके बिस्तर की बगल में बैठी रहती थी। अन्ना के प्रति उसका व्यवहार मित्रवत् ही था।

"वह यूरी के अंतरिक्ष में जाने से पहले की बातें याद करती कि किस तरह वे उस समय साथ रहा करते थे। उसने बताया कि कैसे वह कठिन अध्ययन कर रहा था और कभी-कभी वह उस समय की जिंदगी के प्रति अफसोस जाहिर करती थी।"

"यूरी एलेक्सेविच! यदि डॉक्टरों को पता लग गया तो मेरी नौकरी चली जाएगी।"

"चिंता मत करो। मैं स्वस्थ महसूस कर रहा हूँ। मैं तो कुछ करना चाहता हूँ।" वह अपने हाथों के बल उठा। अन्ना ने उसे वापस बिस्तर पर जाने के लिए मना लिया। उसने कहा, "लोग अगले सौ सालों तक इस विषय में बातें करेंगे। एक दिन जब तुम दादी-माँ बन जाओगी, तो तुम अपने पोते-पोतियों को बता सकती हो कि किस तरह तुमने यूरी गागरिन का ध्यान रखा।"

लेकिन उसे मालूम था कि खिड़की से कूदकर उसने एक मूर्खतापूर्ण काम किया था, शायद यह कदम उसके लिए दुर्भाग्यशाली था, उसकी मुसकराहट और झलकते आत्मविश्वास के पीछे गागरिन अपने भविष्य के प्रति चिंतित नजर आता था।

निकोलाई कामानिन को भी इस बात की चिंता थी। कॉस्मोनॉट्स के बीच अनुशासन कायम रखने के प्रति वह जिम्मेदार था। अपनी डायरी में उसने लिखा—

"यह घटना मुझे और उन सभी लोगों को अच्छी-खासी परेशानी में डाल सकती थी, जो गागरिन के प्रति जिम्मेदार थे। इसका परिणाम बहुत ही दुखद हो सकता था। गागरिन एक व्यर्थ और मूर्खतापूर्ण तरीके की मौत से बाल-बाल बचा था।"

तीन दिन के बाद एक चैका लिमोसीन गागरिन को पार्टी कांग्रेस में ले जाने के लिए आई। उसे एक स्ट्रेचर पर ले जाया गया, यद्यपि अब वह उठ-बैठ सकता था। उसे यह सारी प्रक्रिया बड़ी बेतुकी लगी और वह जोर से हँसने लगा। उसे सेवास्टोपोल ले जाया गया और मॉस्को रवाना होनेवाले वायुयान में सवार करा दिया गया। मॉस्को आने पर उसे कांग्रेस बैठक में बहुत देर तक बोलने और दूसरे प्रतिनिधियों से हिलने-मिलने की मनाही थी। आधिकारिक अभिलेख उसके सक्रिय सहभागिता के साक्ष्य हैं, हालाँकि कामानिन ने अपनी डायरी में यह लिखा है कि वह स्वस्थ न होने के कारण हिस्सा नहीं ले पा रहा था। गोलोवानोव कहता है, "वस्तुतः वह सत्र के शुरू होने के पाँचवें या छठे दिन आया और फोटोग्राफर उसकी तसवीरें इस तरह खींचते रहे, ताकि उसकी भवों के पास का घाव नजर न आए।" इस दौरान समाचार पत्रों ने लोगों की उत्सुकता पर लगाम लगाने के लिए एक कहानी गढ़ी। "मुझे याद है हमें बताया गया कि यूरी अपनी शिशु बच्ची को हाथों से सँभाले हुए था, तभी पैर कहीं फँस जाने से वह गिर पड़ा और बच्ची को चोट लगने से बचाने के प्रयास में उसकी भवों के पास चोट लग जाने से वह घायल हो गया। इसी तरह उन्होंने चोट के विषय में बताया।"

इजवेस्टिया में छपी एक और खबर के मुताबिक यूरी ने अपनी बच्ची को डूबने से बचाने के लिए काला सागर में छलाँग लगा दी और उसका सिर एक चट्टान से टकरा गया।

यूरी का इलाज करनेवाले डॉक्टरों को प्रशस्ति व पदोन्नति दी गई। निकिता ख्रुश्चेव को इस बात से नाराजगी थी कि उसका पसंदीदा कॉस्मोनॉट पार्टी कांग्रेस में उचित भूमिका नहीं निभा सका, लेकिन उससे भी ज्यादा उसे अपने युवा मित्र (यूरी) के स्वास्थ्य व सुरक्षा की चिंता थी। ख्रुश्चेव की सलाहकार फयोडोर बर्लाट्स्की का कहना है, "पार्टी की नैतिकता के बावजूद जिसे काफी शक्तिशाली माना जाता था, हर किसी को यह एक मजेदार कहानी सी लगती थी। ख्रुश्चेव को इस पर हँसी आती थी, लेकिन शायद उसकी बीवी को नहीं, लेकिन मुझे लगता है कि कुछ ऐसे जनरल या उच्च-स्तरीय सैन्य वर्ग के लोग थे जिनके यूरी के साथ अच्छे संबंध नहीं थे। मेरे खयाल से उन्हें यूरी से ईर्ष्या थी, क्योंकि वह ख्रुश्चेव के इतना नजदीक जो था।" इन प्रतिस्पर्धियों को यूरी की यह कहानी बहुत मजेदार नहीं लगी।

इधर निकोलाई कामानिन की फोरोस में उसके कार्य की लापरवाही के लिए जमकर खिंचाई की गई। 14 नवंबर को स्टार सिटी में आयोजित विशेष बैठक में

उसे टिटोव और यूरी के बर्तावों का स्पष्टीकरण देना पड़ा।

"गागरिन और टिटोव ने हेल्थ रिसोर्ट में पूरी तरह अपने व्यवहार का विवरण दिया। उन्होंने शराब के दुष्प्रयोग, औरतों के प्रति अविवेकपूर्ण तौर-तरीके व दूसरी गलतियों को भी स्वीकार किया, किंतु शायद वाल्या के मन की शांति के लिए गागरिन इसी बात पर कायम रहा कि जिस कमरे से उसने छलाँग लगाई, उसमें वह लड़की नहीं थी।"

कामानिन ने बैठक को यह निर्णय करने के लिए मना लिया कि उसका प्रथम कॉस्मोनॉट लुका-छिपी के बचकाने खेल में अपनी पत्नी को खिझाने की कोशिश कर रहा था, जबकि टिटोव अपने दूसरे साथियों के साथ बहक गया था। हर कोई जानता था कि यह एकदम सफेद झूठ था, लेकिन इस आधिकारिक ब्योरे से तो सहमत होना ही था, जिसके साथ स्वयं कॉस्मोनॉट्स (यूरी व टिटोव) का हस्तलिखित माफीनामा भी था। कामानिन ने पाया, "मुझे यकीन है कि गागरिन का उस कमरे में जाने का इरादा कुछ और ही था, लेकिन मैं उस बात पर जोर नहीं दूँगा कि कहीं इससे उसके परिवार में दरार न पड़ जाए।"

कामानिन उदार प्रकृति का था, लेकिन दिसंबर में शुरू होनेवाले यूरी के विश्वभ्रमण के दौरान उसने पाया कि उसके रवैये में कोई सुधार नहीं आ रहा था। 14 दिसंबर को उसने अपनी डायरी में लिखा—

> "उसने क्रीमिया की घटना के बाद भी शराब पीना नहीं छोड़ा। मैं स्वयं को दुर्भाग्य का मसीहा नहीं मानता, लेकिन मुझे लगता है कि वह शराब पीने की अति कर रहा है। वह अपनी शोहरत की बुलंदियों पर है, उस पर एक बड़ी नैतिक जिम्मेदारी का भार है और उसे मालूम है कि उसके हर कदम पर नजर रखी जा रही है। एक या दो साल बीतने के बाद स्थितियाँ बहुत ज्यादा बदल जाएँगी और वह असंतुष्ट हो जाएगा। यह अब उसके पारिवारिक जीवन में भी नजर आ रहा है। अपनी पत्नी के प्रति उसके मन में कोई सम्मान नहीं है, कभी-कभी तो वह उसे नीचा भी दिखाता है और उसके (पत्नी) पास शिक्षा या सामाजिक कौशल जैसी सकारात्मक बातों का भी अभाव है, जिससे वह उसे प्रभावित कर सके।"

उसने (कामानिन) यह भी पाया, "हाल ही में इंडोनेशिया के दौरे से लौटने के बाद टिटोव अपने आपको किसी से कम नहीं समझ रहा है।" कामानिन को यह साफ महसूस हुआ कि उसके पास एक और मनमौजी कॉस्मोनॉट है। इस बात को

नजरअंदाज नहीं किया जाना चाहिए कि उसकी व्यक्तिगत डायरियाँ उसकी नाराजगी की निजी अभिव्यक्तियाँ हैं, बिलकुल सही ऐतिहासिक अभिलेखों की तरह।

सोवियत अंतरिक्ष कार्यक्रम में एक भी ऐसा व्यक्ति (महान् चीफ डिजाइनर भी नहीं) नहीं है जिसकी वह कहीं-न-कहीं प्राय: अनुचित आलोचना न करता हो। ख्रुश्चेव भी उसकी इस आदत से अछूता नहीं रहता। शायद फोरोस की घटना के पश्चात् कामानिन का प्रशासनिक तनाव उसकी डायरी में पार्टी कांग्रेस के प्रति एक असामान्य भड़ास की अभिव्यक्ति है। यूरी की मूक उपस्थिति से काफी परेशानी सामने आ गई थी। कांग्रेस में निकिता ख्रुश्चेव ने जोसेफ स्टालिन के स्मारक को रेडस्क्वेयर से हटाए जाने का प्रस्ताव रखा था। 5 नवंबर, 1961 को कामानिन ने अपनी खीज इस तरह व्यक्त की—

> "बहुत से लोग इसका अनुमोदन नहीं करते। वे इस विषय पर बसों, मेट्रो और सड़कों पर बात करते हैं। स्टालिन की प्रतिष्ठा की बरबादी से कई समस्याएँ खड़ी हो जाती हैं। युवा वर्ग शासन तंत्र के प्रति अपनी निष्ठा खो रहा है। स्टालिन ने देश में तीन दशक तक शासन कर इसे एक शक्तिशाली राज्य के साँचे में ढाला। उसकी शोहरत को बौनों की दुखद बहानेबाजी से नहीं ढका जा सकता। ख्रुश्चेव आज एक ईर्ष्यालु, षड्यंत्रकारी व कायर व्यक्ति है। चीन, अलबानिया, यू.एस.ए., फ्रांस, इंग्लैंड इत्यादि से उसकी कूटनीतिक असफलता छुपी नहीं है।"

हकीकत यह है स्टालिन के समय में कोई भी ऐसी बात लिखने की हिम्मत इस डर से नहीं कर सकता था कि पकड़े जाने पर उसे गोली से उड़ा दिया जाता। यह माना जा सकता है कि ख्रुश्चेव के अधिकारी कामानिन पर कॉस्मोनॉट्स को अनुशासित न रख पाने का दोष लगाते थे, इसलिए उसने अपनी डायरी के पन्नों में अपनी भावनाओं को अभिव्यक्ति दी, लेकिन अपनी राजनैतिक धारणाओं में वह अकेला नहीं था। पश्चिमवालों के लिए यह समझना कठिन है कि किस सीमा तक स्टालिन की यादगारों को सँजोकर रखा गया था। अक्तूबर 1961 में उसके दिमाग में उपजी कटुता के विविध कारण रहे होंगे, लेकिन अपने मूल्यांकन में वह बहुत हद तक सही रहा होगा। फर्स्ट सेक्रेटरी निकिता ख्रुश्चेव अपने पतन की ओर बढ़ रहा था, वही हाल ख्रुश्चेव का था।

दिसंबर 1961 तक यूरी का विदेश दौरा फिर से शुरू हो गया। उसकी चोट के दाग को सावधानी से मेकअप के माध्यम से छिपाया गया था। इस दौरे में मुख्यत:

दिल्ली, लखनऊ, बंबई, कलकत्ता, कोलंबो, काबुल, कैरो इत्यादि अन्य बहुत से स्थान सम्मिलित थे। सिलोन यात्रा के दौरान, यूरी ने एक ही दिन में अलग-अलग 15 वार्तालाप कार्यक्रमों को पूरा किया। कैरो में एक समाचार-पत्र ने घोषणा की कि स्मोलेंस्क अंचल के प्रतिनिधि के रूप में सुप्रीम सोवियत के चुनाव हेतु उसका नामांकन किया गया।''

एक जापानी पत्रकार यह जानना चाहता था कि यूरी ने अपने बच्चों के लिए ढेर सारे जापानी खिलौने क्यों खरीदे हैं। क्या इसलिए कि घर वापस लौटने पर रूसी खिलौने उपलब्ध नहीं रहेंगे? यूरी ने उत्तर दिया, ''मैं अपनी बेटियों के लिए हमेशा उपहार लेकर लौटता हूँ। इस बार मैं उन्हें जापानी गुड़ियाँ देकर चौंका देना चाहता हूँ, लेकिन अब यह बात हर कहीं समाचार-पत्रों में छप जाएगी और सरप्राइज रह ही नहीं जाएगा। आपने दो लड़कियों की खुशी पर पानी फेर दिया है।''

उसने बड़ी मोहक मुसकराहट के साथ यह बात कही और प्रश्न पूछनेवाले ने अपनी हार मान ली। कमरे में बैठे दूसरे पत्रकारों ने भी स्वीकृति में हामी भरी। खेल का प्वॉइंट यूरी को मिला।

वाल्या भी इस दौरे पर साथ आना चाहती थी, लेकिन बच्चों की देखरेख के साथ विदेश यात्राएँ करना सहज नहीं है। उसने मॉस्को में घर पर ही रहना उचित समझा और उसके पति ने अकेले ही दौरा किया। वह स्वभाव से संकोची थी और सार्वजनिक मंचों पर उसे कठिनाई अनुभव होती थी। उसने ऐसी जिंदगी की उम्मीद तो नहीं की थी।

फ्योडोर ड्येमचुक यूरी के विदेश दौरे के दौरान वाल्या को साथ घुमाता था। उसने पब्लिस्टिी के प्रति उसकी तीव्र घृणा को भाँप लिया था। जहाँ एक तरफ उसकी अबतक होनेवाली विदेश यात्राएँ उसके तनाव का कारण थीं, वहीं मॉस्को की सड़कें, दुकानें भी कम बोझिल नहीं थे। घर-गृहस्थी की खरीदारी के वक्त ड्येमचुक उसे कार में बैठाकर ले जाया करता। वाल्या एक आम मास्कोवाली की तरह कतार में खड़ी अपनी बारी का इंतजार किया करती, लेकिन कतार में खड़ी दूसरी औरतें उसे तुरंत पहचान लिया करतीं। वह तुरंत वापस कार में बैठ जाती और कहती, ''आओ चलें, वे मुझे पहचानते हैं।'' हर कोई उसे कतार में पहले आ जाने के लिए कहता था, लेकिन वह बड़ी संभ्रांततापूर्वक कार के पास लौटकर किसी दूसरी दुकान पर चली जाती। निकोलाई कामानिन यूरी के साथ कई विदेश दौरों पर साथ रहता था। 4 दिसंबर, 1961 को भारत दौरे के दौरान उसने अपनी डायरी में लिखा—

"हजारों लोगों ने गागरिन का गर्मजोशी से स्वागत किया। यह देखकर मुझे ईसा मसीह के बच्चों से मिलने की बचपन की याद ताजा हो जाती। उसे पाँच हजार रोटी के टुकड़े और मछलियों से चमत्कार दिखाने की जरूरत थी, लेकिन हमारा यूरी तो अपनी उपस्थिति मात्र से ही लोगों की प्यास बुझा देता था। हालाँकि यह बात मुझसे अच्छी तरह और कोई नहीं जानता कि यूरी महज भाग्यवश यहाँ है। उसकी जगह कोई भी बड़ी आसानी से ले सकता था। मुझे 11 अप्रैल (अंतरिक्ष यात्रा से एक दिन पहले) को यह लिखना याद है कि 'कल गागरिन सारी दुनिया में विख्यात हो जाएगा', लेकिन मैंने उसके आकर्षण के पैमाने की भविष्यवाणी कभी नहीं की थी।"

9 दिसंबर तक यूरी, वाल्या और सहगामी कोलंबो व सिलोन में थे। यूरी ने कामानिन को बतलाया कि वह थककर चूर होने ही वाला था। कोलंबो में सोवियत के राजदूत ने जितना संभव हो, उतनी उपस्थितियाँ देने की जिद की।

कामानिन यह (निम्नलिखित) लिखने से नहीं चूक सका—

"वे सरकार को अच्छा दिखाने के लिए यूरी का ज्यादा-से-ज्यादा इस्तेमाल करके निचोड़ लेना चाहते हैं। इससे उस पर क्या प्रभाव पड़ेगा, इस बात से उन्हें कुछ भी लेना-देना नहीं है।"

इस समय तक कामानिन यूरी की बढ़ती शराब की लत और वाल्या की सार्वजनिक उपस्थिति के परिणामस्वरूप होनेवाले तनावों से निबटने की अक्षमता से चिंतित हो रहा था। कामानिन, गोलोवानोव और दूसरे नजदीकी सहकर्मियों का भी इस विषय पर यही दृष्टिकोण था। ऐसा लगता है कि यूरी एक समझदार शराबी, एक मौज-मस्ती पसंद इनसान था, जो वैसे तो छककर पीता था, लेकिन काम के वक्त शराब से बिलकुल दूर रहता था। दुर्भाग्यवश प्रचार दौरे के कारण उसे ऐसे सामाजिक माहौल में रहना पड़ता था, जहाँ उससे शराब पीने की अपेक्षा की जाती थी। इसके साथ ही सार्वजनिक कार्यक्रमों की अधिकता के कारण बिना प्रयोजन के ही बहुत ज्यादा शराब पीने में उसका रुझान बढ़ता ही गया। यूरी के व्यक्तिगत के.जी.बी. सहचरों व भाषण सलाहकार वेंयामिन रूसायेव व एलेक्सेई बेलिकोव की ऐसी बातें होने देने के लिए खिंचाई की जाती थी, हालाँकि इसे रोकने के लिए वे कुछ कर भी नहीं सकते थे।

यूरी ने रूसायेव व प्रत्येक उस व्यक्ति से जो दूसरे की रक्षा करने के लिए

दबे तौर पर कार्य करते थे, से अच्छे संबंध बना रखे थे। आज रूसायेव का कहना है, ''यूरी बहुत ही पवित्र हृदय का व्यक्ति था। वह हमेशा दूसरों के द्वारा पैदा की गई समस्याओं की जिम्मेदारी स्वयं ले लेता था। जहाँ तक घर्मन टिटोव की बात है, समस्याएँ तो उसके पास से ऐसे गुजर जाती थीं, जैसे बत्तख के पंख से पानी। उसकी उड़ान के बाद तकरीबन 20 गंभीर अनुशासनात्मक घटनाएँ, कार टक्कर इत्यादि उससे जुड़ी हुई थीं। लोग इन समस्याओं को यूरी के साथ जोड़ते थे और इसी समय मैं दखल दिया करता।''

जब यूरी अपनी प्रस्तुतियाँ देता या पत्रकारों से बात कर रहा होता, तब रूसायेव उसके नजदीक ही बैठता था। ''मैं उसके अंगरक्षकों की तरह नहीं था; मैं उसका सलाहकार और सहायक ज्यादा था। यूरी ने जिन कठिनाइयों का सामना सार्वजनिक जीवन व विदेश यात्राओं में किया है, उनकी कल्पना आपको करनी है। उसकी देखभाल करना मेरा काम था। ऐसा नहीं है कि यूरी सामाजिक रूप से अकुशल था। कामानिन के ठीक उलट, उसे उन राजनीतिज्ञों व अधिकारियों के नाम अच्छी तरह याद रहते थे जिनसे वह मिलता था। जिस मुस्तैदी से वह कठिन-से-कठिन प्रश्नों का जवाब देता था, वह मेरे लिए बड़े अचरज का विषय था।''

रूसायेव एक बड़ी मार्मिक कहानी सुनाते हैं। ''निकिता सर्जेयेविच ख्रुश्चेव शराब के कुछ ही ग्लासों में झूमने लगते थे और यूरी हमेशा उसे बहकने से बचाया करता था।'' हालाँकि यूरी खुलकर ख्रुश्चेव की प्रशंसा किया करता था, फिर भी वह दूसरे राजनीतिज्ञों से सुरक्षित दूरी बनाकर रखता था। सरजेई बेलोट्सरकोवस्की यूरी से अच्छी तरह परिचित था। वह उसे एयरोस्पेस विषय सन् 1964 से पढ़ा रहा था। ''मुझे लगता है कि उसका व्यक्तित्व बँटने लगा। एक तरफ वह राजाओं, राष्ट्रपतियों, इंग्लैंड की क्वीन का अतिथि बनने लगा, वहीं दूसरी ओर वह आम लोगों से अपने आपको कभी अलग नहीं कर सका। मुझे ऐसा महसूस होता है कि उसने निम्न वर्गों के अधिकारों के अभावों से उनकी कठिनाइयों को समझा और समाज के सर्वोच्च वर्ग में भ्रष्टाचार देखा। उसने हमारे नेताओं को शराब के नशे में धुत टेबलों पर नाचते और दुर्व्यवहार करते देखा। इससे उसके सच्चे मन को चोट लगे बिना नहीं रही होगी। मैं केवल ऊपरी लक्षणों की बात नहीं कर रहा हूँ, बल्कि उस आंतरिक भ्रष्टाचार की बात भी कर रहा हूँ जो शीर्ष के नेतृत्व वर्ग में असरकारी था।''

यूरी के खिलाफ भी उनका रोब भड़का हुआ था, जो बिलकुल अनुचित था। उनके इस रोब की वजह थी ख्रुश्चेव के वरदहस्त से प्राप्त सभी तरह के

विशेषाधिकार। यह सच है कि उसे व दूसरे कॉस्मोनॉट्स को औसत से बेहतर आवास दिए गए थे, लेकिन उनकी सुख-सुविधाओं का स्तर मध्यमवर्गीय अधिकारियों से बेहतर नहीं था। टिटोव कहता है, ''हमें कभी भी विशेष फायदे नहीं मिले। लोग हमेशा मुझसे कहते थे, 'तुम अपनी सुविधाओं की चाह तो जाहिर करो, ख्रुश्चेव उन्हें जरूर पूरा करेगा।' मैंने कभी इस ओर ध्यान नहीं दिया, न यूरी ने। हम तो ठहरे युवक।''

रूसायेव इस बात की पुष्टि करते हुए कहता है, ''यूरी पूर्णत: एक ईमानदार इनसान था। अंतरिक्ष में जानेवाला वह पहला कॉस्मोनॉट था; यह काम उसने अपने देश के लिए किया। आज आप उस स्थान को देखिए, जहाँ वाल्या रहती है। यूरी ने अपनी मातृभूमि के लिए यह बड़ा काम किया, न कि दौलत के लिए।''

यूरी की मानसिक शांति को भंग करने में कुछ ईर्ष्यालु लोग लगे हुए थे। सरजेई बेलोट्सरकोवस्की ने पाया, ''विदेशों में अपने देश का प्रतिनिधित्व करते हुए समस्याओं के जिन अंबार का सामना गागरिन को करना पड़ा, उसकी कल्पना कभी कोरोलेव ने भी न की होगी। उसके कई दुश्मन पैदा हो गए, क्योंकि वह विदेशी प्रतिनिधिमंडल के सोवियत प्रमुख लोगों की अपेक्षा अधिक लुभावने व सच्चे अंदाज में बात-व्यवहार करना जानता था। जो वरिष्ठ हैं, वे आपको ऐसी बातों के लिए कमी माफ नहीं करते।''

रूसायेव ने ऐसे खतरों से यूरी को बचाने के लिए कड़ी मेहनत की। ''वह हमेशा कहा करता था कि राजनीति उसे कठिन और जटिल लगती थी। राजनीति गंदा काम है। आप इससे दूर ही रहें तो अच्छा है। आपके पास आपका देश है, आपका परिवार है, जो आपके पास है, उसका लुत्फ लीजिए और राजनीति में मत पड़िए।''

सन् 1964 में जब ख्रुश्चेव के शासन का तख्तापलट लिओनिड ने किया, तब तक रूसायेव यूरी के साथ रहा। इसके बाद सभी कॉस्मोनॉट्स के संबंध के.जी.बी. के साथ बिलकुल अलग हो गए। मार्च 1967 में यूरी बहुत जरूरी राजनीतिक मार्गदर्शन के लिए रूसायेव से अंतिम बार मिला, तब तक दोनों के लिए काफी देर हो चुकी थी।

□

10

काम पर वापसी

रूसी और अमेरिकी चिकित्सकीय विशेषज्ञ सन् 1963 तक एक समान निष्कर्ष पर पहुँचे कि अंतरिक्ष उड़ान की कठिनाइयाँ—मितली आना, सिर चकराना, सिर का भारीपन, गले का सूखना जैसी छुट-पुट परेशानियों से कहीं ज्यादा हैं। ये सभी लक्षण बेचैन कर देनेवाले थे, किंतु पारंपरिक तौर पर कोई भी स्वस्थ व्यक्ति पृथ्वी की कक्षा में चक्कर लगाने के बाद जीवित बचा रह सकता है। इसके बाद केवल शारीरिक स्तर पर ही प्रशिक्षण नहीं दिया जाता था, बल्कि अंतरिक्ष यान के अपेक्षाकृत अधिक जटिल क्रम में कार्य करने के लिए सही मानसिक और बौद्धिक स्तर पर भी प्रशिक्षित किया जाता। कोरोलेव, कामानिन और सोवियत रॉकेट कार्यक्रम के अन्य वरिष्ठ सदस्यों ने सोलह ऐसे होनहार कॉस्मोनॉट के अभ्यर्थियों की फाइलों पर दुबारा नजर डाली, जिन्हें सन् 1959 में मेडिकल बोर्ड द्वारा खारिज कर दिया गया था।

उन्होंने उन्हें एक और मौका देने का निर्णय किया, क्योंकि अब उनकी शारीरिक क्षमताओं की अपेक्षा उनका इंजीनियरिंग और शैक्षणिक कौशल कहीं अधिक अहमियत रखता था। मई 1969 तक अंतरिक्ष समुदाय में इस नए कॉस्मोनॉट दल के साथ दस गैर-विमान चालक तकनीकी विशेषज्ञों को भी रखा गया। वस्तुतः कोरोलेव के ओ.के.बी.-1 डिजाइन ब्यूरो के प्रतिभाशाली इंजीनियर थे। इस दौरान सन् 1959 के 20 दलवाले यूरी के अधिकतर मित्र और सहकर्मी (घर्मन टिटोव, एलेक्सेई लिओनोव, व्लादीमीर कामारोव और एंड्रियन निकोलायेव) नए आए 26 लोगों के दल पर अपनी श्रेष्ठता कायम रखने के लिए कठिन अध्ययन कर रहे थे।

21 दिसंबर, 1963 में कर्नल यूरी गागरिन को कॉस्मोनॉट ट्रेनिंग सेंटर का डिप्टी डायरेक्टर नियुक्त किया गया, जो सीधे निकोलाई कामानिन के प्रति ही उत्तरदायी था। एक बड़ी हद तक यह नया कार्य उसे किसी तरह की क्षति से दूर रखते हुए, प्रोत्साहित करने के लिए ही था। पिछले तीन वर्षों के दौरान, अंतरिक्ष प्रशिक्षण के हर पहलू से वह पिछड़ चुका था और उसे जेट लड़ाकू विमानों में सन्निहित जोखिम के कारण उन्हें उड़ाने की भी अनुमति नहीं थी। अन्य सामान्य लड़ाकू विमान के पायलटों की तरह उस पर जोखिम नहीं उठाया जा सकता था, बल्कि कूटनीतिक और सामाजिक प्रतीक के रूप में सुरक्षित रखा जाना था; भले ही एक त्वरित नोटिस पर वह अंतरिक्ष उड़ान की श्रेणी में लौटने में सक्षम था, किंतु वे गुण जिनसे वह वोस्टोक के लिए आदर्श बन गया था, अब उतने अहम नहीं थे। अच्छे दृष्टिकोण व पृष्ठभूमिवाला युवा पायलट होना ही अब पर्याप्त नहीं रह गया था। यदि यूरी फिर से अंतरिक्ष यान चलाना चाहता, तो उसे ऑर्बिटल मैकेनिक्स, उड़ान प्रणालियों, कंप्यूटर कंट्रोल और स्पेस नेविगेशन का अध्ययन करना पड़ता, तत्पश्चात अपने वरिष्ठों को 'सक्रिय' उड़ान सूची में रखे जाने के लिए विश्वस्त भी करना पड़ता। कोरोलेव निश्चित तौर पर उसे 'सक्रिय' उड़ान में रखना चाहता था, किंतु उसने अपने इस पसंदीदा 'लिटिल ईगल' को काफी पहले ही चेतावनी दे रखी थी कि उसे जल्द-से-जल्द शैक्षणिक प्रशिक्षण लेना होगा।

सन् 1962 के दौरान चीफ डिजाइनर ने निरंतर जारी विदेश यात्राओं से तंग आकर शिकायत की थी, ''जहाँ तक अंतरिक्ष की बात है, यूरी और टिटोव हमारे हाथ से निकलते जा रहे हैं।'' उनकी देख-रेख में असफल रहने के कारण चीफ डिजाइनर ने कामानिन की खिंचाई भी की थी। कामानिन ने हमेशा की तरह अपनी डायरी में लिखा, ''उसकी शिकायतों पर नजर डालते हुए, हम उस कड़वाहट को देख सकते हैं जो उसके नाम को गुप्त रखे जाने के कारण है।''

कोरोलेव पहले से ही वोस्खोड से परे, एक महत्त्वाकांक्षी नए अंतरिक्ष यान की योजनाएँ बना रहा था जिसमें असामान्य कारगुजारियों की क्षमता हो, जैसे—कमांड देने पर अपनी कक्षा बदलना, इसकी आवाज व दिशा का एकदम सही समायोजन और इन सबमें सर्वोपरि कक्ष में दूसरे यान से संपर्क साधना। इस नए अंतरिक्ष यान का नाम 'सोयुज' रखा जाना था, जिसका अर्थ है 'संघ' (यूनियन)। बेशक यह अमेरिका के अपोलो यान का सीधा जवाब था। वस्तुतः सोयुज की सामान्य रूप-रेखा, जिसमें रियर इक्विपमेंट सेक्शन मध्य में एक रि-एंट्री कैप्सूल और सामने ड्रापवे डॉकिंग कंपार्टमेंट लगे थे, नासा की संविदा के प्रयास में असफल रहनेवाली

जनरल इलेक्ट्रिक कंपनी द्वारा अपोलो के लिए तैयार की गई रूप-रेखा से मेल खाती हुई लगती है।

भविष्य की चंद्र योजना की दिशा में सोयुज प्रमुख तत्त्व था, किंतु यह कम-से-कम अगले दो सालों तक तैयार नहीं हो पाता। इस बीच कोन्सटानिन फोकतिस्तोव, जो कोरोलेव के सर्वाधिक विश्वासपात्र इंजीनियरों में एक और ओलेग इवानोस्की का निकट सहकर्मी था, बड़ी तेजी से वोस्खोड तैयार करने में लगा था, ताकि कोरोलेव द्वारा ख्रुश्चेव से किया गया निजी सौदा पूरा किया जा सके। फोकतिस्तोव भी वोस्खोड में प्रथम विशेषज्ञ इंजीनियर कॉस्मोनॉट के रूप में उड़ान भरने का प्रशिक्षण ले रहा था। वही ओ.के.बी.-1 के अंदर एक ऐसा व्यक्ति था, जो तकनीकी मुद्दों पर चीफ डिजाइनर को संतुष्ट रखने में सफल रहा। अड़ियल निडरता के मामले में दोनों शख्सों में अजीब समानता थी। दुनिया ने पहले ही इन्हें बदतर-से-बदतर सबक सिखाया था। जहाँ कोरोलेव साइबेरियाई कारागार कैंप में मौत के मुँह तक पहुँच चुका था, वहीं फोकतिस्तोव रेड आर्मी की तरफ से लड़ते हुए नाजियों द्वारा कैद कर लिया गया था। बुरे सलूक से पूछताछ करने के बाद उसे एक खाई के सामने खड़ा कर अंधाधुंध गोलियाँ चला दी गई थीं। वह मुर्दों के ढेर में गिरा और रात होने तक मुर्दों के नीचे छिपा रहा, ताकि इसके बाद घायल हालत में वहाँ से निकल सके। वोस्खोड कैप्सूल में उसे ऐसी कोई डरानेवाली बात नहीं लगी।

जब फोकतिस्तोव और दूसरे उच्च दक्षता प्राप्त लोगों का कॉस्मोनॉट वर्ग में स्थान बनने लगा, तो यूरी के अध्ययन में बराबरी करने और दूसरी अंतरिक्ष उड़ान का अवसर पाने के अवसर कम हो गए।

उसकी विदेश यात्राओं के बीच यूरी कॉस्मोनॉट व्याख्यानों में प्रायः शामिल रहता था, लेकिन कई अवसरों पर वह कक्षा में उस जगह पर बैठता, जहाँ से किसी राजनयिक कार्यक्रम में बुलाया जा सकता। जब 1963 से ख्रुश्चेव का प्रशासन लड़खड़ाने लगा, यूरी अपना शैक्षणिक कार्य सँभालने में लग गया, क्योंकि तब उसे सुर्खियों में बने रहने की उतनी आवश्यकता नहीं रह गई थी।

मार्च 1964 में वह मॉस्को की झुकोवस्की एकेडमी पहुँचा, जो उड्डयन और एयरोडायनेमिक्स के सभी पहलुओं को सम्मिलित करती थी। इसका संचालन लेनिनग्राडस्की प्रॉस्पेक्ट पर स्थित शानदार पेट्रोवस्की पैलेस में किया जाता था। पेट्रोवस्की पैलेस का निर्माण शाही यात्रियों के ठहरने के लिए 'कैथरिन द ग्रेट' ने कराया था। सन् 1812 में मॉस्को उपद्रव के समय नेपोलियन यहाँ ठहरा था। अब यह अंतरिक्ष में उड़ान भरनेवाले कॉस्मोनॉट्स के लिए आवश्यक ठहराव था। अंतरिक्ष

उड़ान के नए पाठ्यक्रम के लिए एक विशेष पाठ्यक्रम, 'पायलट इंजीनियरिंग-कॉस्मोनॉट डिप्लोमा' लागू किया गया था।' अभ्यर्थियों को अंतरिक्ष के सभी पहलुओं का अध्ययन करना पड़ता था और चुने हुए विशिष्टीकरण के क्षेत्र में शोधपत्र लिखना होता था। इस तरह कॉस्मोनॉट्स अब लगभग अमेरिकी शैली में आ रहे थे, जहाँ कॉस्मोनॉट्स को अंतरिक्ष उड़ान में अर्हता प्राप्त करने के लिए डिप्लोमा लेना पड़ता था। (एक विशेष शोधपत्र में नासा के एक छात्र बज एल्ड्रिन ने कक्षीय मुलाकात के लिए गणितीय क्रम सुझाया जिससे एस्ट्रोनॉट्स टुकड़ी में उसे सुरक्षित वर्ग प्राप्त हो सका।)

झुकोवस्की में अपना स्थान तय करने के लिए यूरी ने अपने शोधपत्र के लिए हॉली ग्रैल ऑफ मेंड स्पेस फ्लाइट विषय चुना। एलेक्सेई लिओनोव जिसने यूरी के साथ कई महीने अध्ययन किया, ने बताया, "वह खुद के साथ काफी कठोर था। मुझे हमेशा हैरत होती कि अपने अध्ययन के प्रति वह कितना ज्यादा कर्तव्यनिष्ठ था। वह अपना काम कितनी पूर्णता और परिश्रम के साथ तैयार करता था। दूसरों की बराबरी करने के लिए वह कितनी कठिन कोशिश करता था। जिस किसी को इतना नाम और शोहरत हासिल हो चुकी हो, वह इतनी मसक्कत नहीं किया करता।"

विंगवाले अंतरिक्ष यान बड़े सामान्य तरीके से उपयोग में लाए जा सकते थे। वे किसी जुते हुए खेत में या समुद्र में गिरने के बदले हवाई अड्डे पर उतर सकते थे। विंग्स धीमे होकर अंतिम रूप से उतरने की प्रक्रिया को नियंत्रित कर सकते थे, ताकि यान सुरक्षित तौर पर पहियों के बल जमीन पर खड़ा हो सके। स्पेस कैप्सूल के उलट विंग्ड यान का प्रयोग और भी उड़ान के लिए किया जा सकता था। इसमें एकमात्र कठिनाई विंग्स के एयरोडायनेमिक उपयोगिता को संतुलित करने की थी जिसकी आवश्यकता रि-एंट्री हीट-शील्डिंग के लिए थी। नासा ने तथाकथित 'लिफ्टिंग बॉडीज' के लिए पहले काम करना शुरू कर दिया था। लिफ्टिंग बॉडीज ऐसे प्रयोगात्मक यान थे, जो न तो पूरी तरह कैप्सूल थे और न ही वायुयान, बल्कि इन दोनों के मध्य की एक प्रणाली थी। उन्हें काफी ऊँचाई से नीचे गिराया जाता था और उनमें से अधिकतर सफल लैंडिंग करते थे, किंतु उन्हें अंतरिक्ष में भेजा जाना कठिन था, क्योंकि रॉकेट इंजनों व ईंधन टैंकों के कारण यह काफी भारी हो जाता था, फिर हीट शील्डिंग की समस्या तो थी ही। उस समय ऐसी कोई मजबूत और हलके वजन की सामग्री नजर नहीं आती थी जिसका प्रयोग लिफ्टिंग बॉडी के विंग्स को रि-एंट्री के दौरान पिघलने से बचाने के लिए किया जा सकता। परंपरागत कैपसूलों की हीट-शील्डिंग मोटी और भारी हुआ करती थी, जो बुरी तरह जल जाया करती थी जिससे

कैप्सूल के साइड में भयंकर दाग पड़ जाते थे। शील्ड हेतु प्रयुक्त लाख और फाइबर जैसे भारी पदार्थ विंग्स के लिए उपयुक्त नहीं थे।

कुल मिलाकर स्पेसप्लेन में अत्यधिक जटिल तकनीकी चुनौतियाँ सामने आ रही थीं। नासा के वर्तमान स्पेस शटल की डिजाइन में भी खामियाँ हैं। वह वजनदार घटकों एवं थ्रो अवे टैंको से निर्मित है और उसमें तापरोधी के रूप में सिरेमिक टाइल्स का प्रयोग किया गया है। अच्छी तरह उपयुक्त डिजाइन की खोज अभी भी जारी है। यूरी द्वारा मध्य 60वें दशक में इन मुद्दों पर शोध किया जाना उसके अंतरिक्ष उड़ान में पुनः प्रवेश पाने के प्रयास की गंभीरता को दरशाता है। आज बहुत कम लोगों को उसका इंजीनियरिंग कौशल याद है; जो उसकी निश्छल मुसकराहट में बसता था। झुकोवस्की एकेडमी में उसका अनुशासित व परिश्रमपूर्ण डिप्लोमा कार्य उसके निकटतम सहकर्मियों के अलावा बाकी सभी ने भुला दिया है। उनमें से एक है सर जेई बेलोटस्कोवस्की, जो झुकोवस्की में डिप्टी डायरेक्टर और अंतरिक्ष उड़ान में कॉस्मोनॉट्स के शैक्षणिक कौशल व ऑर्बिटल डायनेमिक्स के प्रति उत्तरदायी था।

यूरी की महानतम उपब्धियों में से एक थी, सुरक्षात्मक दृष्टिकोण से उसके स्पेसप्लेन का बिना ऊर्जा के लैंडिंग करने में सक्षम होना। उसके कुछ प्रशिक्षकों की जिद थी कि ऐसा तकनीकी दृष्टिकोण से संभव नहीं था। यूरी का तर्क था कि यदि स्पेसप्लेन 'डेडस्टिक' नहीं उतर सकता है तो यह अनुपयोगी है। आखिर इंजन के फेल होने पर उसमें सवार लोग कैसे वापस आ सकते थे? ठीक वोस्टोक कैप्सूल की तरह एक छोटे ब्रेकिंग मोटर से स्पेसप्लेन को कक्ष से बाहर लाया जा सकता था, उसका कहना था। इसके बाद यह बिना इंजन के जमीन पर आ सकता था। उसका पहला हल पैराशूट से विमान को नीचे लाने का था, लेकिन बेशक यह विचार, कम व्यावहारिक था। अंततः उसने निश्चय किया कि ग्लाइडिंग करते हुए लैंडिंग करनी चाहिए। नासा के वर्तमान शटल बिलकुल ऐसा ही करते हैं एवं अंतिम पहुँच के वक्त उनमें इंजनों का इस्तेमाल नहीं होता।

कुछ अहम पहलुओं में, यूरी की स्पेसप्लेन की धारणा उसके अपने प्रशिक्षकों से आगे थी। विशुद्ध एयरोडायनेमिक साइंस में वे उसे काफी पीछे छोड़ देते थे। उसका स्पेसप्लेन टेल विंड्स, हेड विंड्स और क्रॉस विंड्स में कैसी प्रतिक्रिया करता? फिर अचानक छोटे-छोटे झोंके आने की स्थिति में क्या होता? क्या उसने यान के जमीन के पास आने के दौरान के वायु प्रवाह के परिवर्तन की गणना की थी? यूरी प्रायः प्रीमिटिव एनालॉग कंप्यूटरों पर एयरफ्लो संख्याओं का उसके आदर्श डिजाइन से मेल कराने के प्रयास में जटिल गणितीय अनुमानों का प्रयोग करता रहता था। वह

अपने प्रशिक्षकों और सहयोगियों के साथ अपने विचारों में सुधार लाने के लिए तर्क-वितर्क का सहारा लेता रहता था।

यूरी का स्पेसप्लेन वाला कार्य शीर्ष रहस्य माना जाता था। वस्तुतः झुकोवस्की में संचालित सारे डिप्लोमा कार्य बहुत ज्यादा वर्गीकृत थे। कोरोलेव की तरह बेलोटस्कोवस्की की पहचान भी गोपनीय थी व सार्वजनिक रूप से उसकी शख्सियत जाहिर नहीं की जाती थी। उसे अपने पसंदीदा छात्रों की फोटो खींचने की भी अनुमति नहीं थी। इस डर से कि पश्चिम के जासूस कहीं उसे पहचान न लें। फिर भी वह अपनी याद को बनाए रखने के लिए जासूसी कैमरे का प्रयोग करता था। "हमने सभी फिल्में एक सेफ में छुपाकर रखी थीं और काफी समय बाद उन्हें डवलप करते थे। मुझे नहीं लगता कि हम कुछ गलत करते थे। अपने गैर-आधिकारिक क्रियाकलापों के कारण आज हमारे पास एक अहम व ऐतिहासिक तसवीरों का संग्रह उपलब्ध है।"

यूरी अपने काम में इतना खो गया कि एकेडमी के हॉस्टल में रहते उसने लंबा समय बिताया। इस दौरान वह वाल्या व बच्चों से दूर रहा, लेकिन शैक्षणिक उत्कृष्टता का अनुगमन ही उसके अपने परिवार से दूर रहने की एकमात्र वजह नहीं थी।

मॉस्को के गार्डन रिंग रोड के पश्चिमी पार्श्व पर स्थित यूनोस्ट होटल में भी काफी समय बिताया। यूनोस्ट कम्युनिस्ट यूथ मूवमेंट 'कॉमसोमोल' से जुड़ा हुआ था। वहाँ यूरी के लिए सातवीं मंजिल पर कमरा नंबर 709 हमेशा आरक्षित रहता था। विभिन्न अवसरों पर यूनोस्ट में स्वागत, भोज इत्यादि कार्यक्रम मॉस्को एवं अन्य गणतंत्र से आनेवाले कॉसमोसोल प्रतिनिधिमंडल के लिए होते रहते थे, जहाँ यूरी की उपस्थिति व जोशीले भाषण अपेक्षित होते थे। पार्टियाँ प्रायः भोर तक जारी रहती थीं, तब यूरी कड़कड़ाती-ठिठुरन भरी सरदी में घर लौटने के बदले यूनोस्ट में जाकर सो जाया करता। होटल की अनौपचारिकता और निजता के कारण वह आराम और अपने मित्रों से भेंट कर सकता था। वह बिलियर्ड्स का अच्छा खिलाड़ी था और कदाचित ही कभी किसी से हारता था। एक बार खूबसूरत शतरंज खिलाड़ी 'नोना' के लिए उसने स्वयं हार मान ली थी। यूरी के मित्र (पुरुष) यह न समझ सके कि एक लड़की से हारने का तिरस्कार वह कैसे सहन कर सकता था, लेकिन उसके दिमाग में तो कोई और खेल चल रहा था।

यूरी एक स्वस्थ व खूबसूरत युवक था, जो दुनिया भर में बीटल पॉप ग्रुप के 'फेब फोर' के संभावित अपवाद के साथ सर्वाधिक विख्यात और वांछित हीरो भी था, लेकिन उसे गलती से हृदयहीन औरतबाज न समझ लिया जाए। इस मामले में

उसकी स्थिति में कोई और सुपर स्टार जितना रहा होता, उससे वह कम न था, और न ही ज्यादा। वह वाल्या से प्रेम करता था और अपनी दो बेटियों के लिए समर्पित था, लेकिन वाल्या अपने पति से शादी के वचन निभाने की बात को लेकर उतनी संतुष्ट नहीं थी। परस्त्रीगमन के एक ही कृत्य से वह उखड़ी-उखड़ी रहती थी।

एक बार वाल्या ने यूनोस्ट होटल पहुँचकर अपने बिगड़ैल पति की खबर लेने की सोची। वहाँ जो कुछ भी हुआ, उसके लिए यूनोस्ट में यूरी का मनपसंद नाई इगोर खोकलोव वहाँ की सुरक्षा व्यवस्था में हील-हवाले को दोष देता है। ''उन दिनों एक अलग ही युग का दौर था। कोई भी औरत गागरिन पर फिदा हो जाया करती, उसके साथ घूमा-फिरा और सो तक जाया करती थी। यूनोस्ट में ऐसे बहुत कम अवसर उसे मिले थे। एक पार्टी के बाद जब वह नशे में था, तभी एक खास स्पोर्ट्स महिला, (चैंपियन) का उस पर दिल आ गया। यूरी ने उसे नहीं छेड़ा, बल्कि उसने ही यूरी को छेड़ा था। दोनों कमरे में साथ थे, तभी उसकी पत्नी (वाल्या) वहाँ पहुँच गई। शायद वाल्या को कुछ पूर्वाभास सा हो गया था। मेरे खयाल से वह सामने की डेस्क पर बैठे मिलिटरी पुलिस की गलती थी, क्योंकि बड़ी आसानी से वे यूरा के कमरे में फोन करके उसे बता सकते थे, लेकिन उन्होंने ऐसा नहीं किया। वाल्या ने तो पहाड़ ही सिर पर उठा लिया और यूरी की तो उसने हालत बिगाड़कर रख दी। उसके साथ की लड़की ने तो अपने कपड़े उठाए और वहाँ से चंपत हो गई। मैं तो कहूँगा कि वह स्पोर्ट्स महिला यूरी को बहुत महँगी पड़ी।''

वाल्या के लिए तो यह एक चिरपरिचित बात थी। दरवाजे पर लात मारना, कहा-सुनी और उसके पति के चेहरे पर चोट लगना, लेकिन इस बार चोट की वजह बालकनी से कूदना न होकर गुस्से में वाल्या का उसके चेहरे पर नाखूनों से जोरदार आक्रमण था। अगले दिन उसके नाई खोकलोव ने यूरी के चेहरे से खरोंच के निशानों को मेकअप से हटाया था, ताकि वह ख्रुश्चेव से मुलाकात कर सके। खोकलोव बतलाता है, ''मैंने उसका मेकअप किया, बल्कि यह कहा जाए कि मैं उसके घाव चाट रहा था। वह ऐसा आदमी था जिसे औरतों का स्वाद लग चुका था, लेकिन मैं समझता हूँ कि वह हर समय इसी फिराक में नहीं रहा करता था। वैलेंटिना अपने पति से बहुत प्यार करती थी, लेकिन जो कुछ हो चुका था, उसके कारण वह काफी ईर्ष्यालु हो गई थी। इसके अलावा उसने उसे रंगे हाथों जो पकड़ लिया था।'' घर्मन टिटोव का कहना है, ''उसकी पत्नी के लिए इस बात के प्रति आश्वस्त होना काफी कठिन था कि वह अब केवल उसका ही है।''

फोरोस के घटनाक्रम के बाद यूरी के व्यवहार में एक नियंत्रणकारी प्रभाव के

लिए ख्रुश्चेव के आदेश से उसे अंगरक्षक मुहैया करा दिया गया। सन् 1962 तक यूरी ने अंगरक्षक हटाने के लिए ख्रुश्चेव को राजी कर लिया, लेकिन अंगरक्षक के बदले उसके अनुगमन में तीन सामान्य लोगों को लगा दिया गया। खोकलोव कहता है, ''यदि गागरिन को कोई महिला पसंद करती तो वह उसके साथ नहीं जा सकती थी, आप किसी अंगरक्षक के साथ तो उसे बाँट नहीं सकते न! यह बिलकुल वैसा ही है, जैसे यदि आपको शराब पीनी है तो आप अपने अंगरक्षकों के लिए भी शराब खरीदें।''

दूसरा अहम पहलू था काम के दबाव का होना, जो झुकोवस्की के अलावा स्टार सिटी एवं सरकारी समारोह व प्रचार कार्यक्रमों में भी रहता था। यह ब्रेझनेव के युग में कम तो हो गया, लेकिन खत्म नहीं हुआ।

एक दिन यूरी खोकलोव के पास बाल कटवाने के लिए आया। उसने उसे रास्ते में शराब पीकर पड़े एक व्यक्ति के बारे में बतलाया जिसके ट्राउजर्स कीचड़ से सने पड़े थे। यूरी ने मजाक करते हुए कहा, ''वह बड़ा समझदार व्यक्ति है। कम-से-कम वह आराम करने का समय तो पा ही जाता है और बाकी के काम भी उसी समय निबटाता है।''

इगोर खोकलोव प्राय: ख्रुश्चेव के बाल काटने के लिए क्रेमलिन भेजा जाता था। उसे अपने संपर्क में आने वाले के.जी.बी. स्टाफ के सदस्यों व गोपनीय पुलिस के सिपाहियों की कुछ बातें याद हैं। ''मैं ख्रुश्चेव और उसके विशेष अंगरक्षक के साथ कमरे में था। वह (अंगरक्षक)अपने हाथ उस जेब में डाले हुए था जिसमें वह पिस्तौल छिपाकर रखता था। मैं सोच रहा था, 'ज्यादा तेज कौन है, तुम अपने पिस्तौल के साथ या मैं अपने रेजर के साथ?' तभी एक वरिष्ठ प्रबंधक वहाँ पहुँचा। उसने अंगरक्षक की देखते हुए कहा, 'हम नाई पर भरोसा करते हैं। जब इगोर यहाँ है, तब अंगरक्षक की जरूरत नहीं है।' इसलिए अंगरक्षक को बाहर जाकर दरवाजे पर इंतजार करना पड़ा।''

अंत में उस नाई इगोर ने नहीं, बल्कि ख्रुश्चेव के निकटतम राजनैतिक साथियों ने उसका गला काटा।

ख्रुश्चेव ने सोवियत यूनियन को एक आधुनिक तकनीकी राष्ट्र व विश्व मंच पर अपनी मिसाइलों, अंतरिक्ष रॉकेटों, उपग्रहों, कंप्यूटरों, जेट यानों, वायुयानों, वाहकों व परमाणु अस्त्रों के साथ एक शक्तिशाली भूमिका में प्रदर्शित किया।

ख्रुश्चेव यू.एस.ए. प्रेसीडेंट कैनेडी की तर्ज पर अपनी असफलता से ध्यान हटाने के लिए अंतरिक्ष की चकाचौंध की ओर अपना ध्यान एकाग्र करता था।

12 अक्तूबर, 1964 को कोरोलेव ने वोस्खोड-I का सफल प्रक्षेपण तीन व्यक्तियों के साथ करके अपना वादा निभाया। व्लादीमीर कोमारोव, कोंसटेंटिन फोकतिस्तोव और बोरिस येगोरोव को सँकरे केबिन में इंजेक्शन सीटें नहीं मिलीं। उनके अंतरिक्ष पोशाक पहनने की भी जगह वहाँ नहीं थी। उन्होंने साधारण सूती वस्त्र की पोशाकों से स्वयं को पूरी तरह से ढक रखा था, किंतु वोस्खोड में पुराने वोस्टोक डिजाइन के आधार पर कुछ सुधार किए गए थे। यान के सामने की ओर बैक-अप रिट्रो-रॉकेट पॉड लगा हुआ था, ताकि प्राइमरी यूनिट के फेल होने की स्थिति से निबटा जा सके। रि-एंट्री कैप्सूल का अंडरसाइड कुछ समतल सा था, जिस पर जमीन पर टकराने के प्रभाव को हलका करने के लिए बहुत से छोटे-छोटे रॉकेट लगे हुए थे, जिससे उसमें सवार सभी व्यक्ति टचडाउन तक आराम से अंदर बैठे रह सकें। सोवियत के प्रवक्ताओं ने बड़े गर्व के साथ 'सॉफ्ट लैंडिंग' धारणा के विषय में बातें कीं।

वोस्खोड-I की उड़ान इतनी विलंब से हुई कि ख्रुश्चेव को उसका लाभ न मिल सका। कैप्सूल की वापसी 13 अक्तूबर को हुई और दूसरे ही दिन फर्स्ट सेक्रेटरी को अपदस्थ कर दिया गया। मॉस्को में पोलित ब्यूरो की एक विशेष बैठक में जब उसे सूचित किया गया कि उसने अपनी उम्र व बिगड़ते स्वास्थ्य की वजह से त्यागपत्र दे दिया है, तो वह हैरान रह गया। ख्रुश्चेव के डिप्टी लिओनिड ब्रेझनेव ने अनसुलझे अनाज संकट का फायदा उठाकर फर्स्ट सेक्रेटरी का पद हथिया लिया। आज ख्रुश्चेव के निष्ठावान सहयोगी फ्योडोर बर्लाट्स्की का कहना है, ''हाल ही में हुए तख्तापलट, जो गोर्बाचोव के समय हुआ, का बुरा मत मानिए। यह के.जी.बी. और ब्रेझनेव का ख्रुश्चेव और स्टालिन विरोधवाद के विरुद्ध हुआ वास्तविक तख्तापलट था।''

लगभग तुरंत ही यूरी का दर्जा भी प्रभावित हुआ। उसकी विदेश यात्राओं में कटौती कर दी गई और क्रेमलिन से उसका संचारवहन समाप्त कर दिया गया। ब्रेझनेव को अपने पूर्ववर्ती की अंतरिक्ष विजय की परवाह नहीं थी। बर्लाट्स्की, जो यूरी को भली-भाँति जानता था, उसने युवा कॉस्मोनॉट के मिजाज में तुरंत आए बदलाव को पढ़ लिया। ''मुझे यकीन है कि वह नाखुश था। इसकी वजह यह नहीं थी कि वह ब्रेझनेव को पसंद नहीं करता था। नहीं, बात इसके ठीक उलट थी, ब्रेझनेव ही उसे दुनियाभर में ख्रुश्चेव का प्रतिनिधि समझता था। देखते-ही-देखते यूरी का दर्जा व अहमियत समाप्त हो गई। मुझे ऐसा महसूस हुआ मानो इस बात का उसे अहसास ही नहीं रह गया था कि किया क्या जाए। राजनैतिक रूप से वह सोवियत यूनियन की ओर से पश्चिम के देशों में शांतिदूत के रूप में प्रतिनिधित्व करता था, लेकिन ब्रेझनेव ने हथियारों की होड़ फिर से शुरू कर दी और तब ऐसे में उसे गागरिन जैसे

लोगों की जरूरत नहीं थी।'' बर्लाट्स्की रूस में राजनैतिक जीवन के निरंतर यथार्थवाद पर जोर देता है। ''यह इतना अहम नहीं है कि कौन व्यक्ति क्या है, बल्कि अहम यह है कि कौन किसके साथ है। गागरिन ख्रुश्चेव के साथ था और ब्रेझनेव के समय यही बात उसके कैरियर को धराशायी करने के लिए पर्याप्त थी।''

यह केवल बर्लाट्स्की की ही राय नहीं है कि नए कठोर साम्राज्य ने यूरी के जीवन को इस कदर प्रभावित किया कि उसने सबकुछ खो दिया। उसे फिर से कुछ नए अनुभव में आने का प्रयास करना पड़ा। शायद शराब पीने की लत के कारण वह बरबाद हो चुका था। किसी समय वह अपने देश का प्रतिनिधि हुआ करता था और अब वह बिना किसी रुतबे का एक सामान्य पॉयलट रह गया था। किसी ने एक बार लिखा, ''सबसे बड़ा दुःख है, पहले सुख का अनुभव कर चुका होना।'' ब्रेझनेव और उसके पोलित ब्यूरो मित्रों ने उससे वह खुशी छीन ली थी और आगे यूरी के साथ जो कुछ भी हुआ, वे उसके गुनहगार थे।

यूरी का निजी ड्राइवर फ्योडोर ड्येमचुक प्रथम कॉस्मोनॉट के पतन को बहुत ही खरे ढंग से कहता है। उसे याद है कि ख्रुश्चेव के जमाने में गागरिन का बार-बार क्रेमलिन जाना सुखद अनुभव रहा करता था, प्रायः मौज-मस्ती और शराब के साथ। ब्रेझनेव के जमाने में उसकी क्रेमलिन की यात्राएँ अपेक्षाकृत काफी कम हो गईं, ''गागरिन उदास बाहर निकलता और कार में बैठ जाया करता। मैं उससे यह भी नहीं पूछता कि बात क्या है। मुझे पूछने की जरूरत भी नहीं थी। मैं देख रहा था कि वह अपने विचारों में ही खोया रहता।''

यूरी का सबसे बड़ा शुरुआती झटका था कि अब अपने पास आनेवाले बहुत से लोगों की मदद अपने प्रभाव के कारण नहीं कर पाता था। वह कोई साधु-संत तो नहीं था, लेकिन निस्संदेह एक अच्छे स्वभाव का व्यक्ति था। सामाजिक और व्यक्तिगत उत्तरदायित्व के गुण जो उसने युद्धकालीन दौर में ग्रहण किए थे, जीवन भर उसके साथ रहे। उसके पूर्व के सारे सहकर्मी जो आज उसकी सनक, दुर्व्यवहार और विचारहीनता की ओर संकेत करते हैं, वे भी जरूरत में मित्रों और अपरिचितों के प्रति उसके सहयोग और उदारता की भावना को नहीं नकारते। वस्तुतः सन् 1964 तक सभी कोस्मोनॉट्स जिन्होंने अपने मिशन पूरे कर लिये थे, विख्यात थे और उनका प्रभाव लंबी अवधि तक उच्च वर्गों में बना रहा।

गागरिन की उड़ान के 10 दिनों बाद स्टार सिटी में सोवियत यूनियन व विदेशों से भारी तादाद में आ रहे पत्रों से निबटने के लिए एक विशेष पत्राचार विभाग की स्थापना की गई थी। समयांतराल में इस विभाग का विस्तार कर दिया गया, ताकि

अन्य कॉस्मोनॉट्स के पत्राचार से निबटा जा सके। इस विभाग में स्थायी ड्यूटी पर सात सेक्रेटरी तैनात रहते थे, जिनमें से दो के.जी.बी. के प्रतिनिधि। सरजेई येगुपोव ने दो प्रमुख उद्देश्यों को मन में रखकर ऑपरेशन की अगुआई की—पहला, यूरी के कार्यभार की अधिकता में मदद करना; दूसरा उभर सकने वाली संवेदनशील बातों पर नजर रखना। उसके कार्य राजनैतिक रूप से बहुत कम हैं और कॉस्मोनॉट्स के प्रति दुनिया का खिंचाव विलुप्त हो चुका है, लेकिन वह अभी भी उस विभाग को चला रहा है। ''बहुधा आनेवाले पत्रों के संबोधन, 'गागरिन, मॉस्को' या 'गागरिन, द क्रेमलिन' हुआ करते थे।'' अंत में उसे विशिष्ट कोड 'मॉस्को 705' देने का निर्णय लिया गया। इन वर्षों के अंतराल में मेरे खयाल से हमने दस लाख के करीब पत्र प्राप्त किए होंगे।

अधिकतर पत्रों में, लेकिन सभी में नहीं, यूरी की उपलब्धियों पर खुशियाँ, आश्चर्य, प्रशंसा व गर्व व्यक्त किए जाते थे। येगुपोव कहता है, ''हमने अभी भी स्टार सिटी में सारे प्रलेख रखे हैं और हर कोई वहाँ पहुँच सकता है। आप पाएँगे कि पत्राचार में कोई भी व्यर्थ पत्र नहीं है।'' यह मानना उचित प्रतीत होता है कि उनमें से कुछ छाँटकर बाहर कर दिए गए होंगे, लेकिन मदद के लिए बहुत सी याचनाएँ अब भी उनमें हैं।

''कुल पत्राचार का 10 से 15 प्रतिशत सामान्य नागरिकों द्वारा बेहतर आवास, जल आपूर्ति व्यवस्था, पेंशन भुगतान में वृद्धि और किंडरगार्टन के लिए अनुरोध सम्मिलित हैं। संयोगवश ये उन दिनों के काफी जटिल मुद्दे थे।''

सबसे ज्यादा सनसनीखेज मुद्दे जेल के कैदियों के हुआ करते थे, जो उनके मामलों की पुनर्वीक्षा से संबंधित थे। फ्योडोर ड्येमचुक को एक ऐसे ही कैदी का पत्र याद है। ''गागरिन ने कहा, मैं क्या करूँ? मुझे मदद करनी है, क्योंकि यदि हम इस लड़के को बचाते हैं, तो यह कहीं ज्यादा सहज और सरल होगा। यदि वह जेल में जाएगा तो सामान्य तौर वह हमेशा के लिए अपराध प्रणाली में खोकर रह जाएगा और इनसान बनने लायक नहीं रहेगा।'' वह हर जगह गया और हर किसी के कार्यालय। वह सचमुच लगा रहा और मेरे खयाल से उसे सकारात्मक परिणाम हाथ लगे।

यूरी के सामने आनेवाले निम्नांकित अनुरोधों पर नजर डालकर हम उसके व्यक्तित्व का अनुमान लगा सकते हैं—

आदरणीय यूरी एलेक्सेविच गागरिन!

प्रथम श्रेणी विमान चालक, जिसने एयर फोर्स में उन्नीस वर्षों तक सेवा की, से अनुरोध है कि मेरे बेटे का जीवन…पर निर्भर है।

यूरी एलेक्सेविच, सोवियत यूनियन का हीरो!

मेरी बेटी को विश्वविद्यालय में प्रवेश देने से इनकार कर दिया गया है, वह भी यहूदी पृष्ठभूमि होने के कारण। कृपया क्या आप…।

डियर कामरेड गागरिन!

नागरिक डैनिलचेंको, आपसे अपनी बेटी के लिए अवैध रेजीडेंशियल होम में स्थान आरक्षित करने पर विचार करने का अनुरोध करता है, क्योंकि वह मानसिक रूप से अस्वस्थ है…।

येगुपोव उन पत्रों के संग्रह से अन्य उदाहरण भी सामने प्रस्तुत करता है। ''एक पत्र में 16 वर्ग मीटर क्षेत्रफल में नौ सदस्यों वाला करड्यूमोन परिवार यूरी से बेहतर आवास के लिए अनुरोध करता है। एकमात्र कमरेवाले इस पुराने मकान में चारों ओर से दीवारों पर शीत चढ़ी हुई है। एक ऐसे ही बेहतर आवास का अनुरोध एक मोराजोवा नामक महिला नागरिक द्वारा किया गया है। उसका एक बच्चा है, जो जन्म से हृदय रोग की जटिलता से ग्रस्त है। इसी तरह एक कैदी याकुटिन अपने पत्र में कहता है कि उसे गलत तरीके से फँसाया गया है। वह अनुरोध करता है कि उसकी सजा के निर्णय को निरस्त किया जाए। यूरी सभी प्रश्नों का जिम्मेदारी के साथ जवाब देने की कोशिश करता है और जहाँ कहीं जितना बन पड़ता, उनके लिए करने का भरसक प्रयास करता था, किंतु वह कुछ पत्रों के प्रति बिलकुल उदासीन रवैया अपनाता था।''

जैसे रिचर एंड कंपनी नामक एक शराब कंपनी ने अपने नए उत्पाद के लिए 'एस्ट्रोनॉट गागरिन वोदका' के रूप में उसका नाम प्रयोग करने का अनुरोध किया था। इस पत्र को पाने के बाद उसने येगुपोव से शिकायत की, ''आपने इस पत्र को मुझे दिखाया ही क्यों? इसे पढ़ते हुए मैंने तीन मिनट गँवा दिए।'' वहीं उसने एक पंद्रह वर्षीय लड़के को, जिसने विनम्रतापूर्वक कैरियर पर सलाह माँगी थी, जवाबी पत्र लिखते हुए पूरे आधे घंटे का समय बिताया।

प्रायः लोग यूरी के पास मदद के लिए व्यक्तिगत रूप से आते रहते थे। एलेक्सेई लिओनोव कहता है कि जब भी यूरी गजाट्स्क में अपने परिवार के पास आता तो उसके माता-पिता के मकान में बहुत से स्थानीय बड़े लोग उससे मिलकर राजनीतिक लाभ लेने के लिए, उसका इंतजार करते पाए जाते। ''उसने अपने पुराने पड़ोसियों और स्मोलेंस्क के लोगों के लिए बहुत किया। गजाट्स्क वस्तुतः एक पुरानी शैली का व्यापारिक शहर था, लेकिन सन् 1961 के बाद यह फलने-फूलने लगा और एक आधुनिक, अत्यधिक विकसित नगर में तब्दील हो गया। यूरी के नाम और शोहरत

से सारे क्षेत्र के भाग्य में एक महान् परिवर्तन आया।''

एक खास अवसर था जब यूरी ने मदद के लिए बिलकुल साफ इनकार कर दिया। एक व्यक्ति की माँ ने उसे पत्र लिखकर बताया कि उसका बेटा क्रिसमस के समय प्रतिबंधित क्षेत्र में फर का पेड़ काटने के कारण मुश्किल में पड़ गया था। यूरी ने इस मामले की पड़ताल की और पाया कि उसने एक से अधिक पेड़ काटे थे और अपने फायदे के लिए उन्हें बेच रहा था। उसने उस व्यक्ति को काम से हटा देने की अनुशंसा की। उसके ड्राइवर के मुताबिक यूरी बहुत नाराज हो गया और कहा, ''यदि हरेक व्यक्ति जाकर एक वृक्ष 'फर का' काटे तो क्या होगा? हम रहेंगे कहाँ? एक दिन हमारे लिए तो कुछ बचा ही न रहेगा।''

लिओनोव इसे और ऐसी ही अनेक घटनाओं को जो अंतरिक्ष से यूरी को पृथ्वी के प्रति बोध हुए उस परिप्रेक्ष्य में लिखता है, ''अपनी उड़ान के बाद वह हमेशा कहता था कि दुनिया कितनी विशेष है और इसे बनाए रखने के लिए हमें कितना सावधान रहना होगा।'' आधुनिक मानकों में आज हमारे स्कूलों में सबको यह सिखलाया जाता है, लेकिन तब हमारे प्रथम एस्ट्रोनॉट के मन में यह बात कैसे उभरी होगी। अप्रैल 1961 में दुनिया की तीन बिलियन की जनसंख्या में यूरी ही एकमात्र ऐसा मनुष्य था जिसने दुनिया को एक छोटी सी नीली गेंद के रूप में अनंत ब्रह्माण्डीय अँधेरे की ओर खिसकते देखा था।

उस पेड़ काटनेवाले व्यक्ति ने यूरी की विशेष अनुशंसा पर अपना काम खो दिया, लेकिन प्रायः वह अपने याचिकाकर्ताओं को उच्च अधिकारियों से अपील करने में मदद करता था। ''यदि उसने कह दिया तो ऐसा कोई भी व्यक्ति नहीं होगा, जो उसकी मदद न करता। उसको इनकार कौन कर सकता था?'' येगुपोव कहता है—

''लिओनिड इलयिच ब्रेझनेव कर सकता था।''

अपने पद पर आने के पहले ही महीने में, ब्रेझनेव अपने सहषड्यंत्रकारी एलेक्सेई कोसीजिन पर प्रभाव जमाने में लगा था। कोरोलेव के प्रति ब्रेझनेव का नजरिया ख्रुश्चेव जैसा ही था। अंतरिक्ष में पृथ्वी की कक्षा में प्रथम होने और विशुद्ध तकनीकी विवरण के प्रति उदासीनता, किंतु वोस्खोड-II के निर्धारित मिशन के प्रति ब्रेझनेव में गहरी रुचि थी। इससे एक बड़ी नई विजयश्री की संभावना—प्रथम अंतरिक्ष—चहलकदमी थी। कोरोलेव भी इस प्रोजेक्ट के प्रति काफी उत्सुक था। सन् 1962 में उसने लिओनोव को तैयार किया, जो सभी अभ्यर्थियों में अच्छा स्थान रखनेवालों में से एक था। ''उसने मुझे बताया कि किसी भी विमानचालक को तैरना सीखना पड़ता है और

सभी कॉस्मोनॉट्स को तैरना और अपने वाहन के बाहर निर्माण कार्य करना आना चाहिए।''

23 फरवरी, 1965 को कोरोलेव ने एक नया एयरलॉक जोड़कर मानवरहित परीक्षण यान प्रक्षेपित किया। रि-एंट्री के दौरान कैप्सूल के टूट जाने से यह मिशन बुरी तरह असफल हो गया, जिसकी वजह थी जमीन से संकेत दी जानेवाली कमांड में गड़बड़ी। कुछ दिनों बाद एक विमान से कैप्सूल का एयरड्राप भी पैराशूट के न खुलने के कारण फेल हो गया। इस असफलता से कोरोलेव बुरी तरह खीज उठा। ओलेग इवानोवस्की ने उसे गुस्से में कहते हुए सुना, ''मैं तो चीथड़ों के नीचे उड़ने से तंग आ गया हूँ।'' उसे पैराशूटों से हमेशा ही चिढ़ रही। उसकी हमेशा यही इच्छा रहती कि काश वह कुछ कठोर रोटोर प्रणाली या कुछ दूसरी एयरोडायनेमिक युक्ति ईजाद कर सकता। शायद यह उसका सौभाग्य ही था कि वह अप्रैल 1967 का पैराशूट फैल होने का भयंकर हादसा देखने के लिए जिंदा नहीं रहा। इसी हादसे में यूरी गागरिन की मृत्यु हो गई थी।

वोस्खोड-II मिशन ने नासा के प्रथम जेमिनी मिशन से छह दिनों पूर्व 18 मार्च, 1965 को उड़ान भरी। इस बार केबिन में मात्र दो अंतरिक्ष यात्री ही थे, जिससे वे अपनी भारी-भरकम अंतरिक्ष पोशाक पहनकर आराम से अपनी सीटों पर जमे रहे। पावेल बेल्यायेव अंदर ही रहा, जबकि उसके सह-पायलट एलेक्सेई लिओनोव ने लचीले एयरलॉक में प्रवेश करके स्वयं को कैप्सूल से बाहर कर लिया। लगभग 10 मिनट तक उसने अंतरिक्ष में चहलकदमी करने का आनंद लिया, तत्पश्चात् वापस स्वयं को यान में खींचने लगा। उसने पाया कि पूरे दबाव में उसकी पोशाक बाहर की तरफ गुब्बारे की तरह फूल गई थी, जिससे वह एयरलॉक में समा नहीं पा रहा था। काफी प्रयास के बाद हारकर लिओनाव को अपनी पोशाक की कुछ हवा बाहर निकालनी पड़ी, ताकि वह वापस अंदर प्रवेश कर सके।

इसके बाद अगले दिन घर आने से पहले कि बेल्यायेव ने पाया कि यान की चाल-ढाल ब्रेकिंग बर्न के लिए त्रुटिपूर्ण है। इससे पहले कि ऑटोमेटिक गाइडेंस सिस्टम में गड़बड़ी पैदा हो, उसने इसे बंद कर दिया। कोरोलेव और ग्राउंड कंट्रोल की मदद से उसे और लिओनोव को ब्रेकिंग मोटर्स को अगले कक्ष में मैनुअली स्टार्ट करना पड़ा, जिससे अंतिम लैंडिंग स्थल 2,000 कि.मी. दूर हो गया। परिणामस्वरूप कैप्सूल पर्म के नजदीक बर्फ से ढके मैदान में वोल्गा नदी के सुदूर क्षेत्र में उतरा। इस बीच रिकवरी दल 2,000 कि.मी. दूर उस क्षेत्र में था, जहाँ उन्हें कैप्सूल के उतरने की उम्मीद थी।

अंतत: कैप्सूल फर के वृक्षों के झुंड में धराशायी हो गया। कॉस्मोनॉट्स को रात बर्फीली ठंड सहकर बितानी पड़ी। उन्हें रिकवरी दल द्वारा साथ ले जाए जाने का इंतजार था। उन्होंने धक्का देकर कैप्सूल के हैच को खोला, लेकिन नीचे आने की उनकी हिम्मत नहीं हुई, क्योंकि बर्फीले भालुओं का एक झुंड पास ही अँधेरे में कहीं गुर्रा रहा था।

सोवियत प्रेस रिपोर्ट में इन कठिनाइयों की बातें नहीं की गई थीं और यह मिशन दुनिया भर में जमकर प्रचारित हुआ, खासकर यूरी द्वारा एलेक्सेई कोसीजिन के कार्यालय से कड़क फोनकॉल का जवाब देने के बाद, ''उन्होंने कहा कि पर्म में लैंडिंग से जुड़ा एक भी शब्द मीडिया में नहीं आया। मुझे नहीं मालूम कि वह प्रदेश कैसा दिखता था, लेकिन मुझे सभी टेलीविजन स्टेशनों में जाकर यह सुनिश्चित करना पड़ा कि आप उनके किसी भी न्यूज फुटेज में पर्म की पहचान नहीं कर सकते।'' अंतत: यह तथ्यात्मक बात है कि एलेक्सेई लिओनोव ने अमेरिकी प्रतिद्वंद्वियों से पहले अंतरिक्ष में चहलकदमी (Space Walk) की। लंदन इवनिंग स्टैंडर्ड अखबार ने यू.एस. एस्ट्रोनॉट्स यंग व ग्रीसम के विषय में प्रथम जेमिनी उड़ान को लेकर 'फॉलो दैट कैब!' शीर्षक से एक लेख लिखा। जबकि अखबार 'द टाइम्स' ने लिआनोव के अभियान को 'इतिहास का जोरदार दल' निरूपित किया। एक बार फिर नासा को मात दी गई। लिओनोव के स्पेस वाकिंग प्रतिद्वंद्वी इड व्हॉइट 3 जून को द्वितीय जेमिनी मिशन (वोस्खोड-II की उड़ान के लगभग तीन महीने बाद) तक इस बराबरी का मौका नहीं मिला।

लिओनोव, जो एक अच्छा चित्रकार भी था, अपनी अंतरिक्ष चहलकदमी को दरशानेवाली डाक टिकट डिजाइन करने लगा। उसने पृथ्वी की कक्षा में कर्वेचर के बारे में अपने अनुभव बाँटते हुए घंटों बिताए। इस विषय पर, ''मेरा दृष्टिकोण यूरी के वर्णन से अलग था। यह (कर्वेचर) ज्यादा लंबवत, ज्यादा गोल (यूरी के वर्णन की अपेक्षा) था। इससे मैं असमंजस में पड़ गया, लेकिन तभी हमने महसूस किया कि वोस्खोड की अधिकतम कक्षीय ऊँचाई 500 कि.मी. थी, जबकि वोस्टोक की 250 कि.मी.। इस तरह मैं अपेक्षाकृत काफी ऊँचाई पर था। आप देख रहे हैं कि हरेक चीजों का उपयुक्त तर्कसंगत आधार है।''

इस करीब-करीब सफल मिशन के उपरांत वोस्खोड-III कार्यक्रम निर्धारित किया गया, जिसे मार्च 1966 के पार्टी कांग्रेस के समय तक संपन्न होना था। जार्जी शोनिन व बोरिस वोलीनोव ने एक मानवरहित लक्ष्य यान के साथ कक्षा में मिलन का प्रशिक्षण लेना शुरू कर दिया। आगामी वोस्खोड मिशन के लिए एक पत्रकार

यारोस्लेव गोलोवानोव व दो लेखकों की नियुक्ति भी की गई। इसके पीछे वजह यह थी कि कोरोलेव अंतरिक्ष यात्रा पर कॉस्मोनॉट्स के नीरसतापूर्ण वर्णन से परेशान हो गया था।

14 जनवरी, 1966 को कोरोलेव आँत के ऑपरेशन के लिए क्रेमलिन अस्पताल में था। वर्षों की बीमारी एवं कार्य की व्यस्तता व साइबेरिया के इंप्रीजनमेंट लेबर कैंप में सन् 1938 से 1940 तक रहने के कारण उसका स्वास्थ्य काफी गिरने के साथ-साथ वह शारीरिक कमजोरी का भी शिकार हो चुका था। उसका आंतरिक रक्तस्राव अनियंत्रित था और पेट में दो ट्यूमर पाए गए थे। काफी समय ऑपरेशन जारी रहा, अंततः हृदयगति रुक जाने से उसकी मौत हो गई।

यह खबर सुनकर यूरी ने अपना आपा खो दिया और कहा कि उसके संरक्षक व मित्र (कोरोलेव) के इलाज हेतु उच्चस्तरीय चिकित्सकों को उपलब्ध नहीं कराया गया। ''इतने सम्मानीय व्यक्ति का इलाज इतने सामान्य व गैरजिम्मेदाराना तरीके से कैसे कराया जा सकता है?'' यूरी हमेशा यही कहा करता था कि क्रेमलिन का विशेष अस्पताल अभिजात्य लोगों के लिए ठीक नहीं है।

सोवियत यूनियन को अंतरिक्ष कार्यक्रम में अग्रणी रखने के लिए इतने सालों तक काम करते हुए, उसने स्टालिन के शासनकाल में भुगती हुई गिरफ्तारी, यातनाएँ, मार खाने और कैद की चर्चा कभी नहीं की। लोग उसे भालू की तरह शक्तिशाली शरीरवाला व्यक्ति मानते थे, जबकि हकीकत तो यह थी कि अनगिनत शारीरिक यातनाओं के कारण उसका शरीर फौलाद सा बन गया था। वह अपनी गरदन नहीं घुमा सकता था। बगल में खड़े व्यक्ति से आँख मिलाकर बात करने के लिए उसे धड़ के ऊपरी भाग को उसकी ओर घुमाना पड़ता था। न ही जोर से हँसने के लिए उसके जबड़े खुलते थे।

जिस दिन उसकी सर्जरी होनी थी, उससे दो दिन पहले मॉस्को के ओस्टेंकिनो राज्य में स्थित अपने घर में वह आराम कर रहा था। यूरी और लिओनोव अन्य कई सहकर्मियों के साथ उससे मिलने आए और शाम के अंत में, जब अधिकतर आगंतुक जाने के लिए अपने ग्रेटकोट पहन रहे थे, तभी कोरोलेव ने अपने दो पसंदीदा कॉस्मोनॉट्स से कहा, ''अभी मत जाओ। मैं बातें करना चाहता हूँ।'' इसलिए उसकी पत्नी नीना कुछ और भोजन और ड्रिंक ले आई। तत्पश्चात् पूरे चार घंटे तक भोर के वक्त तक, कोरोलेव अपने प्रारंभिक जीवन की कहानी सुनाता रहा—यह ऐसी कहानी थी, जिसे लिओनोव कभी भूल नहीं पाया। ''उसने हमें बताया कि किस तरह उसे गिरफ्तार कर ले जाकर पीटा गया। जब उसने पीने के लिए पानी माँगा, तो पानी से

भरा जग उसके मुँह पर मारकर तोड़ दिया गया। वे प्रारंभिक रॉकेट कार्यक्रम के तथाकथित देशद्रोही और तोड़फोड़ में संलिप्त लोगों की सूची माँग रहे थे और उसका एकमात्र जवाब यही था कि उसके पास ऐसी कोई सूची नहीं थी।'' कोरोलेव ने बताया कि किस तरह उसे बंधक बनानेवालों ने उसकी कुचली हुई उँगली के बीच कागज का एक टुकड़ा हस्ताक्षर करने के लिए रखा था, फिर किस तरह उसकी पिटाई की गई और साइबेरिया में दस साल के सश्रम कारावास की सजा सुनाई गई। लिओनोव कहता है, ''यूरी और मैं उसकी कहानी के अप्रत्याशित भाग को सुनकर अवाक् रह गए थे।''

साइबेरिया की जिंदा मौत से कोरोलेव को, उसके एक सहयोगी व विख्यात वायुयान डिजाइनर एन्ड्रेई टुपोलेव के उससे युद्ध कार्य में भाग लेने के अनुरोध पर मॉस्को लाया गया। इसके लिए उसे इंजीनियरों के लिए अपेक्षाकृत कम कठोर विशेष कारागार सुविधाएँ व बेहतर जीवन की दशाएँ उपलब्ध कराई जातीं। वस्तुतः टुपोलेव खुद एक कैदी था, लेकिन कोरोलेव को मॉस्को लाए जाने के लिए कोई खास इंतजाम नहीं किए गए थे। उसे यूँ ही काम चलाना पड़ा। सहन से परे जाड़े में ठिठुरते और भूख से तड़पते हुए अचानक उसने रास्ते में पड़ा एक गरम पावरोटी का टुकड़ा देखा, जो बाहर फेंक दिया गया था। ''यह किसी करिश्मे से कम नहीं था।'' उसने यूरी और लिओनोव को बतलाया। रेल से मॉस्को लौटने के दौरान उसे अपने रास्ते का खर्च निकालने के लिए मजदूर और मोची का काम करना पड़ा। साल भर से उसने ताजे फल व सब्जियाँ नहीं चखी थीं। उसके दाँत ढीले पड़ गए थे। एक दिन धूल भरे रास्ते पर चलते हुए वह गिर पड़ा। एक बूढ़े से सज्जन ने उसके मसूढ़ों पर जड़ी बूटी घिसी और उसके शरीर को सहारा देकर बिठाया, ताकि उसके चेहरे पर सूर्य की हलकी किरणें पड़तीं, लेकिन वह फिर से बेहोश हो गया। जैसा कि लिओनोव को एक धुँधली सी याद है, ''उसने हमें बताया कि उसे कुछ फड़फड़ाता हुआ नजर आ रहा था। यह एक तितली थी, जो उसे जीवन की याद दिला रही थी।''

ऐसा लगता है कि इतने सालों की चुप्पी के बाद, बीमार चीफ डिजाइनर अपने मनपसंद युवा मित्रों के साथ अपने दिल का बोझ कम करना चाह रहा था। दोनों अंतरिक्ष यात्रियों ने जो कुछ सुना, उसका उन पर गहरा प्रभाव पड़ा। यह पहला मौका था, जब कोरोलेव ने गुलाग में अपनी कैद के विषय में कोई बात की थी, क्योंकि सामान्यतया ऐसी कहानियाँ गोपनीय रखी जाती हैं। हमें महसूस होने लगा कि हमारे देश में कुछ गलत चल रहा था। घर लौटते वक्त यूरी यह पूछे बिना न रह सका कि कोरोलेव जैसे महत्त्वपूर्ण लोगों को प्रताड़ित कैसे किया जा सकता है?

बड़ी साफ बात है कि कोरोलेव एक राष्ट्रीय खजाना था।

अंतिम क्रियाकर्म के बाद यूरी कोरोलेव के घर रात बिताने की जिद पर अड़ गया। यारोस्लेव गोलोवानोव के मुताबिक, ''गागरिन ने कहा, 'मुझे तब तक अच्छा नहीं लगेगा, जब तक मैं कोरोलेव की राख को चंद्रमा पर न ले जाऊँ।' मुर्दा दाह गृह (क्रीमेटोरियम) में उसने कॉस्मोनॉट व्लादीमीर कोमारोव से कोरोलेव के कुछ भस्म-अवशेष अगली अंतरिक्ष उड़ान व उतरने के दौरान बिखेरने के लिए कहा। यद्यपि रूढ़िवादी परंपरा के मुताबिक आप किसी व्यक्ति के भस्म-अवशेष को नहीं बाँट सकते।'' यह तो स्पष्ट ज्ञात नहीं है कि कभी कोई अवशेष-भस्म अंतरिक्ष में ले जाई गई या नहीं, लेकिन गोलोवानोव इस बात के प्रति अडिग है कि क्रीमेटोरियम से कई मुट्ठियाँ भस्म नदारद थी।''कोमारोव ने कोरोलेव की मौत के बाद कुछ भस्म छिड़क दी थी। गागरिन और यूरी के पास भी कुछ भस्म थी।''

कोरोलेव की मौत से यूरी में एक बदलाव आया। वह अंतरिक्ष और चंद्रमा पर उड़ान भरने के लिए पुनः कटिबद्ध हो गया। उसका स्वानुशासन पुनः लौट आया और उसने डिप्लोमा प्राप्ति के लिए काफी उत्साह से मेहनत करनी शुरू की। कामानिन उससे काफी प्रभावित हुआ। उसने उसे प्रथम सोयुज मिशन के लिए प्रशिक्षण लेने की अनुमति दे दी, लेकिन इस बात से उसका एक अन्य कॉस्मोनॉट से मतभेद हो गया, जिसे पूरा भरोसा था कि यह काम उसका है, न कि यूरी का। विख्यात अंतरिक्ष इतिहासवेत्ता जेम्स ओबर्ग का कहना है, ''गागरिन और एक-दो कॉस्मोनॉट्स के बीच उत्पन्न इस तनाव के विषय में ज्यादा कुछ नहीं लिखा गया है। शायद इसलिए लोगों को इस विषय पर बात करना पसंद नहीं है। आधारभूत रूप से गागरिन एक ऊँची श्रेणी रखता था।''

□

11

धरती पर गिरना

अधिकतर अंतरिक्ष यात्रियों के यूरी के साथ अच्छे संबंध थे। वे उसके व्यवहार, मन की उदारता को पसंद करते थे। सभी को उसके साथ पीना-खाना, पार्टी मनाना पसंद था। वे अपने एक अविवादित अगुवा के रूप में उसका सम्मान करते थे। उनमें से बहुतेरे उसे वापस अंतरिक्ष में देखना चाहते थे। एक ही अंतरिक्ष यात्री की सोच कुछ अलग थी।

अप्रैल 1921 में जन्मा जार्जी टिमोफेयेविच बेरेगोवोई वरिष्ठतम अंतरिक्ष यात्रियों में एक था। उसकी भरती सन् 1963 में तब हुई थी, जब शुरुआती 1959 के अभ्यर्थियों को पुनर्मूल्यांकित किया गया था। सभी कॉस्मोनॉट्स में वह और पावेल बेलयायेव (वोस्खोड-II मिशन में लिओनोव का कमांडर) दो ही ऐसे थे, जो एक पायलट की विशिष्टता का दावा कर सकते थे, वास्तविक हवाई जंग का अनुभव रखते थे। बेरेगोवोई युद्ध के दौरान 185 मिशनों पर उड़ान भर चुका था, और उसे बहुमूल्य 'हीरो ऑफ सोवियत यूनियन' की उपाधि से नवाजा गया था। सन् 1950 के दशक में उसने बतौर परीक्षण पायलट सेवा की थी, इसलिए जब उसने कॉस्मोनॉट प्रशिक्षण प्रारंभ किया, तो उसे विश्वास था कि इस कार्य हेतु वह पूरी तरह योग्य है। सन् 1964 में उसके चयन के शीघ्र बाद उसे नियोजित वोस्खोड-III मिशन के लिए बैक-अप पोस्टिंग दी गई और उसने इस विश्वास के साथ प्रशिक्षण लिया कि अगले मिशन में वह उड़ान भरेगा। निकोलाई कामानिन को युद्ध के अनुभवी साथी से कोई गुरेज नहीं था। उसी ने बेरेगोवोई की भरती प्रायोजित की और सफलता का हर मौका दिया।

कोरोलेव की मृत्यु के बाद, उसने डिप्टी वासिली मिशिन ने ओ.के.बी.-1 का कार्यभार सँभाल लिया। वह अच्छे स्वभाव का, उत्सुक व्यक्ति था, लेकिन उसके पास राजनैतिक प्रभाव का अभाव था और अपने पूर्ववर्ती से ज्यादा चालाक था। किसी कारण से वोस्खोड-III की निर्धारित समय सारणी इस बुरी तरह आगे खिसकी कि इसे रद्द ही करना पड़ गया। मिशिल ने ओ.के.बी.-1 की ऊर्जाएँ सोयुज पर खपाने का निश्चय किया और आगे एन-1 पर।

बेरेगोवोई को उम्मीद थी कि उसका बैक-अप ओहदा अगले मिशन सोयुज के प्रथम मैंड परीक्षण तक आराम से पहुँचेगा। इसी बीच यूरी ने इस पद का स्वयं के लिए दावा करते हुए अपने कॉस्मोनॉट ट्रेनिंग के डिप्टी डायरेक्टर के रुतबे का पूरा इस्तेमाल किया। बेरेगोवोई ने अपनी नाराजगी खुले तौर पर हर किसी से साफ जाहिर कर दी और अंततः एक दिन स्टार सिटी में यूरी के कार्यालय में सीधे जा धमका। यूरी का ड्राइवर फ्योडोर ड्येमचुक कार्यालय के अंदर पहुँचा। उसने किसी को कहते हुए सुना, ''दूसरा आदमी अपने काम में सालों का वरिष्ठ है, लेकिन उसने अभी तक अंतरिक्ष में उड़ान नहीं भरी है। उसने यूरी के बारे में अभद्र बातें कहीं और कहा कि सोवियत यूनियन का सही अर्थों में हीरो बनने के लिए काफी छोटा है और वह बहुत धृष्ट हो गया था। उसने गागरिन को नवोदित कहकर संबोधित किया। इस पर गागरिन ने कहा, 'जब तक मैं प्रभार में हूँ, तुम अंतरिक्ष की उड़ान कभी नहीं भरोगे।' दोनों में कुछ देर तक झड़प होती रही।''

ऐसा लगता है कि दोनों तरफ से कुछ गलतियाँ रही होंगी। बेरेगोवोई सोयुज के लिए स्वयमेव पात्र नहीं हो जाता, भले ही उसने जो भी सोचा हो। उसका एक बिलकुल अलग हार्डवेयर पर प्रशिक्षण, नए यान के लिए बिलकुल अनुपयुक्त था और अपने दुर्भाग्य का ठीकरा उसके द्वारा गागरिन के सिर फोड़ा जाना बिलकुल अनुपयुक्त था। उसकी उड़ान से पहले वोस्खोड सीरीज को समाप्त कर दिया गया था, तो इसमें यूरी का भला क्या दोष था? बेरेगोवोई के सन् 1972 में स्टार सिटी का प्रमुख बनने के तथ्य से यह अनुमान लगाया जा सकता है कि वह एक महत्त्वाकांक्षी व्यक्ति था।

इसके बाद ड्येमचुक ने डरते हुए यूरी को बतलाया कि स्टार सिटी कंपाउंड के कुछ दूसरे कॉस्मोनॉट्स व वरिष्ठ स्टाफ सदस्यों ने यूरी की कार्यालयीन कार का प्रयोग करने के लिए कहा था और एक सीधा-सादा ड्राइवर होने की वजह से ड्येमचुक उन्हें इनकार नहीं कर सका। ''उसने कार पर जोर से हाथ मारते हुए कहा, 'यहाँ हमारा एक ही कमांडर है और वह ही एकमात्र व्यक्ति है, जो कार

का आदेश दे सकता है।' उसके अलावा कोई और इसका प्रयोग नहीं कर सकता। भावावेश में कार पर उसके मुट्ठी पटकने से ठोकर लगने जैसा निशान बन गया।'' ड्येमचुक को विश्वास था कि यह उद्‌गार यूरी के चरित्र का हिस्सा नहीं था, यह दिखावा न होकर उसके तनाव में रहने की वजह से झल्लाहट की अभिव्यक्ति थी।

यूरोस्लेव गोलोवानोव कहता है, ''लगभग इसी समय दूसरे कॉस्मोनॉट्स को कहते सुना गया, 'तो इसमें गागरिन का क्या? उसने एक बार पृथ्वी की कक्षा में पृथ्वी का चक्कर ही तो लगाया है। उसे वोस्टोक के ऑटोमेटिक सिस्टम पर ही तो नजर रखनी थी।' ऐसा कहना उचित नहीं है, क्योंकि जब उसने उड़ान भरी थी, तो अंतरिक्ष उड़ान का सारा कार्य बहुत छोटे स्तर से शुरू हो रहा था और हर काम जो उसके द्वारा किया गया काफी अहम और बहादुरी की बात थी। कोई नहीं जानता था कि आगे क्या हो जाता। वे यह भी नहीं जानते थे कि आदमी अंतरिक्ष में ठीक से घूँट भी निगल सकता है या गुरुत्वाकर्षण के अभाव को झेल सकता है या नहीं। गागरिन को भला-बुरा कहना बिलकुल गलत है।''

अपने आप में बुदबुदाने वाले ये आलोचक निश्चित रूप से बीस के प्रथम समूह में से नहीं थे, अपितु ये सोयुज के लिए नए भरती किए गए थे। कोरोलेव की मृत्यु से यूरी का एक प्रिय मित्र और संरक्षक से ही साथ नहीं छूट गया था, बल्कि अंतरिक्षक समुदाय में अब उसका सबसे अहम राजनैतिक संरक्षक भी नहीं रह गया था, ठीक उसी तरह जैसे ख्रुश्चेव के अपदस्थ होने के बाद क्रेमलिन के ईर्ष्यालु जनरलों से अपने बचाव के लिए वह बेबस हो चुका था। कॉस्मोनॉट अधिक्रम में अपनी स्थिति कायम रखने के लिए प्रथम अंतरिक्ष यात्री, यूरी को कड़ी मशक्कत का सामना करना पड़ रहा था। इस तनाव का असर उसके पहले के सहज स्वभाव पर पड़ रहा था। इस बीच वासिली मिशिलन के नेतृत्व में ओ.के.बी.-1 कमजोर ब्यूरो के रूप में कार्य कर रहा था। वासिली क्रेमलिन के हस्तक्षेप से स्वयं को कोरोलेव की तरह बचा नहीं पा रहा था या प्रतिस्पर्धी एयरोस्पेस के ब्यूरोक्रेट्स अंतरिक्ष में अपना कद बढ़ाने की होड़ में लगे थे।

अचानक नासा के विशाल चंद्रमा कार्यक्रम में ठहराव आ गया। 27 जनवरी, 1967 को गस ग्रीसम और उसके साथी एड व्हाइट और रोजर चैकी सैटर्न रॉकेट के आधे आकार के रॉकेट पर अपनी पहली उड़ान के लिए तैयार अपोलो यान में सवार हुए। यह एक तरह से दिनचर्या की जाँच प्रक्रिया मनोबल में कमी नजर आ रही थी, क्योंकि नया कैप्सूल उम्मीद पर खरा नहीं उतरा था। विद्युतीय और संचारवाहन प्रणालियों पर विस्तृत कार्य अपर्याप्त था जिसके प्रति एस्ट्रोनॉट्स ने

अपनी नाराजगी व्यक्त की। जब परीक्षण शुरू करने के लिए चाफी ने हैच से होकर उड़ान यान में प्रवेश किया तो उसने शिकायत की कि अंदर के हिस्से में फटे दूध की तरह दुर्गंध आ रही थी। वस्तुतः वायुमंडलीय नियंत्रण हार्डवेयर से फ्यूम उठ रही थी। इसके अलावा रेडियो सिस्टम में भी गड़बड़ी थी। ग्रीसम गुस्से से भड़ककर चिल्लाया, ''मिशन कंट्रोल से हम अंतरिक्ष से क्या खाक संचारवाहन करेंगे, जब जमीन पर ही उनसे बात नहीं कर पर रहे हैं।''

कैनेडी लॉन्च कॉम्लेक्स के आस-पास तनाव का माहौल निर्मित हो गया, जब तकनीशियनों ने अपोलो के भारी हैच को उसकी जगह लॉक कर उसमें सवार लोगों को अंदर बंद कर दिया।

पाँच घंटे परीक्षण के दौरान ग्रीसम की अस्पष्ट आवाज रेडियो लिंक पर सुनाई दी, ''कुछ सेकंड के बाद दूसरी (ज्यादा जरूरी) आवाज रेडियो लिंक पर उभरी, 'अरे, हम यहाँ जल रहे हैं।' दर्द से चीखने की एक तेज आवाज उभरी फिर कराहने की आवाज के साथ ही रेडियो बंद हो गया। अचानक कैप्सूल खुल गया। बहुत भयावह दृश्य था। सनसनाहट की भयंकर आवाज आ रही थी, क्योंकि लॉन्च टावर का ऊपरी हिस्सा गाढ़े घुमड़ते हुए धुएँ से भरा हुआ था। पैड के कर्मचारी गैंट्री के काफी ऊपर कॉस्मोनॉट्स को निकालने का लगातार प्रयास कर रहे थे, लेकिन धुआँ इतना गहरा था कि उसे भेद पाना असंभव था, साथ ही ताप काफी बढ़ता जा रहा था। अपोलो के हैच को खोलने में लगभग चार मिनट का समय लगा, तब तक सभी तीनों एस्ट्रोनॉट्स मर चुके थे। इस दुर्घटना से सन् 1960 में वैलेंटिन बोन्डारेंको के आइसोलेशन चैंबर में मरने की याद ताजा हो गई, लेकिन नासा उससे कोई सीख नहीं ले सका। इसकी वजह थी मन में बसी गोपनीयता जिससे सोवियत अंतरिक्ष का कार्यक्रम भी हमेशा प्रभावित रहता था।''

इस घटना से नासा के अंतरिक्ष कार्यक्रम में दो साल का अंतराल आ गया। यह स्वसंदेह की स्थिति थी। इससे इसकी तकनीकी व राजनैतिक प्रतिष्ठा बुरी तरह प्रभावित हुई। सोवियत के कॉस्मोनॉट्स अपने अमेरिकन साथियों के प्रति काफी दुःखी हुए एवं उन्हें मृतात्माओं के परिवारों को आधिकारिक तौर पर शोक संदेश भेजने की अनुमति भी प्रदान की गई।

सोवियत वालों का विशाल एन-1 ल्यूनर सुपरबूस्टर निर्धारित अवधि से काफी पीछे चल रहा था एवं हतोत्साहित अमेरिका वालों को भी मालूम था कि इससे उन्हें गंभीर खतरा नहीं था। नेशनल इंटेलिजेंस इस्टीमेट के 2 मार्च, 1967 के एक प्रलेख के मुताबिक उनका एन-1 मूल्यांकन निम्नांकित था—

''सोवियत वालों द्वारा अपोलो की समय सारणी की प्रतिस्पर्धा न कर पाने के कई कारण हैं—उनका चंद्रमा प्रक्षेपण यान परीक्षण के लिए शायद मध्य-1968 तक तैयार नहीं होगा। इसके भी चंद्रमा पर उतरने का प्रयास किए जा सकने से पहले, एक वर्ष तक अनमेंड परीक्षणों की एक श्रृंखला के साक्षी बनने की उम्मीद है। इस बीच उन्हें अब भी अंतरिक्ष की कक्षा में मिलने और डॉकिंग टेक्नीक का परीक्षण करना है।''

चंद्रमा पर उतरने और वहाँ से वापस लौटने का कार्य मिशिन और ओ.के. बी.-1 की टीम के लिए बहुत दूर की बात लगती थी; लेकिन ज्यूलस वर्ने शैली में चंद्रमा के चारों ओर की उड़ान का लक्ष्य हासिल किए जाने योग्य था, वह भी भारी-भरकम और अभी तक उड़ान नहीं करनेवाले एन-1 बूस्टर के बगैर। कोरोलेव के पुराने प्रतिस्पर्धी ग्लूशको एवं चेलोमेई, प्रोटॉन नामक रॉकेट विकसित कर रहे थे, लेकिन यह इतना शक्तिशाली नहीं था कि वह चंद्रमा पर उतरनेवाले मॉड्यूल को उस पर सवार अंतरिक्ष यात्रियों समेत ले जा सकता। मिशिन के सामने कठिन विकल्प थे। यदि वह चेलोमेई के प्रोटॉन में चंद्रमा के चारों ओर की उड़ान का विकल्प चुनता तो उसे एन-1 एवं बग-लाइक लैंडिंग क्राफ्ट पर अपना काम रोकना पड़ता; लेकिन यदि वह चंद्रमा के चारों ओर की एक उड़ान में सफलता हासिल कर लेता, तो इसके बाद का चंद्रमा की सतह पर अमेरिकी अंतरिक्ष यात्रियों का उतरना दूसरा सर्वोत्तम कार्य माना जाता। मन में इसी धुन के साथ, नए सोयुज कैप्सूल पर जारी कार्य को गति दे दी गई। तदुपरांत एन-1 प्रोजेक्ट को और पीछे धकेल दिया गया, जिससे कोरोलेव के पुराने दुश्मन ओ.के.बी.-1 पर और ज्यादा रुचि लेने लगे।

अंतरिक्ष यात्रियों का दल इन सभी जटिलताओं से प्रभावित हुए बिना न रह सका। लिओनोव एन-1 के टचडाउन मिशन के लिए एक दस्ते को प्रशिक्षित करने लगा, जिसमें एक छोटा सा एकल व्यक्ति चंद्रमा पर उतरनेवाला पॉड भी शामिल था। अंतरिक्ष यात्रियों के एक और दल को प्रोटॉन की चंद्रमा की अर्द्ध-गोलाकार उड़ान के लिए तैयार किया गया, इसमें 'जोंड' नामक सोयुज का ही एक पर्याय प्रयुक्त किया जाना था। इसी दौरान एक और दल (यूरी समेत) सोयुज के आधारभूत पृथ्वी कक्षीय परीक्षण (जिसे आर-7 के स्तर से जोड़ दिया गया था) के लिए प्रशिक्षण ले रहा था। नासा के प्रयास, जिसमें अपोलो को बढ़ा-चढ़ाकर प्रमुख लक्ष्य के रूप में रखा गया था, सोवियत का चंद्रमा कार्यक्रम बँटा हुआ, उलझनग्रस्त और विरोधाभासी था; विशेष रूप से कोरोलेव के प्रबंधकीय अनुशासन के अभाव में।

सन् 1967 की वसंत ऋतु तक सोयुज का विकास उसकी पहली महत्त्वपूर्ण उड़ान की तरफ बढ़ रहा था। 22 अप्रैल को सोवियत के प्रचार विभाग ने बड़े यकीन के साथ अंतरराष्ट्रीय समाचार एजेंसी यू.पी.आई. को कुछ अफवाह सी खबर देने का निश्चय किया। 'आगामी मिशन में इतिहास का सर्वाधिक भव्य सोवियत अंतरिक्ष कदम का समावेश किया जाएगा—दो यानों के बीच इन-फ्लाइट हुक-अप और दोनों यानों के अंतरिक्ष यात्रियों का एक दूसरे में आना-जाना', लेकिन निकोलाई कामानिन के दिमाग में कुछ संशय उठ रहे थे। उसकी डायरी में सोयुज के प्रक्षेपण की निर्धारित तिथि को आगे बढ़ाने के लिए राजनैतिक दबाव का भी अंदेशा मिलता है—

> "हमें पूरी तरह विश्वस्त होना चाहिए कि उड़ान सफल होगी। यह पूर्व उड़ानों की अपेक्षा ज्यादा जटिल होगी और इसकी तैयारी में उचित रूप में अपेक्षाकृत ज्यादा लंबी अवधि का प्रयोग किया जाना होगा। हम अपने कार्यक्रम को हड़बड़ी में आगे नहीं बढ़ाना चाहते। अत्यधिक हड़बड़ाहट से घातक दुर्घटनाएँ होती हैं, जैसा कि पिछली जनवरी में तीन अमेरिकी एस्ट्रोनॉट्स के मामले में हुआ।"

कामानिन की चिंता में आपदा का अहसास मिलता है। एलेक्सेई लियोनोव कहता है, "सोयुज का पहला मानव यान परीक्षण गागरिन के बैक-अप के साथ व्लादीमीर, कोमारोव को सौंपा गया था। बाद की तिथि में यूरी के उड़ान भरने के लिए एक नया सोयुज अंतरिक्ष यान तैयार किया जा रहा था। उसने दो वर्षों तक काफी कठिन प्रशिक्षण लिया और अपने प्रशिक्षण की विस्तृत रिपोर्ट स्टेट कमेटी को देता रहा। तत्पश्चात् कोमारोव ने दो दिनों (विशिष्ट रूप से 27 घंटे) की उड़ान भरी और हमारे समक्ष एक बड़ी समस्या आ गई।"

कोमारोव के लॉन्च के एक दिन बाद एक और सोयुज को तीन एस्ट्रोनॉट्स के साथ प्रक्षेपित किया जाना था। ये तीन एस्ट्रोनॉट्स थे वालेरी बाइकोवस्की, येवगेनि ख्रुनोव और एलेक्सेई येलिसेयेव। दो सोयुज यान को डाक किया जाना था, उसके बाद ख्रुनोव व येलिसेयेव का कोमारोव के कैप्सूल में अंतरिक्ष चहलकदमी करना निर्धारित था। वे यान की अतिरिक्त सीटों पर बैठकर यात्रा करते। इस तरह यह भी अंतरिक्ष क्षेत्र में दुनिया का पहला कारनामा होता कि वे एक यान से अंतरिक्ष में उड़ान भरकर जाते और दूसरे से वापस आते। इसे रिहर्सल के तौर पर भविष्य में चंद्रमा के मिशन हेतु डिजाइन किया गया था। सोयुज में अभी तक

एयरटाइट डॉकिंग टनल को शामिल नहीं किया था, इसलिए कैप्सूल और भविष्य में चंद्रमा पर उतरनेवाले यान के बीच एस्ट्रोनॉट ले जाने का एक ही चारा होता, हैच से हैच तक स्पेसवाक।

ऐसा महसूस होता है कि ब्रेझनेव प्रशासन चाहता था कि डॉकिंग मई दिवस के आसपास हो जाए। सन् 1967 की कम्युनिस्ट कैलेंडर में विशेष प्रासंगिकता है; यह सन् 1917 में हुई क्रांति की पचासवीं वर्षगाँठ थी। दो अंतरिक्ष यानों का पृथ्वी की कक्षा में सहयोग स्थापित कर यूनियन बनाने की धारणा काफी हद तक प्रतीकात्मक थी, खासकर प्रतीकों की मानसिकता से ग्रसित सत्तारूढ़ सरकार के लिए। सन् 1982 में सोयुज डवलपमेंट टीम का एक इंजीनियर विक्टर येवसिकोव ने, जिसने हीट शील्ड के डिजाइन करने में भी हाथ बँटाया था, अपने सुरक्षित आश्रय कनाडा से इस बात की स्वीकृति दी। वासिली मिशिन व ओ.के.बी.-1 पर कक्षा में दो सोयुज यानों को समय पर ले जाने के लिए भारी राजनैतिक दबाव डाला गया था—

> "कुछ प्रक्षेपण लगभग पूरी तरह से प्रचार के उद्देश्य से किए गए थे। इसका एक उदाहरण है, सन् 1967 में इंटरनेशनल सॉलिडैरिटी डे मनाने के समय ब्लादीमीर कोमारोव की दुर्भाग्यजनक उड़ान का रखा जाना। ओ.के.बी.-1 डिजाइन ब्यूरो के प्रबंधन को मालूम था कि सोयुज यान पूरी तरह त्रुटिहीन घोषित नहीं किया गया है। इसे कार्यशील बनाने के लिए अधिक समय की आवश्यकता थी, लेकिन चार अनमेंड परीक्षणों में त्रुटियाँ दरशाये जाने के बावजूद कम्युनिस्ट पार्टी ने प्रक्षेपण का आदेश दे दिया था और वासिली मिशिन द्वारा एंडार्समेंट पेपरों पर हस्ताक्षर की मनाही के बाद भी (क्योंकि वह सोयुज रि-एंट्री यान की तैयारी अधूरी मानता था) उड़ान भरी गई।"

इस मिशन की निर्धारित अंतिम तिथि के नजदीक आने पर भी ओ.के.बी.-1 टेक्नीशियनों को अंतरिक्ष यान में 203 अलग-अलग कमियाँ ज्ञात थीं, जिन पर अभी भी ध्यान दिए जाने की आवश्यकता थी। इस मूल्यांकन में यूरी गागरिन काफी निकटता से जुड़ा हुआ था। 9 मार्च, 1967 को उसने और उसके सबसे करीबी अंतरिक्ष यात्रियों ने कुछ इंजीनियरों की मदद से एक दस पेजोंवाला प्रलेख तैयार किया था, जिसमें सभी समस्याओं की विस्तार से जानकारी दी गई थी। परेशानी यह थी कि इस बात को कोई नहीं जानता था कि किया क्या जाए? सोवियत समाज के बीच बुरी खबर की प्रतिक्रिया हमेशा खबर देनेवाले पर पड़ती थी। मिशिन के अलावा लगभग 50

वरिष्ठ इंजीनियरों को रिपोर्ट के विषय में जानकारी थी या इसे तैयार करने में उन्होंने मदद की थी, लेकिन उनमें से कोई भी क्रेमलिन जाकर इस बात को जाहिर करने का साहस नहीं जुटा पा रहा था, ताकि इस प्रक्षेपण में विलंब कर आवश्यक तकनीकी सुधार लाया जा सकता।

कॉस्मोनॉट्स और अंतरिक्ष प्रशासकों ने अंतत: एक बहुत पुरानी तकनीक को अपनाया। उन्होंने सोयुज कार्यक्रम के बाहर के व्यक्ति को उनकी ओर से प्रलेख सौंपने के लिए नियुक्त कर लिया; वह था यूरी गागरिन का एक के.जी.बी. मित्र, वेनियामिन रूसायेव।

रूसायेव कहता है, ''कोमारोव ने मुझे और मेरी पत्नी को अपने घर आमंत्रित किया। उसके बाद जब वह हमें विदा कर रहा था, तो उसने सीधे तौर पर बात की, 'इस उड़ान से मैं वापस नहीं लौट पाऊँगा।' चूँकि मुझे स्थिति की जानकारी थी, इसलिए मैंने पूछा, 'यदि तुम्हें इतना यकीनी तौर पर मालूम है तो इस मिशन से अलग क्यों नहीं हो जाते?' इस पर उसने जवाब दिया, 'यदि मैं इस उड़ान पर नहीं जाता हूँ तो वे मेरे बदले मेरा बैक-अप पायलट भेज देंगे। वह पायलट है यूरी। मेरी जगह वह मारा जाएगा। हमें उसकी हिफाजत करनी चाहिए।' रूसायेव ने कहा, 'जिस विषय में वह बात कर रहा था, उसका उसे ज्ञान था। ऐसा कहते हुए वह सुबक-सुबककर रोने लगा। हालाँकि अपनी पत्नी के सामने वह अपनी भावनाओं पर नियंत्रण बरकरार रखे हुए था, लेकिन कुछ क्षण के लिए जब हम अकेले हुए, तो वह पूरी तरह से धराशायी हो गया।' रूसायेव स्वयं से ज्यादा मददगार साबित न हो सका। रात भर बेचैन रहने के बाद अगली सुबह उसने के.जी.बी. के वरिष्ठ मेजर जनरल कोंस्टेंटिन मेखारोव की मदद लेने की सोची। मेखारोव का विभाग अंतरिक्ष के कार्मिक संबंधों को देखता था। वह कोरोलेव के साथ काफी करीब से जुड़कर काम करता था, लेकिन वह रह नहीं गया था और उसका उत्तराधिकारी मिशिन, उसके जैसा व्यक्ति नहीं था। मेरे विभाग के लोग भी इस कार्य में अपना योगदान करते थे, लेकिन मिशिन से निबटना नामुमकिन था, खासकर तब, जब कठोर निर्णय लेने की आवश्यकता होती थी। उसे अत्यधिक मार्गदर्शन की जरूरत होती थी। मैं मेखारोव के कार्यालय गया और उसे बताया कि रॉकेट में गंभीर खामी है। उसने बड़े ध्यान से मेरी बात सुनी और फिर कहा, 'मैं कुछ करूँगा। इस बीच अपनी मेज के पास ही डटे रहना। एक क्षण के लिए भी वहाँ से मत हटना।' मैंने अपना वादा पूरा किया और तभी अपनी मेज से हटा, जब उसने मुझे फिर से बुलवाया। उसने मुझे यूरी के नेतृत्व में एक समूह द्वारा तैयार किया गया एक पत्र दिया। अधिकतर

कॉस्मोनॉट्स ने अनुसंधान में भाग लिया था। मेखारोव ने पत्र ऊपर की मंजिल पर ले जाकर डिपार्टमेंट थ्री के प्रमुख इवान फेद्येकिन से मिलने के लिए कहा।

इस पत्र में सोयुज हार्डवेयर की 203 खामियों का वर्णन करनेवाला 10 पृष्ठ का प्रलेख और सहपत्र था। रूसायेव ने अपनी बात पर अड़िग रहते हुए कहा, 'मैंने इसे नहीं पढ़ा। मेरे पास तो समय ही नहीं है।' तभी उसे के जी.बी. से जुड़े होने के कारण यह अहसास सा हुआ कि उस प्रलेख पर चुपके से भी नजर डालना काफी खतरनाक हो सकता था। उसने ज्यों ही इसे देखा, फेद्येकिन ने वही बात तय की और सीधे अपनी जिम्मेदारी से यह कहकर इतिश्री कर ली, 'मेरी इसमें विशिष्टता नहीं है।' उसने रूसायेव को लुब्यंका में और ज्यादा खतरनाक व्यक्ति जार्जी टिसिनेव के पास भेज दिया।

टिसिनेव वस्तुतः लियोनिड ब्रेझनेव का नजदीकी मित्र था। वे युद्ध के दौरान मुकाबले में एक-दूसरे के साथ थे। यदि फर्स्ट सेक्रेटरी को खास खबर देने की कोई हिम्मत कर सकता था तो वह था टिसिनेव। दुर्भाग्यवश रूसायेव के लिए परिस्थितियाँ इतनी साधारण नहीं थीं। के.जी.बी. में टिसिनेव क्रेमलिन के अपने दबंग आका की मदद से बहुत तेजी से उभर रहा था। वह उस मधुर संबंध में किसी भी तरह की कोई आँच आने नहीं देना चाहता था। रूसायेव कहता है, ''पत्र पढ़ते समय टिसिनेव ने मेरी ओर यह अनुमान लगाने की प्रतिक्रिया भाँपते हुए देखा कि मैंने यह पढ़ा था या नहीं।'' उसे निश्चित रूप से पता था कि टिसिनेव को पहले से ही इस प्रलेख की पूरी जानकारी थी और वह इसके तकनीकी विवरणों से दूर-दूर तक वाकिफ नहीं था। ''वह मेरी ओर एक गिद्ध की तरह एकटक घूरता रहा, फिर अचानक उसने मुझसे पूछा, मेरे विभाग तक आने की पदोन्नति तुम्हें कैसी लगेगी? उसने मुझे एक बेहतर पद का प्रस्ताव भी दिया।''

रूसायेव अब बड़े खतरे में था। टिसिनेव पदोन्नति से उसे खरीद लेना चाहता था, साथ ही ऐसे विभाग में उसे रखना चाहता था, जहाँ से उस पर और बारीकी से नजर रखी जा सकती। यदि रूसायेव यह सौदा स्वीकार करता तो कोमारोव और गागरिन के मकसद में मदद करने का मौका चूक जाता। दूसरी तरफ यदि वह टिसिनेव का प्रस्ताव ठुकरा देता तो उसके परिणाम के बारे में भी कुछ सोचा नहीं जा सकता था। ''यह सब मेरा मानना था, इस खेल का हिस्सा था। मुझे बहुत नाराजगी थी, लेकिन मैं इसे जाहिर नहीं करना चाहता था। मैंने बड़ी सावधानी से टिसिनेव के प्रस्ताव पर असहमति यह जताते हुए दे दी कि मैं उसके विभाग में काम करने की योग्यता नहीं रखता था।''

टिसिनेव ने उस प्रलेख को अपने पास ही रहने दिया और दुबारा उसे खोलकर नहीं देखा। कुछ हफ्तों के अंदर ही फेद्येकिन का तबादला ईरान में एक जूनियर काउंसलर ऑफिस में कर दिया गया। जिसकी वजह मात्र यह थी कि उसने प्रलेख की ओर एक नजर चुराकर देखा भर था। टिसिनेव ने इंटेलिजेंस डिपार्टमेंट के सभी काउंटर के प्रमुख का पदभार सँभाल लिया। रूसायेव को अंतरिक्ष मामलों की संबंधित जिम्मेदारी से अलग कर उसे मॉस्को से बाहर लुब्यांका से काफी दूर किसी कार्मिक प्रशिक्षण विभाग में तबादला कर भेज दिया गया। वह कहता है, "अगले दस सालों तक मैं किसी तपस्वी की तरह अपना सिर नीचा किए रहा।"

मूल निर्धारित तिथि के अनुसार 23 अप्रैल, 1967 की सुबह सोयुज को प्रक्षेपण के लिए तैयार कर बैकानुर में गैंट्री पर टिकाकर खड़ा कर दिया गया। जब कोमारोव कैप्सूल पर अपनी सीट पर लिफ्ट से ऊपर जाने के पहले की अंतिम तैयारी कर रहा था, तभी ऐसा लगा मानो यूरी यह भूल गया था कि वोस्टोक के समय बैक-अप पायलटों को दी जानेवाली यातना अब व्यवहार में नहीं थी। उन्हें जबर्दस्ती अंतरिक्ष पोशाक पहनाकर, उनके ज्यादा भाग्यवान सहकर्मियों को रॉकेट के शीर्ष तक ऊपर चढ़ते हुए दिखाने के लिए, उन्हें हाँकते हुए पैड के नीचे तक ले जाने के बदले, उन्हें (बैक-अप पायलटों को) अब उड़ान से पूर्व रात्रि में ही छुट्टी दे दी जाती थी। इस बार कोमारोव को ज्यादा भाग्यवान व्यक्ति नहीं ठहराया जा सकता था। पत्रकार यारोस्लेव गोलोवानोव ने गागरिन को बड़ा अजीब बर्ताव करते पाया। "उसने सुरक्षात्मक अंतरिक्ष पोशाक पहनने की माँग की। यह बात पहले से ही स्पष्ट थी कि कोमारोव उड़ान भरने के लिए पूरी तरह तैयार था व लिफ्ट-ऑफ समय के लिए मात्र तीन या चार घंटे रह गए थे, तभी अचानक वह बाहर निकलकर कहीं कुछ-कहीं कुछ माँग करने लगा। यह धुन उसे अचानक सवार हो गयी थी।" गोलोवानोव को यह महसूस नहीं हुआ कि यह यों ही किया जानेवाला दुर्व्यवहार था। रूसायेव और अन्य दूसरे इस बात के प्रति अडिग हैं कि गागरिन कोमारोव को मौत के मुँह से बचाने के लिए स्वयं उड़ान पर जाने का प्रयास कर रहा था। गोलोवानोव की बात के साथ समस्या यह है कि इस मिशन के लिए कोमारोव को अंतरिक्ष पोशाक नहीं दी गई थी। सोयुज के सामने के मॉड्यूल में दोनों छोरों पर एयरटाइट हैच लगे हुए थे, जिससे मॉड्यूल एक एयरलॉक के तौर पर काम करता था। दूसरे सोयुज के बाद से स्पेसवाकर्स को उनकी पोशाकों की जरूरत पड़ने लगी, लेकिन कोमारोव ने इसकी माँग नहीं की। गागरिन ने इस उड़ान में अंतरिक्ष पोशाक की माँग क्यों की? इसका ज्यादा यथार्थवादी कारण यह हो सकता है कि यूरी चाहता था कि अतिरिक्त सुरक्षा

के लिए कोमारोव अंतरिक्ष पोशाक धारण करे। यह जितना हम सुनते हैं उतना सरल नहीं है। अंतरिक्ष पोशाकें कैप्सूल प्रणाली का इतना अभिन्न अंग हैं, उन्हें किसी ओवरकोट की तरह सहज ढंग से हमेशा नहीं पहना जा सकता। दूसरी संभावना यह बताई जा सकती है कि यूरी सारी तैयारियाँ निष्फल कर देना चाहता था, वह भी बिना किसी पूर्व कार्ययोजना के। उस दिन सूटिंग-अप रूम में जो कुछ भी हुआ हो, किंतु प्रक्षेपण से पूर्व के फुटेज में कोमारोव नाखुश, यूरी उदास और सभी टेक्नीशियन दबाव में नजर आ रहे हैं।

कोमारोव ने कक्ष में सफलता हासिल करते ही समस्याओं का सामना किया। पिछले इक्विपमेंट मॉड्यूल पर लगे दो सोलर-पॉवर फलकों (वेन्स) में एक ने काम करना बंद कर दिया (एक और यांत्रिक खराबी) और दिशानिर्देशक कंप्यूटर में ऊर्जा खत्म हो गई। येलिसेयेव, ख्रुनोव और बायकोवस्की द्वितीय सोयुज का प्रक्षेपण तुरंत रद्द कर दिया गया, वहीं दूसरी ओर ग्राउंड कंट्रोलर कोमारोव ऊर्जा की समस्या पर काम कर रहे थे। हालाँकि वासिली मिशिन दूसरे प्रक्षेपण को रद्द किए जाने से तब तक रोके रहा, जितना उससे हो सकता था। कक्ष के 18 चक्कर (26 घंटे) लगाने के बाद, कोमारोव की समस्या हल नहीं हुई और मिशन के डायरेक्टरों ने अगली कक्षा की उड़ान में इस मिशन को पूरी तरह समाप्त ही कर देने का निर्णय लिया। कोमारोव को अपने कैप्सूल रि-एंट्री के लिए पंक्तिबद्ध करने में काफी कठिनाई का सामना करना पड़ रहा था, उसने शिकायत की, ''यह शैतानी विमान! इसकी कोई भी चीज, जिस पर मैं अपना हाथ रखता हूँ, काम ही नहीं कर रही।''

पुरानी वोस्टोक बॉल के बिलकुल उलट और अपोलो मॉड्यूल की तरह सोयुज कैप्सूल का अंडरसाइड समतल था, जिससे वायुमंडल में इसे कुछ एयरोडायनेमिक लिफ्ट मिलती। इसकी कमी यह थी कि वोस्टोक की तुलना में कहीं अधिक यथार्थतापूर्वक लक्षित करना था। कोमारोव की दिशानिर्देशन प्रणाली लगभग पूरी तरह बंद थी, इसलिए कोमारोव अपने विमान को स्थिर कोण (एंगल) पर नहीं रख सका और जब इसने (यान ने) घूर्णन करना शुरू किया, तो अपना एटिट्यूड कंट्रोल जेट फायर कर दिया। दुर्भाग्यवश ओ.के.बी.-1 के डिजाइनरों ने स्टार ट्रैकर नेविगेशन सेंसर्स पर थ्रस्टर्स को बहुत ही नजदीक रख दिया था और कभी-कभार परावर्तित होनेवाले तारे नाजुक लेंसों से नजर नहीं आ रहे थे। पृथ्वी के रात्रिकालीन भाग से गुजरते हुए और अपने मंद उपकरणों से अपेक्षाकृत ज्यादा साफ रिफ्रेंस लक्ष्य की खोज करते हुए, कोमारोव को यान को पंक्तिबद्ध करने के लिए निराश होकर चंद्रमा का सहारा लेना पड़ा।

कोमारोव और ग्राउंड कंट्रोल के बीच हुए संवाद की अफवाहें कई वर्षों तक छाई रहीं, जो अमेरिकन नेशनल सिक्योरिटी एजेंसी (एन.एस.ए.) के स्टाफ द्वारा इस्तांबूल के निकट यू.एस.ए.एफ. के रेडियो सिगनलों से की गई मॉनिटरिंग पर आधारित थीं। अगस्त 1972 में एन.एस.ए. के पूर्व विश्लेषक पेरी फेलवॉक ने विंसलो पेक के नाम से दिए गए साक्षात्कार में इस अंतरावरोधन (इंटरसेप्सन) का काफी मार्मिक वर्णन प्रस्तुत किया—

> ''कोमारोव की मौत से दो घंटे पहले तक, उन्हें मालूम था कि कुछ समस्याएँ या खामियाँ थीं और वे उन्हें सुधारने का प्रयास कर रहे थे। हमने इन संवादों को टेप करने के बाद कई बार सुना, कोसीजिन ने व्यक्तिगत तौर पर कोमारोव से बात की। उनके बीच वीडियोफोन वार्तालाप हुआ। इस वार्तालाप के दौरान कोसीजिन रो रहा था। उसने उसे (कोसारोव) हीरो निरूपित किया। उसकी (कोसारोव) की पत्नी ने भी कुछ देर उससे बातें कीं। उसने उसे हालात से निबटने और बच्चों के भविष्य के लिए कुछ टिप्स सुझाए। यह सब बड़ा खौफनाक था। अंतिम कुछ मिनटों में वह सभी से कटता सा जा रहा था। विचित्र बात यह है कि इन सब बातों से हमें पता चला कि कई मायनों में जिस तरह के काम हमने किए, उससे रूसी लोग मानवतावादी हो जाते हैं। आप उनके विषय में इतना ज्यादा अध्ययन करते हैं, घंटों उनकी बातें सुनते रहते हैं कि बहुत जल्द तुम्हें मालूम पड़ जाता है कि वे तुम्हारे अपने लोगों से बेहतर हैं।''

जब कोमारोव ने वायुमंडल में उतरना शुरू किया, तब उसे अहसास था कि वह भयंकर परेशानी में था। टर्की में स्थापित रेडियो आउटपोस्टों द्वारा गुस्से और कुंठाग्रस्त स्थिति में उसके चीखने-चिल्लाने की आवाज को अंतरावरोधित (इंटरसैप्टिड) किया गया। तब वह लगातार उन लोगों को कोस रहा था, जिन्होंने ऐसे गड़बड़ यान में उसे उड़ान भरने को मजबूर किया—यद्यपि बाद में फेलवॉक के विवरण में वर्णित उसकी अंतिम चीखें अतिशयोक्तिपूर्ण हो सकती हैं।

कोरोलेव द्वारा 'चीथड़ों के नीचे उड़ने (फ्लाइग अंडर रैग्स)' की भविष्यवाणी सही साबित हुई। कोमारोव का पैराशूट ठीक तरीके से नहीं खुला। एक छोटा ड्रोग पैराशूट तो खुला, लेकिन यह स्टोरेज बे में रखा हुआ बड़े वितान के पैराशूट को खींचने में नाकाम रहा। यह एक और डिजाइनिंग की कमी उभरकर सामने आई। एक बैक पैराशूट को रिलीज किया गया, लेकिन यह पहले छोटे पैराशूट (ड्रोग) के

वितान में फँसकर रह गया। कैप्सूल को तेज गति से गिरने से रोकने के सारे विकल्प समाप्त हो गए। परिणामस्वरुप ओरेनबर्ग के निकट स्टेपीज के मैदान में 2.8 टन वजन के मीटियोराइट के साथ गिरकर कोमारोव जमीन पर टकराकर मौत के मुँह में चला गया। कैप्सूल तो जमीन पर टकराने से पूरी तरह चपटा हो गया था। इसके आधार पर लगे हुए बफर रिट्रो-रॉकेट टकराहट के कारण हुए विस्फोट में नष्ट हो गए, जिससे बचा-खुचा मलबा भी जलकर राख हो गया।

बरामदगी दलों ने आग की लपटों को शांत करने के लिए हाथों से मिट्टी उठाकर फेंकी। बेस पर मिलनेवाले रेडियो संदेश अस्पष्ट थे। कोमारोव के शरीर का कोई भी अंग पहचानने लायक नहीं रह गया था। हालाँकि रूसायेव कहता है कि भस्मीभूत मलबे से एड़ी की एक हड्डी पाई गई थी।

किसी वास्तविक अंतरिक्ष उड़ान के दौरान हुई यह पहली सोवियत दुर्घटना थी और यह बहुत ही हृदय विदारक रही। न ही इस आपदा के पीछे रही आधारभूत सच्चाई बाहरी दुनिया से छिपी रह सकी, हालाँकि सोवियत अधिकारियों द्वारा इसकी स्वीकारोक्ति दुर्भाग्यजनक पैराशूट न खुलने के रूप में की गई; न कि उन कमियों के रूप में जो उड़ान से काफी पहले, लंबे समय से इसके डिजाइन और तैयारियों से जुड़ी रही। इस बार संवेदना संदेश पत्र भेजने की बारी नासा की थी। दुनिया की दोनों सुपरपॉवरों को यह बात समझ में आ चुकी थी कि अंतरिक्ष के वातावरण को किसी राष्ट्रीयता या झंडे से कोई लेना-देना नहीं है। यह सभी अतिक्रमणकारियों-रूसी और अमेरिकी के लिए समान जोखिम प्रस्तुत करता है।

कोमारोव की मौत के तीन हफ्तों बाद यूरी ने रूसायेव से उसके निवास में मुलाकात तो की, लेकिन वहाँ किसी भी कमरे में कोई बातचीत करने से इनकार कर दिया, क्योंकि उसे शक था कि घर की दीवारों के भीतर या बिजली, फोन की फिटिंग में श्रवण यंत्र स्थापित किया हुआ हो सकता था। लिफ्ट और दालान के क्षेत्र भी सुरक्षित नहीं थे। अत: दोनों व्यक्ति उस अपार्टमेंट के ब्लॉकों में सीढ़ियों पर कदमों के गूँजने की आवाज करते ऊपर-नीचे आ-जा रहे थे। इससे वे लगातार गाति में रहकर छिपकर बातें सुनने वालों को उलझन में डाल रहे थे।

सन् 1967 का यूरी, 1961 के आशावादी व खुशमिजाज युवक से बहुत अलग था। कोमारोव की मौत ने उसके कंधों पर अपराधबोध का भारी बोझ लाद दिया था। रूसायेव के अनुसार, ''उसने मुझे उड़ान रोकने की दिशा में किए गए विशाल अनुसंधान प्रयास की कहानी बतलाई। उसने बताया कि इसके परिणामों की जानकारी प्रमुख व्यक्ति (ब्रेझनेव) को दी जा चुकी थी। उसने मुझे समझाया कि वे उस पत्र को

संबंधित कार्यालयों तक पहुँचानेवाले व्यक्ति अर्थात् मेरे बारे में क्या राय रखते थे। मैंने यूरी को बताया कि किस तरह मैंने यह काम किया था और वह सबकुछ जो हुआ था, उसने मुझे चेतावनी दी, दीवारों के भी कान होते हैं।''

लिफ्ट पर बातचीत न करने का विचार यूरी का ही था। किसी ने उसे बताया होगा कि मेरे अपार्टमेंट में श्रवण युक्ति यंत्र लगाया गया था। मुझे इस पर तब यकीन हुआ, जब सुबह तीन बजे मेरी पत्नी ने मुझे जगाया और हम दोनों ने ही वेंटीलेशन ग्रिल के पीछे सरसराहट की आवाज सुनी, जहाँ यह श्रवण युक्ति लगाया जा रहा था। यह सोचकर ही मैं आगबबूला हो गया। वे अपने ही किसी एक एजेंट पर कैसे जासूसी कर सकते थे? इसी को मैं सोवियत जीवन का सार मानता हूँ।

किसी एक बात पर यूरी ने कहा, ''मुझे प्रमुख व्यक्ति (मैन मेन) से व्यक्तिगत रूप से मुलाकात करनी होगी। तुम्हें लगता है कि वह मुझसे मुलाकात करेगा?''

रूसायेव कहता है, ''मुझे बड़ा ताज्जुब हुआ कि वह यह सब मुझसे पूछ रहा था।'' मैंने कहा, ''लेकिन यूरी! तुम तो वही हो, जो उसके साथ हमेशा ही स्मारक पर उसकी बगल में खड़े रहते थे।' तुम हमेशा साथ-साथ बातें करते हो और अब तुम्हीं मुझसे पूछ रहे हो कि मैं तुम्हें बताऊँ कि वह तुमसे मिलेगा या नहीं। उस व्यक्ति से तो मैंने कभी हाथ भी नहीं मिलाया है।''

''हाँ, लेकिन मैं कभी भी उससे गंभीरतापूर्वक बातें नहीं करता। वह मेरी विदेश यात्राओं से जुड़ा हँसी-मजाक व भद्दी कहानियाँ सुनना ही पसंद करता है।''

यूरी को इस बात का अत्यधिक दुःख था कि वह ब्रेझनेव से बात करके कोमारोव के प्रक्षेपण को रद्द न करा सका। जैसा कि रूसायेव आज कहता है, ''ख्रुश्चेव और यूरी के संबंध बहुत अच्छे थे, लेकिन ब्रेझनेव के साथ वह बात नहीं थी, यदि लोगों को आपकी जरूरत नहीं है, तो उनसे निबटना कठिन हो सकता है।''

यूरी के जाने से कुछ समय पहले उसकी नाराजगी की कड़वाहट और उसकी तीव्रता साफ जाहिर हो गई थी। ''किसी तरह उससे (ब्रेझनेव) से संपर्क साधूँगा। यदि मुझे यह भनक भी लग गई कि उसे स्थिति की जानकारी थी, फिर भी उसने सबकुछ होने दिया, तो मैं अच्छी तरह जानता हूँ कि मुझे क्या करना है।''

रूसायेव अपनी बात कहता रहा, ''मुझे ठीक-ठीक नहीं मालूम कि यूरी के मन में क्या था। शायद उसकी बात सटीक थी।''

रूसायेव ने यूरी को ब्रेझनेव के मामले में सावधानी बरतने की सलाह दी। ''मैंने उसे बताया, कुछ भी करने से पहले मुझसे बात कर लेना। मैं तुम्हें परामर्श देने की कोशिश करूँगा। मैं तुम्हें सावधान रहने की चेतावनी देता हूँ।'' लेकिन अब मैं

अंतरिक्ष विभाग में नहीं था। मैं तो मॉस्को में ही नहीं था, इसलिए मैं कुछ ज्यादा तो कर नहीं सकता था। यूरी कभी ब्रेझनेव से मिला, इस बात की मुझे कोई जानकारी नहीं है। इस बात का मुझे सदा दुःख रहेगा कि यूरी का मार्गदर्शन करने के लिए मैं उसके साथ न रह सका।''

इस संबंध में एक और कहानी भी सामने आती है, जिसके मुताबिक यूरी ने ब्रेझनेव के चेहरे पर शराब फेंक दी थी।

यद्यपि यूरी को कोमारोव के साथ जो कुछ हुआ, उसका दुःख था, लेकिन वह उड़ान के लिए हमेशा की तरह दृढ़ निश्चयी बना रहा। जब उसके वरिष्ठ अधिकारियों ने आगे की रॉकेट उड़ानों को रद्द कर दिया तो उसे बहुत निराशा हुई। एलेक्सेई लिओनोव कहता है, ''कोमारोव के बाद स्टेट कमेटी का निर्णय था कि अब उसे उड़ान पर भेजना संभव नहीं था, क्योंकि सोयुज से जुड़ी सभी कमियों को सुधारा जाना था और उस यान को फिर से डिजाइन करने में दो साल का समय लगता।''

यह मात्र प्रक्षेपण के समय निर्धारण की भूल नहीं थी, अपितु किसी दुर्घटना में यूरी को खो देने से उपजी निराशा थी, जो उसे उड़ान न करने देने के लिए जिम्मेदार थी। इसके साथ ही कुछ सैन्य परंपराओं को भी निभाना जरूरी था। सरजेई बेलोट्सरकोवस्की ने बेमन से प्रथम अंतरिक्ष यात्री के आगे के मिशनों में प्रतिबंध लगाने के निर्णय पर सहमति दे दी। हालाँकि उसे अच्छी तरह मालूम था कि यूरी चंद्रमा की उड़ान के प्रति गहरी इच्छा रखता था। उसके मुताबिक, (संभावित चंद्रमा पर उड़कर जाने के प्रयास हेतु) प्रमुख उम्मीदवार एंड्रियन निकोलायेव था। कोरोलेव ने अपनी मौत से कुछ समय पहले मुझे यूरी के विषय में बता दिया था कि वह अब शायद ही कोई उड़ान भर सके। यूरी कठिनाई के दौर से गुजर रहा था, जिसकी वजह थी कि वह कॉस्मोनॉट ट्रेनिंग सेंटर का डिप्टी डायरेक्टर था और उस काम की जिम्मेदारी साफ तौर पर निर्धारित कर दी गई थी—अन्य कॉस्मोनॉट्स का नियंत्रण एवं प्रशिक्षण। किसी ट्रेनिंग सेंटर के प्रमुख का उड़ानें भरना जरूरी नहीं रहता था।

यूरी को इस निर्णय से काफी निराशा हुई। उसने स्टेट कमेटी को पत्र लिखकर अपनी दलील प्रस्तुत की, ''मुझे उड़ान भरने से नहीं रोका जा सकता। यदि मैं उड़ान भरना बंद कर दूँगा तो मुझे ऐसे लोगों का नेतृत्व करने का कोई नैतिक अधिकार नहीं रहेगा, जिनके जीवन और कार्य उड़ान भरने से जुड़े हैं।''

ईमानदारी से अपना काम करनेवाले इनसान सीधी-सादी बात के अंदाज में यूरी के हेयर ड्रेसर इगोर खोकलोव का कहना है, ''यूरी बिना उड़ान भरे नहीं रह

सकता था। यही तो उसका सारा जीवन था। आदमी अपने काम के बिना जीवित नहीं रह सकता।''

जब 26 अक्तूबर, 1968 को फिर से डिजाइन किए गए सोयुज ने पहली बार सफल उड़ान भरी तो उस समय यूरी की सबसे तीखी आलोचना करनेवाले व्यक्ति, जार्जी बेरेगोवोई के हाथ में कंट्रोल की कमान थी।

कोमारोव की दुर्घटना और यूरी को उड़ान से हमेशा के लिए हटाने के पीछे की हकीकत अब रोशनी में आ रही है, लेकिन अब तक अधिकतर पश्चिमी विश्लेषणकर्ता यही जानते थे कि प्रथम कॉस्मोनॉट के कैरियर में कुछ-न-कुछ गड़बड़ तो है। पहले लगभग सन् 1982 में अमेरिकी अंतरिक्ष लेखक जेम्स ओबर्ग ने अपनी सनसनीखेज पुस्तक 'रेड स्टार इन ऑर्बिट' में लिखा—

''यूरी अपनी मृत्यु से पहले 34 साल की उम्र में एक खुशमिजाज, आकर्षक व आत्मविश्वासी पायलट से एक अर्द्ध-देवता में रूपांतरित हो चुका था, जिसकी तब तक पूजा की जाती थी, उसका आदर्श के रूप में अनुकरण किया जाना था और सभी जोखिम व साहसी कदमों से सुरक्षित रखा जाना था, जब तक उसके अपने चारों ओर उठ चुकी सुरक्षात्मक दीवारों को तोड़कर बाहर आने के उसके अपने प्रयास ही कुछ ज्यादा आगे न निकल जाएँ।''

यूरी ने ज्यादा-से-ज्यादा पार्टियों में शामिल होकर स्वयं को अलग कर लिया। निराश कामानिन ने पाया, ''कोमारोव की मृत्यु के बाद से गागरिन को अंतरिक्ष की सभी उड़ानों से बरखास्त कर दिया गया है। उसमें व्यक्तित्व विघटन की नई और ज्यादा तेज प्रक्रिया शुरू हो गई है।''

मार्च 1968 की शुरुआत में यूरी के जीवन का अंतिम महीना, स्टार सिटी में अंतरिक्ष यात्रियों के लिए आरामदायक केंद्र का कार्य अंततः पूरा हो गया। इस दौरान जैसा कि एलेक्सेई लिओनोव को याद है, जोरदार पार्टी का दौर चला, जो शायद कोमारोव की भयंकर मौत के सदमे से दूर रहने के लिए कॉस्मोनॉट्स की इच्छा के कारण शुरू हुई थी। ''हम प्रायः किसी और जगह के बदले गागरिन के अपार्टमेंट में ही ज्यादा मिला करते थे। आतिथ्य सत्कार की परंपराएँ पहले ही निर्धारित की जा चुकी थीं। यह नियम था—यदि आप पार्टी में देर से आते हैं तो आपको कमर तक कपड़े हटाकर ठंडे पानी से नहाना पड़ेगा और अपना सिर उसी ठंडे पानी में डुबोना पड़ेगा। कई नामी-गिरामी लोगों को भी इस नियम से गुजरना पड़ता था। आखिर नियम तो सभी के लिए था। वस्तुतः इस परंपरा की शुरुआत यूरी ने ही की थी। इस ठंडे स्नान के बाद वोदका पिलाकर गरम किया जाता जिससे सरदी न लग सके।

परेशानी यह हुई कि वोदका के लालच में हर कोई देर से पहुँचने लगा।''

एक विशिष्ट अतिथि थे आर्किटेक्ट कोमारोवस्की, जिन्हें मॉस्को स्टेट यूनिवर्सिटी के ऊँचे टॉवर बनाने का श्रेय जाता था। यह वही टॉवर है, जहाँ सन् 1960 के दशक के सभी कॉस्मोनॉट्स को लिफ्ट शॉफ्ट से नीचे उतारा जाता था। उसका स्वागत प्राचीन रूसी अंदाज में किया जाता था, जिसे आज भी आधुनिक रूसवासियों, मीर अंतरिक्ष स्टेशन में उड़ान भरनेवाले के द्वारा भी अपनाया जाता है। यात्री को भूख से सुरक्षा प्रदान करने के लिए प्रमुख खाद्य पदार्थों का उपहार। ''हम कोमारोवस्की को सबसे ऊपरी मंजिल पर ले गए, जहाँ कुछ पावरोटी, नमक और वोदका रखा हुआ था।''

लिओनोव आगे कहता है, ''फिर ग्यारहवीं मंजिल से उसे दसवीं मंजिल पर लेकर गए, जहाँ कुछ ज्यादा पावरोटी और नमक था। इस तरह हर मंजिल पर उसे ले जाया गया। कोमारोवस्की और कुछ दूसरे विख्यात साथ आए लोगों ने अंत में कहा, हमने अपने जीवन में बहुत सी दुर्लभ चीजें देखी हैं, लेकिन इतनी पावरोटी और नमक कभी नहीं देखा, खैर जिन लोगों ने हमारे अपार्टमेंटों का निर्माण किया था, उन्हें हमने इसी अंदाज में धन्यवाद किया।''

निश्चित रूप से इन पार्टियों से यूरी का ध्यान बँट जाया करता था और वह अपनी चिंताएँ भूला रहता था। जोया को स्मरण आता है कि जब वह गजाट्स्क में घर पर रहता था, तो उसके अंतरतम का डर कभी-कभी उभर आता था—

''हाँ, सही है, 5 दिसंबर का ही दिन था। वह हमेशा इसी समय हमसे मिलने घर आता और शिकार पर जाया करता। जब वह जाने के लिए तैयार हो रहा था, तभी माँ को कुछ चिंता सी हुई और मुझे वह सबकुछ याद है, जो यूरी ने कहा, 'दुनिया में हर कोई मुझसे कुछ माँगता है। मैं हमेशा उनकी भी मदद करता हूँ जिन्हें मैं जानता ही नहीं, लेकिन तुम मुझसे कभी कुछ नहीं माँगती। तुम बताती क्यों नहीं कि तुम्हें किस चीज की जरूरत है?' वाल्या और बेटियाँ (लेना और गाल्या) पहले ही कार में बैठ चुकी थीं और यूरी का कार में इंतजार कर रही थीं, लेकिन मुझे ऐसा लग रहा था कि यूरी हमें छोड़कर नहीं जाना चाहता था। मेरे खयाल से उसे किसी बात की चिंता सता रही थी।''

□

12

मलबा

सन् 1960 के दशक के अमेरिकी अंतरिक्ष यात्री अपने उड़ान कौशल पर बहुत गर्व करते थे और नासा में उनके नियोक्ता उन्हें उड़ान में अपने कौशल को निखारने के सभी अवसर प्रदान करते थे। उन्हें नार्थरॉप टी-38 ट्रेनिंग जेटों तक पहुँच के लिए स्वविवेक का अधिकार दिया गया था, जिसका प्रयोग वे नासा की बड़ी सुविधाओं के बीच टेक्सास, फ्लोरिडा और अलाबामा में बतौर निजी यातायात के रूप में करते थे। ये हल्के, तेज गति के विमान अंतरिक्ष युग की कंपनी कारों की तरह थे।

इसके ठीक विपरीत सोवियत अंतरिक्ष कार्यक्रम में विविध एयरफोर्स स्क्वाड्रनों से भरती किए गए पायलटों के उड़ान समय को बहुत कम कर दिया जाता था। उन्हें अकेले उड़ान भरने की पूरी तरह मनाही रहती थी, भले ही उनका पहले का अनुभव कितना भी अधिक रहा हो। यद्यपि स्टार सिटी के करीब चैकालोवस्की के नजदीक का एयरबेस उड़ानों के लिए उपयुक्त स्थल था, किंतु कॉस्मोनॉट्स को बहुत कम वायुयान उपलब्ध कराए जाते थे। स्टार सिटी को आधुनिक जेटों से सुसज्जित करना हमेशा ही संघर्ष की बात रहती थी, क्योंकि इसके अधिकतर हार्डवेयर, प्रतिद्वंद्वी संगठनों से मँगाए जाने पड़ते थे, विशेषकर एयरफोर्स। कामानिन के बाद प्रशिक्षण प्रमुख बने पूर्व कॉस्मोनॉट ने जिन्होंने सन् 1971 में सेवा अवकाश ले लिया, बताया कि स्टार सिटी के उपयोग के लिए नए जेट हासिल करना कितना कठिन होता था--

''हमें बहुत ही साफ-सुथरी बातों को सुलझाने के लिए अत्यधिक

> ऊर्जा व्यय करनी पड़ती थी। उदाहरण के लिए हमें तीन वायुयान की आवश्यकता है और आवश्यकता क्यों है, यह बिलकुल स्पष्ट है, लेकिन नहीं, इस पर निर्णय लेने के लिए हमें वित्त मंत्रालय व उड्डन मंत्रालय के कई चक्कर लगाकर एक के बाद दूसरा, तीसरा अपॉइंटमेंट लेना पड़ता है और समय बीतता जाता है।

हमें धक्के खाने पड़ते हैं…ऐसा होना चाहिए क्या? सर्वाधिक जटिल अंतरिक्ष उड़ान भी इस भागदौड़ की लालफीताशाही से कहीं सरल होती है।''

सभी वायुयान पायलटों को अपना कौशल बनाए रखने के निए प्रतिवर्ष न्यूनतम घंटे उड़ान भरने की जरूरत होती है। स्टार सिटी के कॉस्मोनॉट्स जिन्हें अपनी परंपरागत उड़ान के घंटे पूरे करने होते थे, उन्हें एम.आई.जी.-15 यू.टी.आई. की सह-सीटों वाले कुछ ट्रैनर का प्रयोग करना होता है। एकल-सीट वाले प्रथम मिग लड़ाकू विमान (इंजनों पर आधारित डिजाइन वाले रोल्स रॉयस कंपनी से अधिगृहीत) सन् 1947 में सेवा में लिए गए। पूरे 1950 के दशक के दौरान उन्हें दुनिया के सर्वाधिक शक्तिशाली लड़ाकू अस्त्रों के रूप में निखारा गया, लेकिन अगले दशक के अंत तक ये पुराने यंत्र उतने क्षमतावान नहीं रह गए। विदेशों में कम्युनिस्ट के सहयोगी अब भी बड़ी तादाद में उन्हें खरीदते थे, लेकिन घरेलू एयरफोर्स अब ज्यादा विकसित हथियार खरीदना शुरू कर रहा था। कोमारोव की मृत्यु के बाद आगे की उड़ानों के लिए मना कर दिए जाने के बाद गागरिन इन नए जेटों को उड़ाने की अर्हता हासिल करना चाहता था, लेकिन ऐसा करने के लिए उसे काफी मशक्कत करनी पड़ती।

यद्यपि वह दुनिया का सर्वाधिक ख्यातिप्राप्त पायलट था, लेकिन वह उतना कोई खास अनुभवी नहीं था। स्टार सिटी के म्यूजियम में आज भी यूरी की व्यक्तिगत वस्तुओं को सँभालकर रखा गया है। उसकी पायलट लॉग बुक सर्वाधिक सम्माननीय वस्तु है, फिर भी इसमें कुछ निराशाजनक बातें हैं। जब सन् 1959 के अंत तक प्रथम कॉस्मोनॉट दल में उसकी भरती हुई थी, तब उसकी कुल उड़ान अवधि 252 घंटे 21 मिनट थी। इनमें से मात्र 75 घंटे सोलो मिग-15 पायलट की उड़ान थी, पहले ओरेनबर्ग में, फिर मुरमांस्क प्रदेश के निकेल में।

एक युवा एयरफोर्स लेफ्टिनेंट के कैरियर शुरू करने के लिए यह कुल अवधि कोई बहुत कम नहीं थी, यद्यपि उसके समूह के दूसरे कॉस्मोनॉट्स की यह अवधि लगभग 1,500 घंटे के बराबर थी। यदि वह एयरफोर्स में सक्रिय ड्यूटी

करता रहता, तो यूरी अपने उड़ने की अवधि इतनी कर सकता था कि वह उच्चश्रेणी का कुशल लड़ाकू पायलट बन सकता था। स्टार सिटी में प्रशिक्षण हेतु भरती किए जाने के बाद उसने यह अवसर पूरी तरह खो दिया। अपने पूरे कॉस्मोनॉट कैरियर के दौरान सन् 1960 से 1968 तक उसने मात्र 78 घंटे उड़ान में अतिरिक्त अवधि के रूप में जोड़े—उनमें से एक भी घंटे एकल उड़ान के नहीं थे। कुल मिलाकर यह प्रतिवर्ष 10 घंटे से भी कम है। 18 फरवरी, 1968 को अंततः गागरिन ने झुकोवस्की एकेडमी से अपने डिप्लोमा पेपर्स हासिल किए। मेहनत से हासिल की गई इस अहम् अर्हता के कारण उसके भविष्य में कैरियर की प्रत्याशाएँ काफी उज्ज्वल हो गईं। इस दौरान स्टार सिटी में उसके ठीक ऊपर के अधिकारी निकोलाई कामानिन पर तलवार लटक रही थी, जिसकी वजह से सोयुज दुर्घटना हुई थी, जिसमें कोमारोव ने अपनी जान गँवाई थी। यद्यपि जिस दुर्घटना में कोरालेव की जान गई, उसमें बहुत सी हार्डवेयर समस्याओं के लिए वह स्वयं जिम्मेदार नहीं था। कामानिन ही वह अधिकारी था जिसने पहले उड़ान की स्वीकृति दी थी और उस पर संकट आने की संभावना थी।

इस बात की पूरी संभावना थी कि कामानिन के स्थान पर यूरी को जनरल की श्रेणी में पदोन्नति देकर, हेड कॉस्मोनॉट ट्रेनिंग के प्रमुख के पद पर नियुक्त किया जा सकता था। उसके मन की प्रमुख चिंता यह थी कि उन कॉस्मोनॉट्स का सम्मान कैसे कायम रखा जाए जिनमें से अधिकतर लोगों का बतौर पायलट, अनुभव उससे कहीं ज्यादा था।

इजवेस्टिया के एक पत्रकार बोरिस कोनोवालोव के अनुसार—

> "यह सब बड़े विचित्र ढंग से हुआ। हर कोई मानता था कि कॉस्मोनाट्स पेशे से पायलट ही होते हैं—किंतु उन्हें उड़ान के घंटे अपेक्षाकृत कम ही उपलब्ध होते हैं। जब स्टार सिटी में गागरिन को प्रशिक्षण का डिप्टी चीफ बनाया गया, तब उसने उड़ान के लिए कठोर निर्णय लिया। व्लादीमीर नामक एक कॉस्मोनॉट ने हर तरह के जेट लड़ाकू विमान उड़ाए थे, लेकिन स्टार सिटी में उसे एक प्रशिक्षक की उपस्थिति में ट्रेनिंग विमान उड़ाने की अनुमति थी। यह बड़ा बेतुका लगता था।"

यूरी द्वारा स्वयं व दूसरों को उड़ान की अधिक-से-अधिक अवधि दिए जाने का औचित्य प्रमाणित करते हुए एलेक्सेई लिआनोव कहता है, "लोग पूछ रहे थे,

उसे उड़ान क्यों भरनी चाहिए? इसकी वजह यह थी कि वह स्टार सिटी में प्रशिक्षण का डिप्टी चीफ था और ऐसा कार्य करने के लिए उसे दक्ष पायलट होना जरूरी है।'' दूसरे शब्दों में उड़ान भरने, अन्य लोगों को अध्यापन कराने वाले व्यक्ति को खुद भी एक सक्षम पायलट होना चाहिए, ताकि अपने छात्रों की नजर में उसका प्रभावशाली सम्मान बना रहे। यूरी की पत्नी वैलेंटिना ने सन् 1978 में यारोस्लेव गोलोवानोव को दिए एक साक्षात्कार में उन समस्याओं की ओर संकेत किया जिनका वह सामना कर रहा था—

> ''जब इस विषय पर विचार चल रहा था कि उसे उड़ने की अनुमति दी जाए या नहीं, तब वह बड़े कठिन दौर से गुजर रहा था। 'और क्या उसे यकीनन उड़ने की आवश्यकता है?' किसी ने पूछा। तुम्हें यूरा को जानने की जरूरत है—उसके लिए न उड़ने का मतलब जीवित न रहना रहा होगा। उसके उड़ने के उत्साह का कोई विकल्प नहीं था। 'नाराज मत हो,' मैंने उसे समझाते हुए कहा, 'यदि मैं स्वयं उड़ान नहीं भरूँगा तो मैं औरों को उड़ान भरने का प्रशिक्षण देने का प्रभारी कैसे रह सकता हूँ?' उसने बड़े दुःखी मन से उत्तर दिया।''

मार्च 1968 तक यूरी ने लगभग पाँच महीने से उड़ान नहीं भरी थी। उसने एक अनुभवी पायलट और अच्छे शिक्षक व्लादीमीर सेरुजिन से विचार-विमर्श किया। युवावस्था के दौरान सेरुजिन ने 140 जंगी मिशनों में नाजियों के खिलाफ विमान चालन किया था। स्वयं को फाइटर वर्ग में रखकर, उसने दुश्मनों के लगभग अट्ठारह एयरक्राफ्ट मार गिराए थे। युद्ध के अंत तक उसकी उम्र 24 वर्ष थी और सन् 1960 के दशक में उपलब्ध सर्वोत्तम विमानों का चालन करनेवाला वह प्रमुख उम्मीदवार था।

सन् 1968 में सेरुजिन लगभग 45 वर्ष से ऊपर की आयु का था। उस समय तक वह काफी उम्रदराज और धीमा पड़ चुका था। ऐसा नामुमकिन लगता है। उसकी शोहरत बतौर टेस्ट पायलट विमान को कठिन हालात से सुरक्षित बाहर निकालकर ले आने में थी। 12 मार्च, 1968 को उसने मिग का अपेक्षाकृत नया मॉडल 21 निकाला और हवा में ऊपर ऊठने से पहले ही टेक-ऑफ रन को रोक दिया। उसे यकीन था, कुछ गड़बड़ है। विमान वापस हैंगर के पास लाकर इस बात पर अड़ गया कि मैकेनिक उसके इंजन की जाँच करें। उन्हें इसमें कोई खराबी नहीं मिली। सेरुजिन फिर से विमान को रनवे पर ले गया और अंतिम क्षण

पर वह पुनः वापस आ गया। काफी बारीकी से जाँच करने पर मैकेनिकों को इंजन में कुछ खराबी नजर आई। इस कहानी से यह पता चलता है कि प्रारंभिक अधेड़ अवस्था तक एक पायलट अपनी एकाग्रता की चरम सीमा पर होता है, उसकी स्वजात प्रवृत्तियाँ धुँधली नहीं पड़तीं।

दो हफ्ते बाद 27 मार्च को यूरी चकालोवस्की (स्टार सिटी से लगा एयरबेस) ने टू-सीटर-मिग-15 यू टी आई जेट से उड़ान भरी, पिछली सीट पर सेरुजिन बतौर प्रशिक्षक सवार था। इस उड़ान का मकसद यूरी को अत्याधुनिक मिग-17 के लिए अर्हता दिलाने हेतु तैयार करना था, ताकि वह पुराने पड़ चुके विमानों से सदा के लिए छुटकारा पा सके।

वैलेंटिना अस्पताल में अपेंडिक्स का ऑपरेशन कराने के लिए भरती थी। बाद में ऑफिस से लौटकर यूरी की उससे मिलने की योजना थी।

शाम सात बजे टैसिया सेरुजिना को पति के घर न लौटकर आने पर चिंता होने लगी। उसे याद है, ''मैं सारी रात इंतजार करती रही। मैंने उसके वायु रेजिमेंट को फोन किया, हर बार वे यही कहते, 'वह यहाँ उपलब्ध नहीं है, लेकिन सबकुछ ठीक-ठाक है। वह अपने काम में व्यस्त है।' किसी ने मुझे कुछ नहीं बताया। मुझे नींद नहीं आई और अगले दिन सुबह अपने काम पर चली, तभी उन्होंने मुझे सूचित किया कि एयरफील्ड पर कुछ परेशानी बनी हुई थी, लेकिन मुझे इस पर बिलकुल यकीन नहीं हुआ। मैंने सोचा कि यदि मेरे पति के साथ कुछ गंभीर बात होती तो कल ही वे मुझे इत्तला कर सकते थे। अचानक मेरी बेटी दौड़ी हुई मेरे पास आई। 'माँ'! वह चीखी, 'पिताजी नहीं रहे', इसके बाद क्या हुआ मुझे ठीक से याद नहीं है।''

27 मार्च की सुबह एलेक्सेई लिओनोव कॉस्मोनॉट्स के एक दल को पैराशूट प्रशिक्षण के लिए हेलीकॉप्टर में लेकर करजैट्स एयरफील्ड से उड़ा। चकालोवस्की से सेरुजिन और यूरी का एयरबेस मात्र 13 किलोमीटर की दूरी पर था। वह खराब होते मौसम से होकर भारी हेलीकॉप्टर उड़ाते हुए बादलों से हटकर हेलीकॉप्टर को स्थिर करने का प्रयास कर रहा था, ताकि प्रशिक्षुओं को पैराशूटों के माध्यम से कूदने को कह सके।

बादल 450 मीटर की ऊँचाई तक छाए हुए थे और दृश्यता की स्थिति भयंकर थी। वर्षा और गोले हिमकण कॉकपिट के वितान पर छाए हुए थे। लिओनोव ने अपनी पहली पैराशूट टीम को हवा में रिलीज कर दिया, लेकिन दृश्यता बड़ी तेजी से खत्म हो रही थी। स्थानीय एयर ट्रैफिक कंट्रोलर ने उसे बताया कि मौसम

में सुधार की कोई संभावना नहीं है, इसलिए वह हेलीकॉप्टर को आधे पैराशूट दल के साथ वापस करजैट्स ले गया। "हमारे लैंड करने के कुछ क्षणों बाद ही, हमने दो धमाकों की आवाज सुनी—एक में तो मात्र धमाका था और दूसरे में टक्कर के साथ सुपरसोनिक प्रघाती तरंगें भी थीं। हम हैरान रह गए: आखिर यह था क्या? यह धमाका था या टक्कर? मैंने कहा, शायद यह दोनों ही थे—अर्थात् घटनाएँ एक-दूसरे से जुड़ी हुई थीं और इन दोनों आवाजों के बीच मात्र एक सेकंड का अंतर था।"

चकालोवस्की तेरह किलोमीटर दूर था और आवाजें मौसम की नमी के चलते मंद पड़ गई थीं, लेकिन इतनी दूरी से भी वे साफ सुनी जा सकती थीं। लिओनोव की चिंता बढ़ गई। उसे अच्छी तरह पता था कि उस दिन यूरी उड़ान भर रहा था। स्वयं की जिम्मेदारी पर उसने हेलीकॉप्टर को खराब मौसम के बावजूद चकालोवस्की की ओर बढ़ा दिया। रास्ते भर वह कंट्रोलर्स को मॉनिटर करते हुए रेडियो लिंक पर यूरी के कोड नंबर 625 पर कॉल करता रहा। ज्यों ही लिओनोव ने चकालोवस्की पर हेलीकॉप्टर उतारा, एक रेजिमेंटल कमांडर ने उसके पास आकर पूछा, "यूरी के विमान का ईंधन तो पैंतालीस मिनट पहले ही खत्म हो जाना चाहिए था, लेकिन वह अभी तक एयरफील्ड में नहीं पहुँचा।"

लिओनोव ने अपनी बात की आधिकारिक रिपोर्ट देना बेहतर समझा। "मैं सीधे फ्लाइट कंट्रोल ऑफिस पहुँचा, जहाँ निकोलाई कामानिन मौजूद था। मैंने उसे बताया, आपको सुनने में बड़ा विचित्र लगेगा, लेकिन मैंने एक विस्फोट और सुपरसोनिक टक्कर अपने कानों से सुनी है।"

एक खोजी हेलीकॉप्टर उस क्षेत्र पर भेजा गया, जहाँ राडार पर यूरी के विमान का संकेत पिछली बार देखा गया था। यह क्षेत्र मॉस्को से 96 कि.मी. उत्तर-पूर्व में था। पायलट जमीन के ऊपर कम ऊँचाई पर उड़ रहा था। अचानक जंगल में एक जगह काला सा हिस्सा नजर आया जिससे कुछ वाष्प उठ रही थी, लेकिन दृश्यता कमजोर होने की वजह से निश्चित नहीं हो पा रहा था कि वह मलबा स्थल था। लिओनोव के अनुसार, "खोजी पायलट ने सोचा कि वाष्प उठना एक तरह की कोई प्राकृतिक घटना होगी। उसे वहाँ हेलीकॉप्टर उतारकर पैदल उस स्थल का मुआयना करने का आदेश दिया गया। पेड़ों की अधिकता होने से हेलीकाप्टर को उतारने का मौका नहीं मिल रहा था, इसलिए पायलट ने नजदीक के खुले स्थान पर एक चर्च के करीब हेलीकाप्टर ले जाकर उतार दिया। एक घंटे तक हिम की मोटी परत, (कहीं-कहीं एक मिलीमीटर मोटी) के बीच से गुजरने

के बाद वह जंगल के उस स्थल पर पहुँचा, जहाँ उसे धुआँ दिखाई पड़ा था। जिस बात की खोज थी, जब वह उसे वहाँ मिल गई तो वह वापस हेलीकॉप्टर के पास लौट आया और रेडियो से अपनी रिपोर्ट दे दी। उसने बताया कि वहाँ एक बड़ा गड्ढा बन गया था। इसके आसपास के कई पेड़ टूट गए थे और उस सारे स्थल पर टूटे-फूटे, मुड़े सिकुड़े धातु के टुकड़े बिखरे हुए थे। जाहिर था कि यह एक विमान दुर्घटना थी, लेकिन क्रेटर में मलबे के बीचवाला हिस्सा नजर नहीं आ रहा था, जैसे कि फ्यूजलेज या प्रमुख इंजन सेक्शन।

यूरी और सेरुगिन का चकालोवस्की ट्रैफिक कंट्रोल से सुबह 10 बजकर 31 मिनट से संपर्क टूट चुका था। हेलीकॉप्टर के पायलट को विमान के मलबे वाले स्थान पर प्रयासपूर्वक पहुँचने और वहाँ से बाहर आने, अपनी रिपोर्ट भेजने और पूरी तैयारी के साथ बचाव टीम बुलाने की प्रक्रिया में दिन के 4 बजकर 30 मिनट हो गए थे। शीत ऋतु के दौरान का हलका प्रकाश तेजी से धुँधला पड़ता जा रहा था। खोजी टीम शक्तिशाली टॉर्चों के साथ वहाँ पहुँची, लेकिन जाड़े के अँधेरे में वह उतनी उपयोगी साबित नहीं हुई। शाम होते-होते खोजियों ने व्लादीमीर सेरुजिन के जले-फटे कपड़े और यूरी के मैप केस की पहचान कर ली थी, लेकिन उन्हें उनके शरीरों के स्पष्ट निशान नजर नहीं आए थे और न ही विमान का प्रमुख हिस्सा नजर आया था। ''रात भर सैनिकों की दो बटालियन जंगल में खोज कार्य करती रहीं, लेकिन उन्हें कुछ भी नहीं मिला।'' लिओनोव बताता है, ''और अगले दिन जब हम क्रेटर में गहरी खुदाई कर रहे थे, तो हमें गागरिन की फ्लाइंग जैकेट नजर आई। अब यह स्पष्ट हो गया कि वे दोनों भाई यहीं कहीं दबे होंगे। वे बाहर नजर नहीं आए।''

विमान का अगला छोर तेजी के साथ टकराकर कठोर जमीन में कई मीटर अंदर समा गया था, जो भारी इंजन ब्लॉक की तेज गति के कारण हुआ। बरामदगी टीम को खुदाई करके कॉकपिट को बाहर निकालना पड़ा। यह बुरी तरह चकनाचूर हो चुका था और उसके अंदर दो व्यक्तियों के शरीर के अंग एक-दूसरे में मिल गए थे। कई घंटों के प्रयास के बाद बचावकर्ताओं ने उनकी हाथ-पैरों की उँगलियाँ, पसलियों के टुकड़े व खोपड़ियाँ उस गड्ढे (क्रेटर) के आसपास के स्थानों और पेड़ों से इकट्ठी कीं। यह स्पष्ट हो गया कि पेड़ों से टकराकर विमान का कॉकपिट बुरी तरह क्षतिग्रस्त हो गया था, जमीन से अंतिम बार टकराने से पहले ही यह चकनाचूर हो गया था।

इस बीच यूरी का निजी ड्राइवर फ्योडोर ड्येमचुक, जिसने उसे चकालोवस्की

तक पहुँचाया था, मिग की वापसी का इंतजार कर रहा था, ताकि वह शाम को अपनी सवारी (यूरी) को सेंट्रल मॉस्को कुटसेबा अस्पताल वाल्या से मिलने के लिए ले जाता। "उस दिन लगभग ग्यारह बजे हम सभी को मालूम हुआ कि उसकी रेडियो लिंक खो गई थी। सभी ने सोचा कि उसका ट्रांसमीटर बिगड़ा होगा या ऐसी ही कुछ बात होगी।" लेकिन उस दिन बाद में जब खोजी टीम को आदेश मिला तो मन में संदेह हुआ। "हमें बताया गया कि एक विमान दुर्घटना स्थल देखा गया है और हमें शाम आठ बजे तक तैयार होने का आदेश दिया गया है। हमने एक दल बनाया, कुछ उपकरण साथ लिए और उस स्थान के लिए रवाना हो गए। जमीन पर हिम की मोटी परत बिछी थी जिससे रास्ता तय करने में परेशानी हुई। यही वजह थी कि रात को काफी देर तक हम दुर्घटना स्थल तक पहुँचने के लिए गाड़ी चलाते रहे। बेशक हर कोई परेशान था। इस दौरान सबसे भयावह जो बात रही, वह थी अनिश्चितता की स्थिति।"

अगले दिन पौ-फटते ही विमान दुर्घटना स्थल साफ नजर आ गया। ड्येमचुक खोज कार्य में काफी निकटता से जुड़ा रहा। मलबे के छोटे-से-छोटे हिस्से को भी उलट-पलटकर देखा गया। "मलबे की बड़ी चीजों में इंजन, लैंडिंग गियर और एक विंग ही बचे रह गए थे। टक्कर और विस्फोट की शक्ति ने शेष मलबे को सारे जंगल में बिखरा दिया था। हम बर्फ से होकर चल रहे थे। चलते-चलते बर्फ में एक छेद नजर आता और अपना हाथ अंदर घुसेड़ते और मांस या हड्डी का एक टुकड़ा बाहर निकाल लेते। कभी-कभी उँगली ही निकल आती। वे बहुत बुरे दिन थे।"

ड्येमचुक का सबसे बुरा दिन इस विमान दुर्घटना से दो दिनों के बाद आया, जब वह ऑपरेशन के बाद वैलेंटिना को कार में लेकर जा रहा था। अचानक यों ही उसके मुँह से यूरी के शरीर की बरामदगी की बात निकल गई। "वह मूर्च्छित हो गई। उसे यह मालूम नहीं था। उसने सोचा था कि उसे सही हालत में पाया गया था, या कम-से-कम उसके शरीर के अधिकतर अंग मिल गए थे। बेशक, आदमी अच्छी तरह जानता है कि विस्फोट में क्या होता है, लेकिन औरतें इस बात को कैसे समझ सकती हैं? उसे यह महसूस नहीं हुआ था कि विस्फोट में उसके चीथड़े-चीथड़े हो गए थे। मैंने अपनी नादानी में उसे यह बता दिया था। शायद एक कड़वा सच मीठे झूठ से बेहतर होता है।"

भारी सुरक्षा की स्थितियों में लिओनोव, कामानिन और दूसरे सहकर्मियों को दोनों मृत पायलटों के शरीर के टुकड़ों की पहचान करने के लिए कहा गया।

लिओनोव के अनुसार, ''जब मुझे गर्दन के एक हिस्से को दिखाया गया, मैंने देखते ही कहा, 'यह गागरिन है!' क्यों? जन्म से बने निशान की वजह से। शनिवार को यसनोस्त होटल में हम एक सैलून में थे। वहाँ एक नाई इगोर खोकलोव था, जो यूरी को काफी पसंद करता था और वही उसके बाल काटता था। मैंने तीन मिलीमीटर आकार का एक बर्थमार्क देखकर कहा, 'इगोर! सावधानी रखना, इसे मत काट देना।' इसलिए इसे देखते ही मैं जान गया कि हम आगे की खोज बंद कर सकते थे। वह यहीं था।''

इस बीच सोवियत इतिहास की सघनतम विमान दुर्घटनाओं की जाँच-पड़तालों में से एक शुरू हुई। मलबे के दूर-दूर तक बिखर जाने के बाद भी, मिग-15 का मात्र 95 प्रतिशत हिस्सा बरामद हो सका, जिस पर अगले पंद्रह दिनों तक विश्लेषण जारी रहा। इस जी-तोड़ बरामदगी कार्य के बावजूद पायलटों के ह्रदय और मांसपेशियों के तंतु रासायनिक विश्लेषण के लिए भेज दिए गए।

दुर्घटना में मारे गए सोवियत सेना के इन पायलटों के अवशेषों पर सभी बायोकेमिकल परीक्षण कराए गए। दुर्घटना के समय उनकी शारीरिक दशाओं की जानकारी मांसपेशीय तंतुओं में लैक्टिक एसिड के उच्च स्तर से ज्ञात हुई। एसिड के उच्च स्तर से मांसपेशियों की कठोरता व पायलटों की पूरी सजगता की स्थिति में होना दरशाता है। एसिड का निम्न स्तर शरीर के आराम की स्थिति में होने को दरशाता है, शायद जी-फोर्सेस के कारण शरीर के अचेतन स्थिति में रहने से। ऐसे मामले में दुर्घटना की जाँच-पड़ताल बिलकुल खरी थी। दुर्घटना के लिए पायलट को दोषी ठहराया जा सकता था, लेकिन उसका सम्मान सुरक्षित रहा। इंटरमीडिएट लैक्टिक एसिड स्तरों से पता लगनेवाली दूसरी संभावना यह थी कि थकावट की वजह से पायलट का ध्यान भटक गया होगा। इस स्थिति में पड़ताल, उसके सारे कार्यभार और कॅरियर तक विस्तृत की गई। सबसे बदतर संभावना शराब की थी। यदि कोई पायलट अपने विमान के प्रभार के दौरान नशे की हालत में पाया जाता है, तो उसकी प्रतिष्ठा भी समाप्त हो जाती है। रासायनिक परीक्षणों में एल्कोहल व लैक्टिक एसिड के चिह्न खोजे गए।

गागरिन और सेरुजिन की विमान दुर्घटना होने के बाद शीघ्र ही एक अफवाह फैल गई कि वे दोनों शराब के नशे में थे। यह बात आज भी कही जाती है। अपनी उड़ान की पूर्व रात्रि में वे एक सहकर्मी के पचासवें जन्मदिन की पार्टी में थे और पार्टी जमकर व देर रात तक चली। टैसिया सेरुजिना इस बात को सिरे से खारिज करती है। ''उड़ान की पूर्व रात्रि में मेरे पति दस बजे सो गए थे। मैंने उनसे पूछा

भी 'इतनी जल्दी क्यों सो रहे हो?' उसने कहा, 'कल मुझे यूरा का परीक्षण करना है, इसलिए मैं सही हालत में रहना चाहता हूँ।' सुबह वह अच्छे मिजाज में काम पर गया। उसने कहा, 'आज का दिन अच्छा रहेगा।' लेकिन यह दुर्घटना हो गई।''

टैसिया इस बात को स्वीकार करती है कि दुर्घटना से पहले पार्टी हुई थी, लेकिन यह पार्टी दो रातों पहले हुई थी। ''सोमवार को स्टार सिटी में एक सहकर्मी के जन्मदिवस की पचासवीं वर्षगाँठ पर समारोह का आयोजन किया गया था। मंगलवार को मेरे पति ने आम दिनों की तरह काम किया। बुधवार को यूरा को उड़ान पर जाना था। इसीलिए मंगलवार की शाम मेरे पति ने मुझे बताया कि उसे जल्दी सोना था।'' टैसिया द्वारा शराब के नशे की अफवाह का दोषारोपण सेरुजिन के चकालोवस्की एयरबेस पर निकटतम वरिष्ठ जनरल कुजनेट्सोव पर किया गया, जिसने उसके साथ के कार्यकाल के दौरान सेरुजिन के साथ अभद्र व्यवहार जारी रखा। ''वह मेरे पति को ऑफिस बुलाता और उसे बाहर खड़ा रख इंतजार कराता रहता। अतंत: मेरे पति गुस्से में आपा खो बैठते। वह प्राय: यही पाते कि वह आदमी उससे नहीं मिलना चाहता था, इसलिए वह लौटकर वापस एयरफील्ड चले जाते।''

इन दोनों व्यक्तियों के बीच वर्ग की प्रतिद्वंद्विता की ही समस्या लगती है। यूरी और सेरुजिन अच्छे मित्र थे और टैसिया सेरुजिना को यकीन था कि जनरल कुजनेट्सोव को प्रथम अंतरिक्ष यात्री के साथ मेरे पति की घनिष्ठता खटकती थी। ''यूरा ने मेरे पति से कहा, 'कुजनेट्सोव की ओर ध्यान ही मत दो, क्योंकि बहुत जल्द मैं प्रशिक्षण प्रमुख बन जाऊँगा और सबकुछ सही चलेगा।' इसके बाद कुजनेट्सोव ने यह अफवाह भी फैलाई कि उस अंतिम उड़ान के दौरान मेरा पति बीमार था, उसके पेट में कोई खराबी या अल्सर सा हो गया था। जबकि अपने जीवन में मेरे पति ने कभी भी किसी बीमारी की शिकायत नहीं की। ऐसी बेकार बातें करना बेईमानी ही दरशाता है।''

यदि कुजनेट्सोव अल्सर या पेट की किसी खराबी की बात कर रहा था, तो ठोस साक्ष्य टैसिया सेरुजिना के पक्षवाले तर्क का समर्थन करते हैं। गागरिन और सेरुजिन के अवशेष के नमूनों को कई संस्थानों में भेजा गया था और उन सभी की रिपोर्ट समान थीं। दोनो आदमियों के मांसपेशीय तंतुओं में लैक्टिक एसिड स्तर अधिक था, जिससे यह संकेत मिलता है कि दुर्घटना के वक्त वे पूरी तरह सचेत व सावधान थे। वस्तुत: यह स्तर मिग के कंट्रोल योक्स (जिसे हम जॉयस्टिक कहते हैं) के साथ सघन संघर्ष को दरशाता है। इस बीच एल्कोहल स्तर सार्थक नहीं पाया गया।

विमान का मलबा तो कुछ और ही संकेत देता है। अगले और पिछले कॉकपिट कंपार्टमेंटों के योक्स वैसी ही स्थिति में थे, जैसे उन्हें तब होना चाहिए, जब कोई पायलट बहके हुए विमान को नियंत्रित करने का प्रयास करता है। सैद्धांतिक रूप से दुर्घटना के कारण संयोगवश पूरी तरह अपनी जगह से हट गए होंगे, लेकिन फुट पैडल भी अपनी सही स्थिति में लगते हैं। ऐसी ही बातें थ्राटल लीवर्स और फ्लेप कंट्रोल को लेकर थीं। कॉकपिट के यांत्रिक घटकों के बुरी तरह क्षतिग्रस्त हो जाने के बाद भी इस बात के अकाट्य साक्ष्य उपलब्ध थे कि दोनों पायलटों ने विमान को आपदाजनक घूर्णन से बचाने का भरसक प्रयास किया था। इसके अलावा, ऐसा लगता है कि वायुयान को 20 डिग्री के झुकाव में रखने के लिए उनके द्वारा सही हथकंडे अपनाए गए थे।

एलेक्सेई लिओनोव क्रेश इनवेस्टिगेशन टीम का सदस्य था। जैसा कि वह संकेत करता है, ''जमीन पर टकराने के समय विमान डाइव की मुद्रा में नहीं था। विमान सबसे पहले इसके अग्रभाग से दुर्घटनाग्रस्त नहीं हुआ, बल्कि लगभग इसके मध्य भाग से।'' इसकी नीचे की ओर गति इंजन ब्लॉक को कई मीटर तक बर्फ से कठोर हुई जमीन पर ले जाने के लिए पर्याप्त थी, लेकिन पेनकेक की टक्कर से पता लगता है कि दोनों पायलट आकाश में एक-दूसरे के काफी नजदीक रहे होंगे।

केंद्रीय प्रश्न था—विमान का नियंत्रण क्यों खो गया? जाहिर तौर पर यह किसी दूसरे विमान से नहीं टकराया था। वरना यह बीच रास्ते में ही टूटकर इधर-उधर बिखर गया होता जिससे इसका मलबा जमीन पर दूर-दूर तक बिखर गया होता। साथ ही उस विमान के मलबे भी आसपास ही नजर आते जिससे यह टकराया होता।

यह विमान दुर्घटना एक पहेली सी लगती है। जाँचकर्ताओं ने इसका हल तलाशने के लिए गागरिन और सेरुजिन के मिग सर्विस रिकॉर्डो की ओर अपना रुख किया। शायद पुराना होने के कारण यह जेट फेल हो गया हो या ऊर्जा खो दी हो? जाँच आयोग ने कई बातों पर ध्यान दिया—

उड़ान में प्रयुक्त उपकरणों एवं प्रक्रियाओं की कमियाँ—

1. मिग-15 यू.टी.आई. विमान पुराना था, जिसे सन् 1956 में निर्मित किया गया था। इसकी चार बार ओवरहॉलिंग हो चुकी थी। इसकी संरचना का अवशेष सेवाकाल 30 फीसदी तक गिर गया था।
2. इंजन, डी ए-450 भी सन् 1956 में निर्मित किया गया था। इसकी चार

ओवरहॉलिंग हो चुकी थीं। इसका अवशेष सेवाकाल 30 फीसदी था।

3. विमान पर दो 260 लीटर के बाह्य टैंक स्थापित किए गए थे, जो एयरोडायनेमिक तौर से कमजोर थे।
4. इंजेक्शन सिस्टम में प्रशिक्षक को पहले बाहर आने की आवश्यकता होती है।
5. जमीन से ऊँचाई दिखानेवाले अल्टीमीटर में दोष था।

गागरिन और सेरुजिन ने विंग्स के नीचे ड्राप-अवे फ्यूल पॉड्स के साथ उड़ान भरी थी। लिओनोव का कहना है, ''इस तरह की बनावट में एक कमी हमेशा बरकरार रहती थी। ईंधन टैंकों की डायनेमिक डिजाइन से उड़ान के सुरक्षा पैमाने पर असर पड़ता है, जैसे आक्रमण का कोण बिंदु, फिसलने के कोण बिंदु और जी-फोर्सेज।' टैंकों का सामान्य उद्‌देश्य लड़ाकू मिग को समुचित ईंधन आपूर्ति करना है, ताकि वे दुश्मन के क्षेत्र में पहुँच सकें। जब मिग अपने तय किए हुए युद्ध क्षेत्र में पहुँचता और लड़ना शुरू करता, तो यह माना जाता था कि अधिकतम फुरती और गति हासिल करने के लिए यह खाली हो चुके टैंकों को गिरा देता। 27 मार्च को एक जोड़े टैंक यूरी के विमान में स्थापित किए गए, ताकि वे उस अतिरिक्त सावधानी से परिचित हो सकें, जो उन्हें उड़ान के दौरान लेनी पड़ती। उन्हें किसी खास समस्या को प्रस्तुत नहीं करना चाहिए था। मिग के सभी पायलट उन कठोर नियमों से परिचित थे, जो उन्हें टैंक के साथ जुड़े युद्धाभ्यास का प्रयास करने से रोकते थे।

सामान्य रूप से मिग-15 यू.टी.आई. एक ताकतवर मशीन थी जिसमें इसके छात्रों को भूल करने की बहुत गुंजाइश रहती थी। हर कोई यू.टी.आई. की बनावट को 'मदर' कहकर संबोधित करता था, यूरी के जेट की उम्र के संदेहों और इसके ओवरहॉल के रिकॉर्डों के बावजूद मलबे से ऐसा कोई संकेत नहीं मिलता कि दुर्घटना से पहले कोई संरचनात्मक असफलता हुई हो, तब पूरी तरह कार्य करने वाला, सुरक्षित मिग अचानक धरती पर कैसे गिरा? इस पर कारण जानने का आदेश देते हुए जाँच आयोग ने दुर्घटनावाले दिन की मौसम रिपोर्टों का अध्ययन किया—

कठिन मौसमी दशाएँ धीरे-धीरे बदतर होती चली गईं, जैसा कि मौसम विभाग के चार्टों पर निर्मित वलयाकार आकृतियों और चश्मदीद वर्णनों से स्पष्ट है। उड़ान से पूर्व की तैयारी के दौरान इन पायलटों को मौसम की गलत सूचना दी गई थी।

स्पष्ट है कि सेरुजिन को गलत सूचना मिली थी कि बादल का जमावड़ा

जमीन से मात्र 1,000 मीटर तक की ऊँचाई पर है, जबकि वस्तुत: यह 450 मीटर की ऊँचाई पर था। मिग के इंस्ट्रूमेंटेशन में हलकी गड़बड़ की वजह से विमान के डाइव होने की स्थिति में इसके अल्टीमीटर के सही प्रत्युत्तर देने में अवरोध खड़ा हो रहा था। सेरुजिन बादलों की परत के बारे में यह सोचकर उतरा होगा कि जमीन के ऊपर की ऊँचाई दोगुनी होगी। उड़ान के समय का अंतर कुछ सेकंडों से ज्यादा नहीं रहा होगा, लेकिन यह काफी अहम हो सकता था।

यदि बादल की परत के नीचे दृश्यता के ये कुछ ही सेकंड पर्याप्त होते तो सेरुजिन यह देख सकता था कि वह कम ऊँचाई पर उड़ान भर रहा था। यदि ऐसा था तो उसने विमान के जमीन पर आने का पूर्व आपातकालीन इंजेक्शन का आदेश क्यों नहीं दिया? लिओनोव के मुताबिक, मिग से इंजेक्शन के लिए न्यूनतम सुरक्षित ऊँचाई लगभग 200 मीटर है, लेकिन दुर्घटना में जमीन पर विमान के मध्य भाग के पहले आने (बेली फर्स्ट) से संकेत मिलता है कि सेरुजिन ने सोचा होगा कि वह सुरक्षित उतरने के कगार पर था और यही वजह हो सकती थी कि उसने इंजेक्शन का आदेश नहीं दिया और जैसा कि हर किसी को मालूम था, यदि वह कूदकर बाहर आने की बात सोचता, तो स्वयं बचने की प्रक्रिया से कुछ कठिनाई उत्पन्न हो गई होती। विमान दुर्घटना की जाँच समाप्त होने के दो दशकों के बाद इगोर कचारोवस्की, एक कुशल विमान इंजीनियर ने सरजेई बेलोट्सरकोवस्की को अपने अवलोकनों के विषय में लिखा—

> "नियमत: मिग-15 यू.टी.आई. एक कैडेट द्वारा, उड़ान प्रशिक्षक की उपस्थिति में उड़ाया जाता है। प्रशिक्षक पिछली सीट पर बैठता है। फ्रंट सीट उसी स्थिति में रहती है; जैसे एकल सीटवाला लड़ाकू मिग-15 होता है। इंजेक्शन का आदेश निम्नानुसार है: पहले प्रशिक्षक पिछली सीट से बाहर (इंजेक्ट) होता है। दूसरा पायलट सामने की सीट से बाहर (इंजेक्ट) आता है।"
>
> यदि सामने की सीटवाला पायलट पहले बाहर (इंजेक्ट) आता है तो उसके इंजेक्शन मैकेनिज्म से बाहर आनेवाली तेज गैस के प्रवाह से पिछला कंपार्टमेंट बाधित होता है, जिस कारण इसमें से इंजेक्शन असंभव हो जाता है। एक बेहतर तकनीकी हल प्राप्त करने के बदले डिजाइनरों ने कार्यप्रणाली विषयक (मेथॉडोलॉजिकल) निर्णय लेते समय परिणामों की परवाह नहीं की। प्रशिक्षक का पहले बाहर आना (इंजेक्शन) सामान्य नैतिक स्तर के विपरीत है।

कचारोवस्की का तर्क था कि कोई भी योग्य प्रशिक्षक अपने से कम अनुभवी पायलट को संकटग्रस्त विमान में अपना बचाव करने के लिए अकेला नहीं छोड़ता।

प्रशिक्षक के लिए यही सम्मानजनक होता कि पहले वह अपने छात्र को विमान से निकलने में मदद करता, न कि अपने स्वयं के बचाव के लिए प्रयास करता। मिग-15 यू.टी.आई. के उड़ान के दौरान के प्रबंध इस सम्मानजनक परंपरा की धज्जी उड़ाते थे। हालाँकि वह ऐसा कोई सबूत नहीं दे सकता कि इंजेक्शन का प्रयास या इस पर कोई विचार भी किया गया था। कचारोवस्की ने निम्नांकित भयंकर दृश्य सुझाया—

"किसी स्थिति की कल्पना करना सरल है। सेरुजिन, बतौर क्रू-लीडर ने गागरिन को इंजेक्ट के लिए कहा, लेकिन गागरिन समझता है कि उसका अपना जीवन बचाने का मतलब अपने दोस्त और शिक्षक के जीवन को खतरे में डालना है। हर आदमी दूसरे के विषय में सोचता है।"

कचारोवस्की ने दोनों व्यक्तियों की एक-दूसरे के पहले इंजेक्ट होने पर बहस करने की स्थिति की कल्पना करते हुए कहा है कि इस दौरान उन्होंने कीमती क्षण गँवा दिया और विमान जमीन पर आ गिरा। वस्तुतः यह कल्पना तार्किक कम और भावुक ज्यादा है। मिग-15 यू.टी.आई. के डिजाइनरों ने बाहर आने (इंजेक्शन) के क्रम को तवज्जो नहीं दिया। दुनिया भर के टू-सीटर जेटों में इसी क्रम को अपनाया गया है, जिसका सामान्य कारण है, यदि आगेवाला पायलट पहले बाहर आता (इंजेक्ट) है तो विमान बड़ी त्वरित गति से उसके नीचे से गुजर जाएगा और वह ऊपर उड़ता रहेगा। एक सेकंड के बहुत छोटे से भाग में पिछली कॉकपिट पोजीशन सीधे उसकी सीट के नीचे होकर गुजरती है। इसके अलावा पहली सीट से हुए रॉकेट ब्लास्ट की दाहकता पिछले वितान (कैनोपी) से शुरू होती है। जिससे दूसरे पायलट का जीवन गंभीर खतरे में आ जाता है, किंतु यदि पिछली सीट का पायलट पहले उतरता है, तो सामने की सीट का पायलट अपनी सीट को आसानी से इंजेक्शन के लिए फायर कर सकता है, क्योंकि उसके रॉकेट का एक्जास्ट पिछली खाली कॉकपिट की पोजीशन से पीछे जाएगा।

इससे कोई भी नैतिक पश्चात्ताप नहीं जोड़ा जाता है। अलग-अलग इंजेक्शनों की सुरक्षा मार्जिन एक सेकंड से भी कम है। पिछली सीट पर बैठा सुपरवाइजिंग ऑफिसर इंजेक्ट का आदेश देता है और शीघ्र ही एयरक्राफ्ट छोड़ देता है। सामने की सीट पर बैठा कैडेट उसके बाद इतना शीघ्र प्रत्युत्तर करता है कि इसमें समय का अंतर कोई मायने नहीं रखता।

यह तथ्य कहीं अधिक महत्त्वपूर्ण है कि कार्कपिट का वितान (कैनोपी) मलबे में पाया गया। आधुनिक जेट लड़ाकू विमान में खतरे में फँसा पायलट अपनी सीट का एक साधारण लीवर खींचता है और इंजेक्शन मैकेनिज्म प्रणाली कैनोपी को हटाने समेत बाकी सबकुछ स्वयं कर लेती है। यदि बदतर-से-बदतर स्थिति भी आ जाए और कैनोपी सही तरीके से न हट पाए तो प्रेक्सीग्लास में निर्मित विस्फोटक तारों के जाल इसे तोड़कर खोल देते हैं, जिससे सीट साधारण रूप से बाहर आ जाए। पुराने मिग में कैनोपी को अलग करने के लिए पायलट के बाईं ओर एक अलग यांत्रिक लीवर को सबसे पहले खींचा जाना होता था, तभी वह इंजेक्ट कर सकता था। स्पष्ट है कि दोनों में से किसी भी पायलट ने कैनोपी हटाने के लीवर को नहीं खींचा था।

लेकिन मलबे में पड़े हुए कैनोपी फ्रेम में बहुत प्लेक्सीग्लास बाकी नहीं था। ज्यादातर पारदर्शी भाग टूट गया था और मलबा-स्थल से बहुत कम अनुपात में ही बरामद हुआ था। संपूर्ण पड़ताल का एकमात्र यही भौतिक साक्ष्य था, जो सीधे तौर पर हवा में ही किसी तरह की टक्कर को प्रकट करता है। यदि मिग किसी और विमान से टकराकर चकनाचूर हो गया होता तो मात्र कैनोपी के टूटने की अपेक्षा उड़ान के दौरान और ज्यादा क्षति हुई होती।

के.जी.बी. ने समानांतर पड़ताल की, न केवल एयरफोर्स और आधिकारिक आयोग के सदस्यों के साथ मिलकर, अपितु उनके विरुद्ध भी। उनकी रिपोर्ट भी संभवतः सरल-से-सरल वर्णन पर आधारित थी, ठीक वैसी ही जैसी चकनाचूर कॉकपिट कैनोपी पर आधारित आयोग द्वारा अपनायी गई। के.जी.बी. पड़तालकर्ताओं में से एक निकोलाई रुबकिन, जो आज 'राज्य सुरक्षा विशेषज्ञ' है, को प्रारंभिक अंतरिक्ष प्रयास के सभी पहलुओं की जानकारी है। वह ऐसे कुछ लोगों में से एक था, जो भारीभरकम मूल रिपोर्ट तक अपनी पहुँच सुनिश्चित कर सकता था। उसका कहना है, "कैनोपी के नदारद प्लेक्सीग्लास का मतलब है कि क्रेश होने से पहले कॉकपिट से कुछ टकराया होगा। किसी पक्षी की टक्कर पहले तो कैनोपी के अग्रभाग में ही हुई होगी, न कि ऊपरी भाग में। किसी वायुयान से टकराने पर और ज्यादा क्षति हुई होती। तब क्या आयोग का निष्कर्ष वस्तुतः सही हो सकता है? एक ही गैरविवादित तथ्य है, वह यह कि कॉकपिट के कैनोपी का काँच विमान के जमीन से टकराने के पहले ही टूट गया होगा।" रुबकिन आगे कहता है, "बाकी सब अनुमान ही है। गागरिन और सेरुजिन ही हकीकत बतला सकते थे कि उस दिन क्या हुआ था।"

एलेक्सेई लिओनोव और सरजेई बेलोट्सकरकोवस्की भी आयोग के कार्य से पूरी तरह असंतुष्ट रहे। उन्हें वैदर बैलून थ्योरी भी निराधार लगती थी। लिओनोव का मानना है कि उस दिन जो कुछ भी हुआ, उसे सही-सही मालूम है। ''बादलों से होकर एक अन्य विमान गागरिन और सेरुजिन के मिग के काफी निकट से गुजरा—लगभग दस, पंद्रह या बीस मीटर की दूरी से। दूसरे विमान के भँवर (वोरटेक्स) से मिग पलट गया और अनियंत्रित होकर क्रेश हो गया।''

लिओनोव के किसी और विमान से एयरोडायनेमिक दखल के सिद्धांत से इस आपदा की विश्वसनीय तसवीर नजर आती है, लेकिन यदि भँवर (वोरटेक्स) 27 मार्च की समस्या होती तो सेरुजिन आसानी से मिग को स्थिर करने में कामयाब हो गया होता। मेजर जनरल यूरी खुलीकोव, फ्लाइट सर्विसेज के पूर्व एयरफोर्स चीफ यह संकेत करते हैं कि मिग-15 का भँवर (वोरटेक्स) दशाओं में सघन रूप से परीक्षण किया गया था। उपयुक्त ऊँचाई की स्थिति में औसत रूप से अनुभवी कोई भी पायलट विमान को नियंत्रण करने में सफल रहा होता। जनवरी 1996 में खुलीकोव द्वारा मॉस्को न्यूज में दिए गए साक्षात्कार में इस विमान दुर्घटना के लिए पायलट की गलती को ही प्रमुख वजह करार दिया था। उसने कहा—

''भले ही गागरिन और सेरुजिन भँवर (वोरटेक्स) प्रवाह में पड़ गए हों, मिग को सँभाला जा सकता था। ऐसे भँवर से इंजन प्रभावित नहीं होता। मैं बताना चाहूँगा कि कई जटिल परीक्षणों के बाद इस नतीजे पर पहुँचा गया है। गागरिन ऐसी दशाओं के लिए तैयार नहीं था। आप समझ सकते हैं कि उस समय हमारे देश में गागरिन का नाम कितनी अहमियत रखता था। यह अंतरिक्ष में समाजवाद की विजय का प्रतीक था। ऐसा लगता है कि पहला अंतरिक्ष यात्री गलती नहीं कर सकता था।''

लेकिन खुलीकोव को भी अपना उल्लू सीधा करना है, चूँकि वह सन् 1968 के जाँच आयोग के मूल सदस्यों और उन वरिष्ठ अधिकारियों के प्रति वफादारी रखता है, जो तत्कालीन सामान्य जनरल एयर ट्रैफिक कंट्रोल के लिए उत्तरदायी था। उल्लेखनीय है, वह यह बताना भूल गया कि भँवर (वोरटेक्स) रिकवरी परीक्षणों में प्रयुक्त मिग-15 और बहुत से अन्य विमानों में ड्राप टैंक कभी नहीं लगाए गए थे। क्योंकि ड्राप टैंक को ऐसे कला-कौशलों में उड़ाना निषिद्ध था। बिलकुल साधारण सी बात है कि मिग-15 में टैंकों को लगाकर अत्यधिक दुरूह उड़ान की दशाओं में परीक्षण करने का विचार किसी को नहीं आया, क्योंकि बड़े अनुभवी परीक्षण पायलट के लिए भी यह काफी खतरनाक हो सकता था।

एलेक्सेई लिओनोव इस बात पर अड़ियल रुख अपनाते हुए कहते हैं कि यह किसी दूसरे मिग का सामान्य बैकवाश (वोरटेक्स) नहीं था, अपितु एक बिलकुल नए, उच्च कार्य संपादन वाले लड़ाकू विमान की शक्तिशाली सुपरसोनिक आघातकारी तरंग थी, जो यूरी और सेरुजिन के विमान से इस तरह टकराई जैसे कोई ठोस ईंट की दीवार से टकराया हो।

लिओनोव को इस बात के प्रति हमेशा दृढ़ विश्वास था कि करजैट्स (Kerzatch) में अपने हेलीकॉप्टर उतारने के बाद जो दो धमाके सुनाई पड़े थे, उससे दो बिलकुल भिन्न तसवीरें निर्मित होती हैं। मिग-15 यू.टी.आई. तेज गति वाला विमान तो है, लेकिन सुपरसोनिक की गति के आगे वह कहीं नहीं ठहरता। जहाँ उस समय वह खड़ा था, वहाँ से धमाकों की आवाज धीमी सुनाई पड़ी होगी, लेकिन उसे यकीन था कि वे विस्फोट व अतिरिक्त सुपरसोनिक धमाके के कारण हुए होंगे।

इसीलिए एक अन्य व अपेक्षाकृत काफी तेज एयरक्राफ्ट गलत क्षण में उसी एयरस्पेस में प्रवेश कर गया होगा, लेकिन जब लिओनोव ने अपने पड़तालकर्ता साथियों को यह बात समझाने की कोशिश की, तो इस पर उसका कहना है—

"किसी अदृश्य प्रभाव से मेरे सभी प्रयास रोक दिए गए। मैं समझता हूँ कि दुर्घटना आयोग में एक डिप्टी चीफ कमांडर को नियुक्त किया गया था। वह उस क्षेत्र के यातायात नियंत्रण का भी प्रभारी था। वही 27 मार्च की घटनाओं का जिम्मेदार हो सकता था, लेकिन उसने अपनी रिपोर्ट में इन बातों पर ध्यान नहीं दिया। यह समस्या हो सकती थी।"

लिओनोव ऐसे अवरोध से नाखुश था। उसे पूरा यकीन था कि सुपरसोनिक धमाकेवाली बात उसकी कल्पना का हिस्सा नहीं थी। दुर्घटना स्थल के नजदीक की जमीन पर मौजूद चश्मदीद गवाहों ने एक मजबूत साक्ष्य इस बात के समर्थन में प्रस्तुत किया, लेकिन उसे भी रिपोर्ट में शामिल नहीं किया गया। "इस तथ्य के अलावा कि आवाजें मैंने स्वयं सुनीं, तीन स्थानीय निवासियों से भी अलग-अलग पूछताछ की गई। उन सभी ने कहा कि उन्होंने एक हवाई जहाज के अंतिम छोर से धुआँ और आग निकलती देखी थी, फिर यह ऊपर बादलों में चला गया, तो यह एक उलटी प्रक्रिया थी। गागरिन जमीन पर नीचे गिरा, लेकिन यह दूसरा विमान बड़ी तेजी से ऊपर चला गया।" इन गवाहों के पहचान चार्ट को दिखलाया गया, और उन सभी ने तुरंत नए सुखोई su -11 सुपरसोनिक जेट की रूपरेखा को ही चुना, जो कि पुराने मिग-15 जैसा कतई नजर नहीं आता था। लिओनोव कहता

है, "हम जानते थे कि एस यू-11 उस क्षेत्र में हो सकता था, लेकिन वे तो 10,000 मीटर से अधिक ऊँचाई पर उड़ने के लिए जाने जाते हैं।"

उस रहस्यमय विमान के पिछले छोर से उठनेवाला धुआँ और आग आफ्टरबर्नर की ओर इशारा करते हैं। एस यू-11 में आफ्टरबर्नर शामिल था, जो कि सापेक्षिक रूप से तकनीकी का नया भाग था—एक सुपरचार्जर जहाँ जेट का एग्जास्ट अतिरिक्त जोर पुनः दाहित होता है। विशेषकर तब जब विमान सुपरसोनिक गति या उससे परे के लिए बढ़ रहा हो। पूरे जोर पर एस यू-11 ध्वनि की लगभग दो गुनी गति हासिल कर सकता है। पुराना सबसोनिक मिग-15 में आफ्टरबर्नर नहीं लगा था और इसके इग्जास्ट वाष्प को जलते हुए नहीं देखा जा सकता।

इस रहस्यमय दूसरे वायुयान का साक्ष्य उस दिन ड्यूटी पर रहे एक वायु-यात्रा यातायात नियंत्रक द्वारा दिए गए बयान से स्पष्ट है। व्याचेस्लाव बायकोवस्की ने आयोग को बतलाया कि उसने दो अन्य टारगेट ब्लिपों को अपने नगर में देखा था, उनमें से एक पूर्व से आ रही थी। स्पष्ट रूप से यह संकेत लगातार दो मिनट तक उसकी स्क्रीन पर आता रहा। वस्तुतः दुर्घटना का समय बतलाना कठिन है। मास्को के सिस्मोमीटर में सवेरे 10 बजकर 31 मिनट पर एक संकेत दर्ज हुआ, जो किसी एयरक्राफ्ट की टक्कर से मेल खाता है, लेकिन बायकोवस्की का कहना है, "आज भी मुझे यकीन नहीं है कि गागरिन उस समय गिरा, क्योंकि राडार पर हमारा उससे संपर्क लगभग 41 मिनट पहले ही टूट गया था, न कि 31 मिनट पहले।" फिर वह अपनी ही बात यह कहते हुए काटता है कि मिग का क्रोनोमीटर उस मलबे में पाया गया, जो 10 बजकर 31 मिनट पर ढेर हुआ।

दुर्घटना के शीघ्र बाद बायकोवस्की व उस स्टेशन के अन्य नियंत्रकों को सुरक्षा के तहत रखा गया और उनके साक्ष्यों की बड़ी सावधानी से छान-बीन की गई। आज वह कहता है, "उस क्षेत्र में दो अन्य विमान थे। हमें उनके बारे में जानकारी थी। जनरलों ने हम सबको साथ इकट्ठा कर पूछताछ की और हमने जो कुछ भी देखा था, उसकी जानकारी उन्हें दी। उसके बाद हम अलग कर दिए गए और एक सप्ताह से ज्यादा कार्य नहीं किया। लोगों से दूसरे विमान के बारे में पूछा गया और उन्होंने बताया कि उन्होंने उसे देखा था।"

जैसा कि बायकोवस्की बतलाता है, राडार संकेत के साक्ष्य जटिल और अस्पष्ट हैं। वह मानता है कि पता लगाने वाला उपकरण ऊँचाई व नजदीकवाले वायुयान की स्थिति का पता लगाने में सक्षम नहीं था। स्क्रीन पर रोशनी की चमक (ब्लिप्स) उभरती हैं या नहीं उभरतीं। यदि विमान ऊँचाइयों में परिवर्तन करता है,

यह रोशनी दस सेकंड के लिए गायब हो जाती है। अत: राडार स्क्रीन पर उभरने वाले संकेत सदा स्थिर नहीं रहते। एयरबेस से 40 कि.मी. की दूरी पर संकेत पूरी तरह विलुप्त हो जाते हैं।

लिओनोव कहता है बायकोवस्की की रिपोर्ट के राडार स्क्रीन पर कम-से-कम एक और संभवत: दो अतिरिक्त लक्ष्य आयोग द्वारा जाँच में सम्मिलित नहीं किए गए। ''इस बात को उसके अनुभव का अभाव करार दे दिया गया। उसे कहीं दूर ले जाया गया और मुझे ठीक-ठीक मालूम भी नहीं कि आगे उसका क्या हुआ। किसी भी स्थिति में इनमें से कोई भी बात बाद के प्रलेखीकरण में शामिल नहीं की गई। मेरे द्वारा इस जानकारी को मुहैया कराने (दो धमाके के विषय में) और दूसरे विमान को देखने की बात बतानेवाले लोगों से मेरी बातचीत, जाँच आयोग को अपर्याप्त महसूस हुई। इसीलिए पायलट और उसके अंत:करण के अलावा दूसरे विमान के विषय में और किसी को जानकारी नहीं है।''

वस्तुत: दूसरे मिग का पायलट, एंड्रेई कोलोशोव अप्रैल 1995 में सामने आया। उसने यह बात भी स्वीकारी कि उस वक्त वास्तव में वह उस क्षेत्र में उड़ान भर रहा था। आर्ग्यूमेंटी आई फैक्टी नामक जर्नल को दिए साक्षात्कार में उसने बताया, ''गागरिन की मृत्यु का कारण यह था कि उसने लापरवाहीपूर्वक अनुचित जोखिम उठाया। वह और सेरुजिन उनके सही फ्लाइट पैटर्न से अलग हो गए थे।'' कोलोशोव ने सुझाया कि अपेक्षाकृत साफ मौसम की तलाश में दोनों पायलट अपने निर्धारित क्षेत्र से बाहर निकलने को सहमत हो गए, ताकि वे कुछ आधारभूत कलाबाजियों के लिए प्रयास कर सकते। उसने अपनी बात के कोई पुख्ता प्रमाण नहीं दिए। शायद वह अपराधबोध से ग्रसित था। ट्रैफिक कंट्रोल का असली वायस टेप (जिसे संबंधित अधिकारियों से लंबी लड़ाई के बाद लिओनोव और बेलोट्सरकोवस्की ने सन् 1986 में हासिल किया) दरशाता है कि लापरवाही से विमान उड़ाना तो बहुत बड़ी बात है, सेरुजिन ने खराब मौसम के कारण 20 मिनट की प्रशिक्षण अवधि को 5 मिनट में ही खत्म कर दिया था। बायकोवस्की को याद है कि उस दिन सेरुजिन की रेडियो वायस पर अंतिम बात यह थी, ''उनका काम हो चुका है। उसने हमें वह सबकुछ बताया, जो वह कर रहा था। उसने प्रशिक्षण का काम संपन्न कर लिया था। उसने (करेंट फ्लाइट जोन से) बाहर आने की अनुमति माँगी, तभी रेडियो लिंक खो गई।''

कोलोशोव द्वारा सेरुजिन पर लापरवाही का आरोप गलत प्रतीत होता है, लेकिन आज लिओनोव मिग पायलट के अनुदार साक्ष्य से कोई सरोकार नहीं

रखता, क्योंकि उसे यकीन है कि यह पायलट और उसका सबसोनिक मिग-15 पूरी तरह असंबद्ध है और गागरिन की मौत से उसका कोई संबंध नहीं है। कोई भी मिग-15 ऐसा सुपरसोनिक धमाका नहीं कर सकता था, जैसा उस दिन सुबह मैंने सुना। लिओनोव और बेलोट्सकरकोवस्की आज भी सुखोई एस यू-11 जिसे अस्पष्ट राडार डाटा में कभी पहचाना नहीं जा सका, को ही असली दोषी मानते हैं।''

जो भी एस यू-11 का पायलट था, लिओनोव का दृष्टिकोण उसके प्रति उदार है। ''यदि उस समय उसकी पहचान हो गई होती, तो गुस्से से आगबबूला भीड़ ने चीर-फाड़कर उसके चीथड़े उड़ा दिए होते। एक ओर वे इस जानकारी को जारी कर देते, दूसरी ओर यदि हम इस पर बुद्धिमानी से सोचें तो शायद नहीं। इससे कुछ हासिल नहीं होता।'' गागरिन की मौत का जिम्मेदार एक अकेला पायलट नहीं, अपितु तत्कालीन संपूर्ण तंत्र ही इसके लिए दोषी था—सारा तंत्र। सारे तंत्र को तो अदालत में नहीं घसीटा जा सकता। आप नैतिक रूप से इसका निर्णय तो कर सकते हैं, लेकिन इसे (तंत्र को) दंडित नहीं कर सकते।''

कोई भी तंत्र यह नहीं चाहता कि उस पर निर्णय लिया जाए या उसे दंडित किया जाए। कुल मिलाकर जाँच आयोग की रिपोर्ट से तकनीकी आँकड़ों के 29 मोटे ग्रंथ तैयार हुए, लेकिन तथ्यों का संकलन कारणों के सही विश्लेषण पर आधारित नहीं था। सन् 1968 में आई जाँच आयोग की रिपोर्ट का केंद्रीय निर्णय जान-बूझकर एकांगी और अस्पष्ट रखा गया था। यह कारणों का कुल जोड़ था। इसका प्रमुख शोधलेख मौसमी गुब्बारे का प्रभाव—सभी के लिए उपयुक्त था, क्योंकि इसमें किसी का गुनाह नजर नहीं आता था। किसी को दोष नहीं दिया जा सकता था। कम-से-कम जमीन पर तो किसी को नहीं।

जाँच आयोग का एक मेहनतकश सदस्य इगोर रुबस्टोव लिओनोव व बेलोट्सरकोवस्की की सोच से सहमत था कि कोई सुपरसोनिक एयर क्राफ्ट गागरिन और सेरुजिन के मिग के करीब आकर टकरा गया था। आयोग की टाल-मटोल की प्रवृत्ति के बावजूद रुबस्टोव ने साहस बटोरकर लुब्यांका में के.जी.बी. हेडक्वाटर्स जाकर इस मामले पर बहस की। वह के.जी.बी. के कर्नल डुगिन से मिला जिसने उससे जानना चाहा कि वह विमान की टक्कर की बात पर यकीन क्यों कर रहा था? रुबस्टोव ने रूसी शैली में झाँसा देते हुए कहा, ''मैंने ऐसा इसलिए कहा कि यदि आयोग इसकी जाँच नहीं कर पाया तो लोग सोच सकते हैं कि कुछ छिपाया गया है। बेहतर है कि इस पहलू की भी जाँच कर यह प्रदर्शित

किया जाए कि इसका उन घटनाओं से कोई सरोकार नहीं था।'' कर्नल ड्रुगिन उससे प्रभावित नहीं हुआ। उसकी मेज पर एक पतली सी फाइल रखी हुई थी, जिसे उसने खोल दिया। यह रुबस्टोव की व्यक्तिगत फाइल निकली। कर्नल ने कहा, ''तुम अनुशासन का बहुत सम्मान नहीं करते।''

रुबस्टोव जान गया कि वह युद्ध के समय की एक घटना का हवाला दे रहा था, जब स्टालिनग्राड की एक उड्डयन इकाई जर्मन आक्रमण की वजह से बिलकुल उचित आधार पर ज्यादा सुरक्षित पोजीशन लेने के लिए पीछे हट गई थी। बीस साल से अधिक अवधि तक इस घटना से कोई खास बात नहीं उठाई गई थी। ड्रुगिन का मतलब यह था कि वह इस पुरानी बात को रुबस्टोव के खिलाफ कायरता के सबूत के तौर पर पेश कर सकता था, मात्र इस आधार पर कि वह उस पीछे हटनेवाली यूनिट का सदस्य था। ड्रुगिन ने इस बात को बताने के लिए बहुत ज्यादा शब्दों का प्रयोग न करते हुए, उसके सामने यह फाइल खोलकर रख दी, ताकि वह इसकी विषयवस्तु को पढ़कर स्वयं विमान टकरानेवाली घटना को आगे न बढ़ाए। रुबस्टोव अनमने से स्वीकार करते हुए कहता है, ''बाद में, इस बात को पुष्ट नहीं किया गया था।''

लिओनोव व उसके निकटतम सहकर्मी इस विमान दुर्घटना से जुड़ा सत्य जानना चाहते थे। इसमें उन्हें पूरे दो दशक का समय लग गया, लेकिन सन् 1986 में बेलोट्सरकोवस्की ने एक नए जाँच आयोग के लिए सफल लामबंदी की। उसने गोपनीय जाँच प्रलेखों एवं मूल सहायक सामग्रियों तक अपनी पहुँच बना ली। इसी बीच लिओनोव को यह जानकर हैरानी हुई कि इन प्रलेखों को स्वयं उसके द्वारा सन् 1986 में लिखा गया था, चूँकि मौलिक जाँच आयोग के हिस्से किसी और की लिखावट में थे। ''उन्हें दुबारा लिखा गया था और उसकी बातें गलत कर दी गई थीं।'' लिओनोव के दोषारोपण से सुरक्षा विशेषज्ञ निकोलाई रुबकिन को ज्यादा आश्चर्य नहीं होता। ''मैं उस संभावना से इनकार नहीं कर सकता। हमारे देश में नकली हस्ताक्षर बनाने में माहिर लोगों की कभी कमी नहीं रही। इस कला में पहले से ही बहुत से लोग सिद्धहस्त हैं।''

बेलोट्सरकोवस्की ने पाया कि सभी राडार ऑपरेटर इस विमान दुर्घटना के समय के प्रति उलझन में थे। ''सबसे पहले मैंने पाया कि फ्लाइट कंट्रोलर और गागरिन के विमान के बीच वार्तालाप के टेपों में एक उत्सुक क्षण है। बात यह है कि गागरिन का विमान क्रेश होने के बाद भी कंट्रोलर उसका काल चिह्न 6-2-5 पर कॉल कर रहा था। कंट्रोलर की आवाज पूरी तरह शांत है। वह परेशान नहीं

था, लेकिन टेप के बयालीसवें मिनट से, वह कुछ परेशान सा लगा। यह क्रेश होने के बारह मिनट बाद की बात है।'' बेलोट्सरकोवस्की को कंट्रोलर की प्रतिक्रियाओं में लंबे विलंब को लेकर संदेह था। राडार उपकरण के मंद प्रत्युत्तर के बावजूद जब गागरिन का वायुयान जमीन पर गिरा, तब अंततः मिग-15 की बत्ती (ब्लिप) बंद हो जानी चाहिए थी, लेकिन कंट्रोलरों को यह महसूस करने में पूरे बारह मिनट का समय लगा कि कहीं कुछ गड़बड़ हुई थी।

बेलोट्सरकोवस्की को ग्राउंड कंट्रोल प्रक्रिया और मौलिक आयोग की निराधार रिपोर्ट में कई दूसरी खामियाँ भी मिलीं। सन् 1968 के दौरान ट्रैफिक कंट्रोल के रिकॉर्डों को निश्चित अंतराल में फोटोग्राफिक रूप में रखे जाने की व्यवस्था थी। इसके लिए कैमरों की ऑटोमैटिक प्रणाली का प्रयोग किया जाता था, लेकिन 27 मार्च को चकालोवस्की के कैमरे काम नहीं कर रहे थे, इसलिए कंट्रोलर को क्रूड बैक-अप रिकॉर्डिंग सिस्टम का सहारा लेना पड़ा। वे राडार पर ट्रेसिंग पेपर रखकर उस पर झलकती विविध स्थितियों को उतार लेते थे। बेलोट्सरकोवस्की को पुराने और धुँधले कागज की शीट एक फोल्डर पर सावधानीपूर्वक रखी हुई मिली, जिस पर अंकित था—'गौण सामग्री (सेकंडरी मैटेरियल)'। इसे देखकर ऐसा लगता था मानो उसकी प्रासंगिकता को छिपाया जा रहा हो। ''मौलिक आयोग पर कार्य करते हुए ऐसी बहुत सी बातें हैं जिन्हें हमने विचारार्थ नहीं लिया। हम इस बात से सहमत हो गए कि साक्ष्य की दो खास पंक्तियाँ, वायस टेप व ट्रेसिंग पेपर शीट से यह प्रकट होता है कि ट्रैफिक कंट्रोलर किसी और विमान से बात कर रहा था, जिसे उसने गागरिन मान लिया था। इस बात की अत्यधिक संभावना है कि गागरिन का विमान दूसरे विमान के इतने नजदीक आ गया हो कि एक क्षण के लिए राडार स्क्रीन पर दोनों एक ही टारगेट नजर आए हों। जब गागरिन का विमान घूर्णन करने लगा, तब भी दूसरा विमान स्क्रीन पर था।''

खराब मौसमी दशाओं और ग्राउंड कंट्रोलरों से सूचना के अभाव के कारण दूसरे जेट के पायलट को नियर-मिस की जानकारी नहीं रही होगी, लेकिन आज एस यू-11 का एक सेवानिवृत्त अनुभवी पायलट इस बात पर शर्मिंदा हो जाता है।

यूरी गागरिन की मौत शर्मनाक थी, मात्र इसलिए नहीं कि एक राष्ट्रीय हीरो की क्षति गड़बड़ परिस्थितियों में हुई, बल्कि उन खतरनाक खामियों के कारण जो तत्कालीन सोवियत मिलिटरी टेक्नोलॉजी में उभरकर सामने आईं। जाहिर है कि उनकी राडार प्रणाली एक ही समय पर वायुयान की ऊँचाई, स्थिति को मापने में सक्षम नहीं थी। न ही यह एक टारगेट से दूसरे टारगेट की सकारात्मक रूप से

पहचान कर पाती थी। यह बड़ी चौंकानेवाली बात थी। सैद्धांतिक रूप से कोई विदेशी जेट जो सोवियत एयरक्राफ्ट की सामान्य चर्याओं और उड़ान पैटर्न की नकल करते हुए एक सोवियत एयरबेस या किसी अन्य सैनिक लक्ष्य से गुजरता तो उसे खतरनाक दुश्मन के रूप में नहीं पहचाना जा सकता था। जबकि सन् 1960 में गैरी पावर्स के यू-2 जासूसी यान को मात्र इसलिए मार गिराया गया था, क्योंकि इसकी पहचान दुश्मन के यान के रूप में इसके सोवियत उड़ान मार्ग में आ जाने के कारण कर ली गई थी।

□

13

उपसंहार

ये अफवाहें सदा से रही हैं कि यूरी गागरिन की हत्या लिओनिड ब्रेझनेव प्रशासन द्वारा की गई। पत्रकार, मित्र और संबंधी अब भी किसी खतरनाक षड्यंत्र की बात करते हैं। ऐसा कोई वास्तविक साक्ष्य भी नहीं है, जो गागरिन की हत्या को एक दुर्घटना से हटकर बतलाए। अक्षमता और कमजोर प्रशासन का सचमुच उसकी मौत में योगदान रहा है, लेकिन सोची-समझी ईर्ष्या की भावना असंभव ही लगती है। जहाँ तक गागरिन के परिवार की बात है, तो वास्तविक अपराध तो संबंधित अधिकारियों द्वारा उन्हें सत्य के विषय में कम-से-कम जानकारी देना ही था। वैलेंटिन के मुताबिक, ''हम सोचते थे कि यूरा की मृत्यु का आदेश ब्रेझनेव के द्वारा जारी किया गया था। जब यूरा राजकीय यात्राओं पर ब्रेझनेव के साथ निकलता था, तो लोग उसकी ओर ध्यान नहीं देते थे और जब लोग ब्रेझनेव की बात नहीं सुनते थे तो उसे बुरा लगता था। ब्रेझनेव यही चाहता था कि लोग उसकी तरफ ही ध्यान दें, किसी और की तरफ नहीं। जीवन में कोई दुर्घटना नहीं होती है, बल्कि ऐसे कारण उत्पन्न होते हैं जिनका अंत दुर्घटनाओं के रूप में होता है। मैं तो संयोगों पर भी यकीन नहीं करता हूँ। यह अंतिम मिनट तक की एक प्रणाली थी।''

वैलेंटिन पिछली बार अपने भाई से 15 फरवरी, 1968 को मिला, यूरी के डिप्लोमा हासिल करने के कुछ ही दिनों बाद। उस दिन शाम के वक्त गागरिन के मॉस्को अपार्टमेंट में कुछ बिना बुलाए आ धमके पत्रकारों ने सारा मूड बरबाद कर दिया था। वैलेंटिन कहता है, ''उन्होंने घंटी बजाई, मैंने दरवाजे को थोड़ा ही

खोला और धक्का देते हुए वे अंदर आ गए। भला मैं कर क्या सकता था! यूरा ने कहा कि वे परजीवी की तरह थे और वह घर में आराम भी नहीं कर सका। उन्होंने तसवीरें लेनी शुरू कर दीं। तब एक पत्रकार की नजर यूरा के जापानी कैमरे पर पड़ी। उसने कहा, 'मैं आपको अपना कैमरा देता हूँ, आप अपना वाला मुझे दे दीजिए। दोनों की कीमत का जो अंतर होगा, वह भुगतान मैं आपको कर देता हूँ।' यूरी ने मुड़कर वाल्या की ओर देखा, 'बल्कि यह पैसा (कीमत के अंतर का) ही हम उसे दे देते हैं, तो कम-से-कम वह यह प्रश्न दुबारा नहीं पूछेगा।' यह सुनकर वह पत्रकार बड़ा शर्मिंदा नजर आया।''

यूरी की बहन जोरा भी एक कटु अनुभव सुनाती है, ''पिछली बार हम यूरा से उसके ग्रेजुएशन पर 18 फरवरी को मिले, जहाँ झुकोवस्की एकेडमी से उसे और घर्मन टिटोव को डिप्लोमा प्रदान किया गया। इतनी कठोर मेहनत के बाद डिप्लोमा हासिल कर यूरा बहुत खुश था। इसके पाँच हफ्ते बाद हमें रेडियो पर उसकी मौत की खबर मिली। हमें न तो कोई सलाह दी गई और न पहले से कोई चेतावनी दी गई। हमें कुछ भी नहीं बताया गया। मैंने स्वयं को बहुत बीमार सा महसूस किया। वही हाल माँ का भी था। डॉक्टर हमें शांत रखने के लिए इंजेक्शन पर इंजेक्शन दिए जा रहे थे। यूरा की मौत के कारणों की कोई स्पष्ट आधिकारिक सूचना हमें नहीं दी गई, तमाम अनुमान और अफवाहें, वे सारी व्यर्थतम बातें जो आपके जेहन में आ सकती हैं। किसी ने मरने में उसकी मदद की, यही मेरा अहसास है।''

जोया को यूरी की अंत्येष्टि की याद बड़ा बेचैन कर देती है। ''हम दो दिनों तक सोवियत आर्मी के हाउस में बैठे रहे और अंतहीन अंत्येष्टि संगीत की धुनें हमारे कानों में गूँजती रहीं। हमें तो लगा, हम पागल हो जाएँगे। उसे अलविदा कहने के लिए आनेवालों का ताँता लगा था। लोग बड़ी संख्या में सभी तरफ से आ रहे थे। बड़ी-बड़ी कतारें लगी हुई थीं। गार्ड्स द्वारा कुछ-कुछ देर में प्रवेश द्वार बंद कर दिया जाता था। बड़ा हृदयविदारक दृश्य था।''

प्रथानुसार गागरिन की माँ अपने बेटे के शरीर को शवदाह गृह की लपटों को भेंट किए जाने से पहले अंतिम बार उसका मुँह देखना चाहती थी। इन क्षणों के बारे में वैलेंटिन कहती है, ''हम ताबूत खोलना चाहते थे, लेकिन अंत्येष्टि दल के प्रमुख इसकी इजाजत नहीं दे रहे थे। माँ और जोया ने उनसे बहस करनी शुरू कर दी और हर कोई चिल्ला रहा था। अंततः उन्होंने जो वे चाहते थे, करने दिया। उन्होंने लाल रंग का रेशमी कपड़ा हटाकर ताबूत खोला, उसके अंदर एक प्लास्टिक

के थैले में मानव अवशेष रखे हुए थे। उनमें से कुछ की पहचान तकरीबन मुमकिन थी। यूरा की नाक अपनी सही जगह थी, लेकिन उसके गाल फटे हुए थे। किसी ने मुझे बताया कि सेरुजिन का भी ताबूत ऐसा ही दिख रहा था। तो हमने देखा और ताबूत बंद कर दिया। संगीत बजने लगा और धीरे-धीरे ताबूतों को भट्टी में डाल दिया गया। अगले दिन राजकीय अंत्येष्टि में यूरा के भस्मावशेष क्रेमलिन की दीवार में रख दिए गए और बस।''

जोया कहती है कि माँ को अपने बेटे की मौत का बड़ा गहरा सदमा लगा। इतिहास की इस विचित्र क्रूरता ने उससे जीवन की शांति छीन ली। सामान्यतया लोगों को मृतकों को दफनाने का मौका मिलता है और समय बीतने के साथ उनके घाव भर जाते हैं, लेकिन हर दिन माँ को इसकी याद आती थी, क्योंकि उसका यूरा इतना विख्यात जो था। सारे सोवियत यूनियन से लोग श्रद्धांजलि देने हमारे पैतृक निवास पहुँच रहे थे। माँ अस्सी साल की उम्र तक जीवित रहीं और मुझे हमेशा बड़ा आश्चर्य होता था कि वह इस दौर से कैसे गुजर गईं। मुझे यकीन है कि उसकी तकलीफ हम सबसे बढ़कर थी।''

यूरी के बहुत से मित्र और सहकर्मी उसके माता-पिता से मिल अपनी संवेदना प्रकट करने आते रहते थे। सरजेई बेलोट्सरकोवस्की को स्मरण आता है, ''गागरिन की माँ से मेरी अंतिम मुलाकात के दौरान, जब हम अकेले थे, तब उसने मुझसे अचानक पूछा, 'क्या यूरी को मार डाला गया था?' मैं बिलकुल स्तंभित रह गया। मैंने पूछा, 'आपको ऐसा क्यों लगता है?' उसने मुझे बताया कि एक बार यूरी ने उसे बताया था, 'माँ मैं बहुत भयभीत हूँ।' उसने कहा, तब मेरी समझ में नहीं आया कि ऐसा कहने से उसका मतलब क्या था, लेकिन यह बात उसे सालती जरूर थी।''

बेलोट्सरकोवस्की अपनी स्वयं की व्याख्या प्रस्तुत करता है, ''मैं नहीं मानता कि गागरिन को अपनी जिंदगी का डर था। यह एक अलग किस्म का डर था—ऐसा डर जिसे हम सभी उन दिनों आपस में बाँटते थे। हमारे समाज और दुनिया का डर जहाँ हम रहते थे। उस समय पत्र भयंकर पत्र-बड़ी तादाद में यूरी के ऑफिस में आ रहे थे। समाज के सभी दुःख या तकलीफ का उस पर असर हो रहा था। वह अपने कंधों पर जिम्मेदारी का बहुत भारी बोझ ढो रहा था। उसकी चिंता और तनाव को कोई भी समझ सकता था। वह एक भावुक व्यक्ति था और कुछ न कर पाने की स्थिति में वह खुद ही परेशान हो जाता था। वह पार्टी के अभिजात्य वर्ग की जीवन शैली में कभी नहीं ढल सका और न ही ब्रेझनेव की

उच्च स्तरीय प्रणाली में। उसकी सोच उनकी शैली से मेल नहीं खाती थी, इसलिए उन्होंने उसे नकार दिया था। उसे रबर स्टैंप बनाने व खरीदे जाने का भी प्रयास किया गया, लेकिन वह इन चंगुलों में नहीं फँसा। वह बहुत ही ईमानदार, स्वेच्छाचारी और स्वतंत्र मानसिकता का व्यक्ति था।''

उसके परिवार में बेलोट्सरकोवस्की, लिओनोव, टिटोव और अन्य लोगों को पारिवारिक सदस्यों सा दर्जा हुआ करता था, लेकिन दूसरे कम अंतरंग लोग बेवजह परिवार के भावनात्मक कष्ट को छेड़ देते थे। सन् 1961 में यूरी की अंतरिक्ष यात्रा के बाद से 1968 में उसकी मौत तक उसके पिता एलेक्सेई और छोटा भाई बोरिस से लगभग प्रतिदिन ऐसे लोग मिलने आया करते थे। फर्स्ट कॉस्मोनॉट (यूरी) तक उन्हें अपनी गुजारिशें पहुँचाने के लिए कहा करते थे या ऐसे लोग जो यूरी के परिवार के किसी सदस्य से मिलने मात्र की इच्छा रखते थे। यूरी की मौत के बाद भी अजनबी लोगों के आने का क्रम जारी रहा और समय के अंतराल में अलेक्सेई और बोरिस दोनों बेवजह ही शराबी हो गए, क्योंकि जब विनम्रतापूर्वक उन्हें शराब लेने का अनुरोध किया जाता था तो वे मना नहीं कर पाते थे। लोगों का आतिथ्य करने के इस दबाव और लोगों से बोदका और ब्रांडी के उपहार स्वीकार करते रहने का उन पर घातक प्रभाव पड़ा। सन् 1976 में बोरिस ने फाँसी लगा ली, जबकि एलेक्सेई का कमजोर स्वास्थ्य और भी बदतर होता गया।

गागरिन की पत्नी वैलेंटिना ने सफलतापूर्वक अपनी दोनों बेटियों को पाल-पोसकर बड़ा किया। दोनों बेटियाँ आज अच्छा जीवन जी रही हैं। वैलेंटिना आज भी स्टार सिटी में एक छोटे से मकान में रह रही है। वह पत्रकारों से तकरीबन कभी बात नहीं करती। अंतरिक्ष से जुड़े बहुत से अनुभवी लोग उसके सामान्य आवास व जीवनशैली को राष्ट्रीय अपमान की संज्ञा देते हैं, लेकिन वह लोगों के आकर्षण का केंद्र नहीं बनना चाहती। गोलोवानोव के अनुसार, ''निकिता ख्रुश्चेव द्वारा खर्चीला रहन-सहन प्रदान किए जाने के बाद भी वह बहुत कम बदल सकी, ख्रुश्चेव ने गागरिन की अंतरिक्ष यात्रा के बाद उसे 'ऑर्डर ऑफ लेनिन' प्रदान किया। अपने जीवन में उसने कभी भी इसे, न ही दूसरे किसी पुरस्कार या मेडल को प्रदर्शित किया। वह अंदर से एक ईमानदार महिला थी और वही बात गागरिन में थी। अपनी शोहरत की बुलंदियों पर होने के बाद भी वह यह कभी नहीं भूला कि वह ऐसे विशाल पिरामिड के शीर्ष पर खड़ा था जिसे इंजीनियरों व ठेकेदारों ने मिलकर उसके लिए तैयार किया था।''

पिरामिड के इस उपयुक्त रूपक से यह समझने में मदद मिलती है कि

गागरिन का जीवन विरोधाभासों से भरा हुआ था। वह एक महत्त्वाकांक्षी व प्रतिस्पर्धी व्यक्ति था। वह इस बात से पूरी तरह परिचित था कि उसके जीवन की केंद्रीय उपलब्धि कई और लोगों के प्रयासों पर आधारित थी, जिन्हें अपना नाम जाहिर करने तक की अनुमति नहीं थी। उसके साथ सार्वजनिक ख्याति की भागीदारी करना तो बहुत बड़ी बात है। एक खेतिहर लड़का होने के कारण वह इंजीनियरिंग के जटिल समीकरणों के प्रति सहज था, एक टेक्नीशियन जो स्वयं कुछ सोच सकता था, आम समाज का एक वफादार जो प्रचलित व्यवस्था के खिलाफ विद्रोह कर सकता था। वह कुछ मूडी, कभी-कभार विचारहीन, फिर भी अपने काम के प्रति अनुशासित और दूसरों के प्रति जिम्मेदार और प्रायः स्वयं के प्रति भारी जोखिम की स्थिति में रहता था।

उसे देश-विदेश में राजनयिक कौशल के प्रदर्शन के दौरान राजनीति की ज्यादा समझ नहीं थी। वह ऐसा व्यभिचारी था जिसने वास्तव में अपनी पत्नी व परिवार को धोखा नहीं दिया। चूँकि उसके जीवन के ये सभी प्रतिकूल तत्त्व एक-दूसरे में मिल जाते हैं, इसलिए उसकी उभरकर आनेवाली कहानी निश्चित ही एक संभ्रांत और बहादुर व्यक्ति की है जिसने असामान्य परिस्थितियों में भी अपनी बेहतरीन भूमिका अदा की। वह एक हीरो था, इस शब्द (हीरो) के सर्वोत्तम व सर्वाधिक ईमानदार अर्थ में।

□

14

पुनश्च

12 अप्रैल, 1981 की सुबह इंजीनियर, टेक्नीशियन और राजनीतिज्ञ साँस रोके खड़े थे, क्योंकि एक महान्, नया अभियान उनकी आँखों के सामने शुरू हो रहा था। इसमें भारी जोखिम था। इससे मिलनेवाली सफलता से उन सभी को ख्याति मिलती, जो इससे जुड़े थे। इससे होनेवाली असफलता से राष्ट्रीय शोक एवं अंतरराष्ट्रीय स्तर पर सिर नीचा हो जाता। फ्लोरिडा के तट पर हजारों लोग अंतरिक्ष शटल कोलंबिया के प्रक्षेपण के गवाह बनने के लिए खड़े हुए थे, जो रॉकेट यात्रा में एक नए युग का जन्म था। नासा के पूर्व प्रमुख डेनियल गोल्डिन अंतरिक्ष मामलों में इन क्षणों का वर्णन करते हुए कहते हैं, "आपकी साँसें धीमी चल रही हैं, आपके दिल की धड़कनें तेज हो रही हैं और मांसपेशियों के बेचैनीयुक्त खिंचाव से आपका शरीर प्रभावित हो रहा है।"

चूँकि यह शटल प्रोग्राम तीस वर्षों बाद समाप्त हो रहा है, इसलिए निर्णायक मंडल इसके उत्तराधिकार को लेकर अनिर्णय की स्थिति में है। नासा की फ्लैगशिप एक ऐसी शक्तिशाली मशीन थी जिसने पृथ्वी की कक्षा में मनुष्य का सर्वप्रथम स्थायी निवास संभव कर दिखाया। इसे चालित करना खतरनाक और अत्यधिक खर्चीला हो सकता है, फिर भी सन् 1981 की सुबह कैनेडी लॉन्च सेंटर से पृथ्वी की कक्षा में पहुँच अमेरिका के लिए अपार खुशी व गर्व के क्षण थे।

उस दिन से ठीक 20 साल पहले सोवियत यूनियन के टेक्नीशियन, इंजीनियर (उस समय वहाँ कोई राजनेता मौजूद नहीं थे) व के.जी.बी. के अनेक प्रमुख सुदूर कजाखिस्तान के स्टेपीज के मैदानी स्थल बैकोनुर के कंकरीट निर्मित बंकर से

ऐसी ही गौरवशाली व रोमांचकारी घटनाओं को देख रहे थे। एक युवक टिन के कनस्तर सी नजर आनेवाली कैप्सूल में (जो अंतरिक्ष में छोड़े जानेवाले बम पर रखी थी) में बैठा। वह युवक उन लोगों के साथ हँस-बोल रहा था, जो उसके कैप्सूल को बंद करने के अंतिम बोल्ट लगा रहे थे, जिसके बाद उस युवक को या तो हमेशा की शोहरत पाने या अचानक भयंकर मौत का शिकार हो जाने के लिए अंतरिक्ष की दिशा में छोड़ा जानेवाला था। यूरी गागरिन के भाग्य का निर्णय ऐसे क्रांतिकारी पंपों, नलियों और टरबाइनों से किया जाना था जिसे ऐसे समाज ने निर्मित किया था, जो बड़े पैमाने पर इसी तरह के खतरनाक तकनीकी तंत्र के प्रयोग से गुजर रहा था।

सन् 2010 में किए गए स्पेस फॉउंडेशन सर्वेक्षण में यूरी को संयुक्त छठा 'सदा के लिए सर्वाधिक लोकप्रिय अंतरिक्ष हीरो' का दर्जा प्राप्त हुआ है। संयुक्त से तात्पर्य स्टारशिप इंटरप्राइज के कैप्टन जेम्स टी. कर्क के साथ। यदि गागरिन आज जीवित होता, तो हम यकीन के साथ कह सकते हैं कि वह फिर से हँस रहा होता और इस बार गौरवशाली अंतरिक्ष के पिरामिड के शीर्ष से। हम सभी अपोलो वाले चंद्रमा के अंतरिक्ष यात्रियों की उनकी बहादुरी और संदेहरहित पेशेवर बुद्धिमत्ता की तारीफ करते हैं। बिलकुल सही अर्थों में उन्हें हीरो के रूप में सम्मान दिया जाता है। लेकिन अपने व्यक्तित्व के आकर्षण, बुद्धिमानी और सुलभता से पहुँच रखनेवाले गुणों के कारण यूरी आज की आधुनिक पीढ़ी के दिलों में राज कर रहा होता। एक ऐसा स्थान जो मानव इतिहास में किसी और को नसीब नहीं हो सकता—पहले नंबर पर—अंतरिक्ष का पहला आदमी!

यह एक वास्तविक सम्मान की बात है कि 13 वर्षों के बाद हमारी पुस्तक पुनः प्रकाशित हुई है। हमने इसका प्रथम प्रकाशन सन् 1998 में यूरी गागरिन की विमान दुर्घटना में असमय हुई मौत की 30वीं पुण्य तिथि पर किया था। पृथ्वी के वायुमंडल को बेधकर अंतरिक्ष में प्रवेश करने की ऐतिहासिक घटना के अर्द्ध शताब्दी के अवसर पर एक बार पुनः यूरी की कहानी लोगों तक पहुँचाकर, अंतरिक्ष में मनुष्य के प्रथम प्रवेश को मानव विकास के सर्वाधिक अहम क्षणों के रूप में मान्यता दे रहे हैं। जैसा कि इस पुस्तक के प्रथम पृष्ठ पर उल्लेख किया गया है, इस विषय पर नील आर्मस्ट्रांग द्वारा व्यक्त किए गए विचार की तुलना में ज्यादा ऊँची वैद्यता कुछ और नहीं हो सकती। ''यह यूरी गागरिन ही था जिसने सितारों का पीछा करने के लिए हम सभी का आह्वान किया।''

इस पुस्तक की अनुपम प्रकृति व इसके एक अहम प्रलेख होने की वजह यह

है कि यह ऐसे दुर्लभ लोगों के विचारों के योगदान से निर्मित है जिन्होंने सन् 1990 के दशक में हमसे अपने विचारों को बाँटने पर सहमति दी। हमारी कहानी ऐसे लोगों द्वारा व्यक्त किए गए विचारों का एक प्रलेख है, जो उस दौरान तात्कालिक घटनाओं के प्रत्यक्ष गवाह थे अर्थात् सोवियत अंतरिक्ष कार्यक्रम से जुड़े ऐसे लोगों के विवरण जिनकी आवाजें लुब्यांका के पैदल सैनिकों के उन तक पहुँच जाने के डर से लंबे समय तक दबाकर रखी गई थीं।

हम सौभाग्यशाली हैं जो ऐसे समय पर रूस में रहे, जब वहाँ अपूर्व स्वतंत्रता की स्थिति है, जिसकी वजह है यू.एस.एस.आर. के विघटन पर पुराने सुरक्षा तंत्र का धराशायी होना। इस बात में जरा भी संदेह नहीं कि यह बड़ी अस्त-व्यस्त व्यवस्था का दौर था, जब माफिया शैली के गिरोह हर छोटे-बड़े व्यवसायों पर नजर रखते थे, साथ ही यह रूस की बदलती राजनीति के कई पहलुओं का भी दौर रहा था। बोरिस येल्तसिन ने अपने कई भयंकर त्रुटिपूर्ण निर्णय थोपे, व शराब के नशे की वजह से दो बार बाईपास सर्जरी को मजबूर हुए। जबकि रूबल का मूल्य उन कागजों से भी कम हो गया जिस पर उन्हें मुद्रित किया गया था। फिर भी हम पश्चिमी अवलोकनकर्ताओं के लिए यह अवसर की एक दुर्लभ खिड़की साबित हुआ। अभिव्यक्ति की स्वतंत्रता कम-से-कम कुछ समय के लिए उभरकर सामने आई, तो ऐसे लोग जिन्होंने कभी उच्च गोपनीय सोवियत प्रोजेक्टों पर काम किया था, वे पहली बार खुलकर बोल सके ।

इस पुस्तक से पहले यूरी गागरिन पर सभी पूर्व-प्रकाशन के.जी.बी. से स्वीकृति प्राप्त थे और इन्हें अंतरराष्ट्रीय पत्रकारों की कृतियों से चोरी करके भी उसके मिशन के बारे में बताते हुए तैयार किया गया था (यद्यपि हमारी इस कृति में भी कुछ उत्कृष्ट अपवादों को समाहित किया गया है-और निस्संदेह हमने भी त्रुटियाँ की हैं)। इससे पूर्व प्रारंभिक सोवियत आंतरिक कार्यक्रम पर सच्चाई बयान करने की अनुमति किसी को भी नहीं मिली और न ही वे गागरिन के जीवन—उसकी असफलताएँ जो अत्यधिक शराब पीने और अंतरराष्ट्रीय प्रसिद्धि के तनावों के कारण रहीं, के विषय में इतना खुलकर व इतनी घनिष्ठतापूर्वक खुलासा कर सके। के.जी.बी. के एजेंट मीडिया पर नजर रखनेवाले अकल्पनाशील थे और गोपनीयता की भावना से पूर्वग्रसित थे। वे इस बात को नहीं समझते थे कि जिन बातों से हम मनुष्य कहलाते हैं, उन्हीं बातों से हम महान् भी बनते हैं। यह कहना उचित होगा कि अपोलो युग में नासा का मीडिया विभाग भी बिलकुल इन्हीं गलतियों का शिकार हुआ था। उस समय तक उन्होंने दुनिया के सामने अमानवीय तथ्यों, संख्याओं

व प्रक्षेपण आँकड़ों को सही प्रस्तुत नहीं किया, जिससे चंद्रमा पर विजय भी नीरस महसूस हुई, किंतु सोवियत रॉकेटबाजों की छुपी कहानियाँ उजागर करने की अपेक्षा अपोलो के अपेक्षाकृत अधिक मानवीय विवरणों को कुरेदना व पुनर्जीवित करना ज्यादा सहज रहा है।

उन अंतरिक्ष यात्रियों, के.जी.बी. एजेंटों, पारिवारिक सदस्यों और वह हर कोई जिनको अभिव्यक्ति की स्वतंत्रता थी, उन्होंने उस छोटी सी खिड़की से हमसे बातें कीं, हम उनके प्रति गहरा आभार प्रकट करते हैं। उनके सहयोग के बिना यह कहानी कभी नहीं सुनाई जा सकती थी--और एक-एक करके जैसा कि वे हमसे दूर होते गए, इसलिए इस कहानी के प्रति उनके व्यक्तिगत योगदान को फिर से कभी नहीं सुनाया जा सकता। जो उस समाज में ऐसा करने के लिए अभी भी हैं, वे ऐसा नहीं कर सकते, क्योंकि रूसी समाज नए सुरक्षा तंत्र के तहत शायद मूखर्तापूर्वक उसी व्यवस्था का स्वागत, विचित्र और अव्यवस्थाकारी 21वीं सदी की महत्त्वाकांक्षाओं के साथ कर रहा है। एक बार फिर अभिव्यक्ति की स्वतंत्रता को दबाया जा रहा है।

सभी साक्षात्कार देनेवालों में से, जिनके न रहने पर हम दुःखी हैं, हमारी याद में सबसे ज्यादा अगर कोई बसा है तो वह है, प्रभावशाली व गूढ़ व्यक्तित्ववाले घर्मन टिटोव। वह एक ऐसा व्यक्ति है, जिसने कई वर्षों बाद इस तथ्य को स्वीकार किया कि प्रथम अंतरिक्ष पुरुष के रूप में गागरिन का चुनाव सही था। बैकोनुर और हमारे मॉस्को अपार्टमेंट में जब टिटोव अपने भूतपूर्व सहकर्मी के विषय में उसके साथ बिताए यादगार पलों की कहानी बताकर हमें प्रफुल्लित करते थे तो हमारे बीच वोदका का दौर भी चल रहा होता था। दोनों के बीच प्रतिस्पर्धा तो रही होगी, लेकिन गागरिन के प्रति सच्चे प्रेम और प्रशंसा और उसकी अपनी कहानी के सच्चे विश्लेषण के कारण घर्मन की उपस्थिति इस पुस्तक में उतनी ही अहम है, जितनी स्वयं यूरी की।

जहाँ तक यूरी का संदर्भ है—हमने जो कुछ भी लिखा है, उससे हटकर इतिहास में उसका अधिकारपूर्ण स्थान रहेगा। वह उतना ही लोकप्रिय हो सकता है जितना अभी कैप्टन कर्क हैं, लेकिन हमारी प्रजाति में उसकी सच्ची अहमियत अभी भी उभरकर विकसित हो रही है। इस अहमियत की सर्वाधिक प्रशंसा शायद ऐसे पुरुषों व स्त्रियों द्वारा की जाएगी, जो अभी जन्मे नहीं हैं—अंतरिक्ष में आना-जाना करनेवाले सभ्यता के लोग, जो ब्रह्मांड की अपरिमित संभावनाओं में दूर-दूर तक बिखरे हुए हैं।

□□□